세계사를 바꾼
담판의
역사

세계사를 바꾼
담판의
역사

함규진 지음

1판 1쇄 발행 | 2016. 11. 25.

발행처 | **Human & Books**
발행인 | 하응백
출판등록 | 2002년 6월 5일 제2002-113호
서울특별시 종로구 삼일대로 457 수운회관 1009호
기획 홍보부 | 02-6327-3535, 편집부 | 02-6327-3537, 팩시밀리 | 02-6327-5353
이메일 | hbooks@empas.com

값은 뒤표지에 있습니다.
ISBN 978-89-6078-430-7 03900

세계사를 바꾼

담판의
역사

함규진 지음

Human & Books

차례

글쓴이의 말 • 6

제1장

파라오의 자존심, 히타이트-이집트 협정 • 11

제2장

천하를 놓고 칼춤을 추다, 홍문鴻門의 회會 • 31

제3장

두 마리의 사자, 한니발과 스키피오 • 61

제4장

교황 레오 1세와 훈족 아틸라, 로마의 운명을 걸다 • 85

제5장

술자리에서 병권을 거둬들이다, 송태조 조광윤 • 113

제6장

예루살렘 담판의 두 주역, 살라딘과 발리앙 • 135

제7장

여인들의 평화, 캉브레 회담 • 159

제8장

이탈리아 통일을 위하여, 테아노 회담과 플롱비에르 밀약 • 177

제9장

료마가 간다! 사쓰마 조슈 밀약 • 215

제10장

네 도시 이야기, 레이건-고르바초프 회담 • 241

제11장

6·15 남북정상회담, 또다른 미래는 가능했을까? • 287

담판의 역사, 만남과 말이 엮어낸 역사의 매듭

'영웅이 역사를 만드는가, 역사가 영웅을 만드는가?'

역사에 관심이 있는 사람이라면, 이런 의문을 한 번쯤 품었음직하다. 그 의문에 대해 교사나 학자에게 질문해보면? '당연히, 역사가 영웅을 만든다'는 답이 나오는 경우가 열에 아홉은 되리라. 아무리 뛰어난 재능을 가졌더라도 한둘의 힘으로 역사의 물줄기를 바꿀 수는 없으며, 영웅으로 불리는 사람이란 마침 알맞은 때 알맞은 곳에 있었기에 역사의 흐름을 타고 영웅이 되었을 뿐이라고.

그렇다. 하지만 세밀하게 따져 보면 이런 저런 우연이 수없이 많은 톱니바퀴처럼 작용해 역사라는 거대한 기계가 움직이는 것이며, 가끔은 단 하나의 톱니바퀴가 전체의 움직임에 큰 영향을 주기도 한다. 굳이 영웅이라 불릴 만하지 않아도, 강대한 나라의 최고 권력을 쥐고 있는 사람이라면 그의 선택이나 취미, 버릇, 사건 사고 등이 그런 톱니바퀴 노릇을 할 때도 있다. 1914년 사라

예보에서 오스트리아의 페르디난트 황태자 부처가 암살된 일은 역사의 뒷마당에 널리고 쌓인 암살 사건에 비해 특별할 게 없었고, 개인에게는 불행일지라도 시대와 사회에는 작은 해프닝에 지나지 않았다. 그러나 그 사건은 제1차 세계대전, 유럽의 몰락, 현대 대중민주주의 사회의 개막을 불러왔다. 1591년 이순신이 전라좌수사에 임명된 일은 몇 단계를 뛰어넘은 파격 인사였는데, 아무튼 그 자체로는 한동안 조정을 시끄럽게 만들 정도의 작은 사건 이상이 아니었다. 그러나 사실상 이후 한국과 일본의 역사를 큰 폭으로 바꾸게 된다.

그런 특별한 인물들의 특별한 사건은 '담판'이라는 형태로도 이루어지곤 했다. 경쟁자들, 동지들, 숙적들, 협력자들이 역사의 한 순간, 한 장소에서 만나 말과 행동으로 담판을 짓는다. 그 결과 그들 스스로도 상상하지 못했던 큰 영향을 역사에 미치게 된다! '그들이 그러지 않았어도 역사는 그 방향으로 움직였을 것'이라고 보는 사람에게는 이렇게 말해주고 싶다.

"기원전 207년 홍문의 연회에서 항우가 유방의 변명을 듣지 않고 그를 죽였더라도, 이후의 중국 역사가 통일기와 분열기가 반복되는 식으로 전개되었을까? 아니, 적어도 한자漢字니 한족漢族이니 하는 말이 있게 되었을까?"

"기원전 202년 자마 전투의 전날 밤, 스키피오가 한니발의 제안을 받아들였어도, 로마 제국이 지중해 세계를 통일하고 세계에 군림할 수 있었을까?"

"1860년 이탈리아의 테아노에서 가리발디가 거듭된 희생 요구에 반발하고 비토리오 에마누엘레 왕과 갈라서기로 결정했다면, 이탈리아 통일이 우리가 아는 방식으로 이루어질 수 있었을까?"

"1866년 일본의 교토에서 '사쓰마-조슈 동맹'이 끝내 이뤄지지 못하고 결렬되었어도, 일본은 메이지 유신에 성공하고, 이후 동아시아의 근대사를 피바람으로 휘몰아갈 수 있었을까?"

"1986년 아이슬란드의 레이캬비크에서 미국과 소련의 정상이 만났을 때, 그들은 '모든 핵과 미사일을 폐기한다'는 데 잠시 합의했었다. 그 합의가 최종 타결되었다면 지금의 세상은 어떤 모습일까?"

역사에는 가정이 없다지만, 그 도도한 흐름에는 이처럼 하나의 담판에서 그 주인공들이 생각을 이리로 하느냐, 저리로 하느냐에 따라 이후의 방향이 전혀 달라질 수 있는 잠재적 변곡점들이 존재하고 있는 것이다. 그런 변곡점은 지금 우리 앞에도 놓여 있을 수 있다. 따라서 대표적인 역사적 담판의 사례를 살펴보며, 일을 보다 바람직하게 흘러가도록 기여할 수 있었던 상황을 보는 안목, 상대의 마음을 움직일 수 있는 화술, 그리고 스스로의 사명을 제대로 인식하고, 있는 힘껏 관철할 수 있는 지혜 및 의지를 배워보는 일은 보람이 있을 것이다.

이 책에서 스물여섯 명이 가진 열다섯 차례의 담판을 다루면서, 힘들었던 점은 아무래도 자료의 부족이었다. '담판을 가졌다', '결과가 어떠했다'만 대략 알려져 있을 뿐 무슨 대화가 어떤 식으로 오갔는지는 자세히 나와 있지 않은 경우가 적지 않았고, 남겨진 대화의 기록도 있는 그대로라고 보기에는 미심쩍은 점이 많았다. 그래서 상당 부분, 해당 담판에 대해 남겨진 기록과 전후의 배경, 역사의 추이 등을 종합하여 '이런 대화가 오갔을 수 있다'고 상상력을 덧붙여 공백을 매울 수밖에 없었다. 이런 상상이 거의 필요 없었던 담판은 레이건과 고르바초프가 가졌던 네 차례의 담판인데, 비교적 최근의 일인데다 당사자들과 참관자들이 풍부한 기록을 남겨놓고 있었기 때문이다. 그러나 보다 최근의 김대중-김정일 평양 회담은 오히려 베일에 가려진 부분이 적지 않아서 어려움이 컸다.

부족할 수밖에 없으되 그래도 있는 한의 자료를 성심껏 모아주고, 내용 전개의 고비마다 도움을 주었던 이조은, 최유리 씨에게 큰 감사를 드린다. 필자가 시간강사로서 성신여자대학교에서 강의할 때 인연을 맺은 두 사람은 이후 필자의 저술 작업에 든든한 조력자가 되어 주었다. 원고를 맡긴 지 하세월임에도 참아 주시고, 탈고를 기다려 주셨던 휴먼앤북스 출판사의 하응백 대표님, 그리고 편집자님들께도 깊은 감사를 드린다.

우리네 인생에는 허다한 만남이 있고, 그때그때 중요한 담판이 있다. 그런 담판에서 독자 개인이 더 나은 결과를 얻는 일에 이 책의 내용이 작은 힌트가 될 수 있다면 좋으리라. 그리고 더 큰 안목에서, 어떤 감언이설에도 현혹되지 않고 냉정하게 스스로의 본분과 역사적 사명에 따라 결정을 내리는 최고지도자가 어느 때보다 아쉬운 지금, 그런 지도자감을 선택하는 일에도 힌트가 될 수만 있다면 필자로서는 무한한 행복이 되리라.

2016년 11월

함규진 씀

제1장

파라오의 자존심,
히타이트-이집트 협정

기원전 1259년, 이집트 제19왕조의 수도 피람세스. 그 중심에 있는 궁전에서는 중요한, 그러면서도 흔히 볼 수 없는 예식이 치러지고 있었다. 웃통을 벗어 구릿빛으로 그을린 몸을 드러내고 긴 창을 꼭 쥔 채 엄숙하게 도열하고 있는 병사들 사이로, 허리에 두른 원색 장식술을 어지럽게 날리며, 요염하게 엉덩이를 흔들며 춤추는 무희들. 그녀들이 빙글빙글 원을 그리며 자리를 비키자, 긴 회랑으로 긴 턱수염과 치렁치렁한 채색옷의, 아시아 특유의 복장을 한 사내들이 걸어 들어왔다. 자못 긴장된 표정의 그들은 허리를 정중히 숙인 채로 두 손에는 은으로 만들어진 판을 받들고 있었다. 그들은 이 햇빛과 금빛이 휘황찬란한 궁전, 흐드러지는 음악과 요염한 춤과 병사들의 매 같은 눈초리가 가득한 한가운데에서, 이 궁전과 도시(피람세스란 '람세스의 집'이라는 뜻이다), 그리고 나라의 주인인 람세스 2세가 금빛 지팡이를 손에 든 채 위풍당당하게 앉아 있는 옥좌를 향해 나아갔다.

히타이트의 사절을 맞아들이는 람세스의 표정은 어땠을까. 오늘날 수도 없이 남아 있는 그의 석상처럼 기본적으로 무표정하게, 다만 저급한 인간들을 굽어보는 신의 오만함인 듯 입꼬리를 아주 살짝 올린 표정 그대로였을까. 아니면 기쁨을 감추지 못한 나머지 싱글벙글이었을까. 어쩌면 인간적으로 즐거워하는 표정이었을지도 모른다. 그만큼 그 사절은 여느 사절이 아니었고, 이집트에게나 람세스 개인에게나 의미가 큰 사절이었기 때문이다.

람세스는 더없이 공손한 태도로 자신에게 은판을 받들어 올리는 히타이트인들을 굽어보며, 16년 전의 잊지 못할 경험을 떠올렸을 것이다. 아시아의 벌판 한가운데, 알아듣지 못할 소리로 부르짖는 히타이트인들의 날카로운 칼과 화살, 창과 투창이 자신을 노리고 성난 파도처럼 덮쳐오던 그때를.

카데시의 쓴 잔

기원전 1274년. 람세스 2세는 2만 명의 이집트군을 이끌고 아시아로 건너갔다. 아문, 라, 프타, 세트라는, 이집트 신들의 이름을 딴 4개 군단이 차례로 진군했고, 람세스는 화려한 전차에 올라타고 선두의 아문 군단과 함께 움직였다. 목표는 지금의 시리아 중부 지방에 있는 카데시라는 마을이었다(오늘날의 시리아 하마 지역). 카데시는 북쪽의 아나톨리아, 남쪽의 레바논, 서쪽의 지중해로 나아갈 수 있으며 동쪽으로는 메소포타미아까지 노릴 수 있는 전략적 요충지였다. 당시 레바논을 포함한 팔레스타인 일대는 18왕조 시절부터 이집트의 영토였고, 카데시와 그 북동쪽은 히타이트가 차지하고 있었다.

결국 이집트가 카데시를 차지한다면 본격적으로 히타이트를 밀어붙이며 아시아 정복에 나설 교두보가 확보되는 것이었다. 사실 그 땅은 람세스의 부왕인 세티 1세가 한 차례 점령했었으나, 곧바로 히타이트에게 다시 넘어가버렸다. 람세스는 즉위한 다음 본래의 수도 테베 북동쪽에 피람세스라는 신도시를 지은 뒤 천도하고, 그곳을 공략의 전진기지로 삼았을 정도로 아시아 땅에

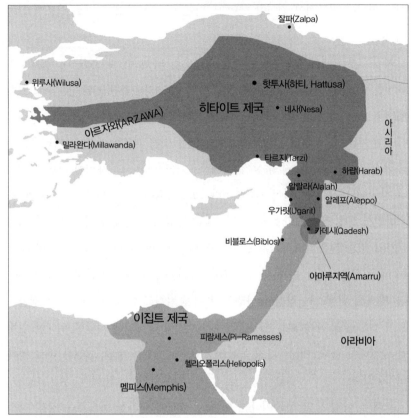

잘파(Zalpa)

위루사(Wilusa)

핫투사(하티, Hattusa)

히타이트 제국 · 네사(Nesa)

아르자와(ARZAWA)

밀라완다(Millawanda)

타르지(Tarzi)

하랍(Harab)

아시리아

알랄라(Alalah)

알레포(Aleppo)

우가릿(Ugarit)

카데시(Qadesh)

비블로스(Biblos)

아마루지역(Amarru)

이집트 제국

아라비아

피람세스(Pi-Ramesses)

헬리오폴리스(Heliopolis)

멤피스(Memphis)

[1-1] 기원전 1279년 카데시 전투 당시의 이집트-히타이트 제국 형세도(오늘날의 이집트, 시나이 반도, 터키에 해당)

대한 열망이 차고 넘쳤다.

그렇게 아시아로 뻗어가려 했던 일은 약 30세(고대 이집트의 연대는 대개 정확하지 않다)로 한창 혈기왕성한 젊은이였던 람세스의 개인적 명예욕의 산물이기도 하겠고, 아프리카 내에서는 조금만 가면 사막과 정글에 부딪치게 되는 이집트의 팽창을 위해 불가피한 대안이기도 했으리라. 하지만 람세스로서는 아시아 원정에 필사적이 되어야 했던 또 다른 이유가 있었다. 바로 왕조의 안정이었다.

이집트는 그때까지 40여 년 동안 파라오가 다섯 번 바뀌었는데, 18왕조의 유명한 소년 왕 투탄카멘이 의문사한 다음 아이(외척 출신, 재위 기간 4년), 호렘헵(재위 기간 27년), 람세스 1세(군인 출신, 19왕조의 시조로 재위 기간 2년), 세티 1세(재위 기간 11년), 그리고 람세스 2세가 대를 잇는 과정에서 다수 파라오들이 즉위 몇 년 만에 어딘지 수상쩍은 '병사'로 물러나고, 그 자식이 아닌 대신이나 장군이 뒤를 잇는 일이 거듭되었다. 그래도 부왕 세티 1세가 10년 넘게 재위하면서 19왕조의 기반을 어느 정도 다져놓았지만, 본래 신성한 왕실이나 명문가의 피는 전혀 섞이지 않은, 하급 귀족(평민이었다는 말도 있다) 출신의 장군이 세운 왕조인지라 언제 다시 옥좌를 노리는 음모가 꾸며질지 몰랐던 것이다. 따라서 람세스는 항상 군사권을 손에 움켜쥐고 통치자이자 최고사령관으로서 신하들을 단속해야 했으며, 모두가 머리를 숙이기에 적합한 위대한 업적을 달성해야 했다. 이 두 가지 목표를 한 번에 이루는 방법, 그것은 바로 정복사업이었다!

그래서 '나일 강의 선물'이라는 이집트, 세계에서 가장 풍요로운 땅을 다스리는 사람이 활을 들고 전차에 올라 낯선 땅을 헤쳐나가고 있는 것이었다. 바로 그의 치세에 이집트를 탈출해 불모의 땅으로 건너갔다는(확실하지는 않다. 람세스는 그 일에 대해 아무런 기록을 남기지 않았다. 그것은 그 일이 아예 픽션이었거나, 아니면 불명예스러운 일이기 때문에 람세스가 기록하지 말 것을 지시했거나 둘 중의 하나일 것이다) 모세와 히브리인들처럼, 그도 경제적 윤택함 말고 그 어떤 가치를 찾아서 팔레스타인을 가로지르고 있었다.

그러나 그의 '가치 찾기'가 아시아 사람들에게는 침략일 뿐이었다. 히타이트의 무와탈리스 왕은 2만 이집트군의 카데시 접근을 비상사태로 받아들였고, 두 배나 되는 4만의 병력을 동원했다. 당시 히타이트는 기마민족의 기동력에 철제 무기의 파괴력을 더하여 아시아 오리엔트를 재패한 지 3백 년을 넘기고 있었으며, 슬슬 아시리아를 비롯한 여러 민족들의 위협에 국력의 감소를 피부로 느끼는 상황이었다. 이런 마당에 요충지 카데시까지 빼앗기면 걷잡을 수 없게 된다고 생각한 무와탈리스는 전력을 다해 람세스를 저지하려고 했다.

하지만 병력이 두 배라고 해서 정면대결에서 승리를 장담할 수는 없었다. 무기의 힘이 그다지 결정적이지 않고 전쟁의 중심이 기계가 아닌 인간이던 시절에는, 일부 뛰어난 용사들의 활약이나 뛰어난 전력 운용으로 두 배 정도의 병력은 얼마든지 무찌를 수 있었다(이보다 한참이나 뒤에 나타난 알렉산드로스나 카이사르, 그리고 심지어 나폴레옹 등도 두 배가 넘는 적을 곧잘 쓰러트렸다). 게다가 히타이트는 언제나 사방에 잠재 적국을 두고 있는 상황이므로 이집트와의 싸움이 길어질 경우 전력을 그쪽에만 집중시켜 둘 수가 없었다.

그래서 무와탈리스는 이후 약 7백 년쯤 뒤에 중국의 『손자병법』에서 명문화될 원칙, 바로 "적을 속여서 내 뜻대로 움직이게 유도한다(詭道). (…) 가까이 있으면서 멀리 있는 것처럼, 멀리 있으면서 가까이 있는 것처럼 보이게 한다(近而示之遠 遠而示之近)"는 기만전술의 원칙을 쓰기로 했다. 현지 토착민으로 위장한 첩자들을 내보내 람세스에게 "히타이트군은 아직 한참 멀리 떨어진 곳에 머물러 있다"고 알리도록 한 것이다. 그 거짓 정보를 믿은 람세스는 카데시를 기습하여 점령할 기회라고 여기고, 더욱 진군 속도를 빨리했다. 그러다 보니 4개로 나뉘어 움직이던 이집트군의 각 군단 사이의 거리가 자연히 멀어지게 되었다. 그리하여 카데시 마을이 자리잡고 있던 오론테스 강을 선두의 아문 군단과 라 군단이 건널 때, 프타 군단과 세트 군단은 한참이나 뒤에서 쫓아오는 중이었다. 그러나 '한참 멀리' 떨어져 있다고 람세스가 철석같이 믿고 있던 무와탈리스의 히타이트군은 바로 그 강변에 진을 치고 매복해 있었던 것이다. 강을 건너는 람세스의 금빛 찬란한 전차를 언덕 위, 수풀 사이에서 지켜보면서.

저녁 무렵 강을 건넌 람세스는 일단 야영할 준비를 하고, 후속 군단이 합류하고 나면 날이 밝는 대로 카데시를 습격하기로 했다. 이때 토착민을 가장한 또 다른 히타이트 첩자들이 이집트군에게 '붙들렸는데' 이들은 무와탈리스가 멀리 떨어져 있으며 람세스에게 대적할 준비가 전혀 되어 있지 않다는 말을 되풀이했다. 그러나 이번에는 그들의 행동에 어딘가 부자연스러운 데가 있었나보다. 의심을 품은 람세스는 그들을 고문하고, 다른 현지인들을 물색해서 정보를 캐내게 했다. 그 결과 비로소 현실을 깨달았다. 히타이트군이 바로 지척까지 와 있으며, 병력은 4만에 달한다는!

벼락을 맞은 듯 놀란 람세스는 벌떡 일어나며 외쳤다. "철수해라. 철수해라. 모두 짐을 싸서 일어나라!" 그러나 잠시 뒤, 그의 외침보다 몇백 배나 더 큰 함성이 멀리 언덕 너머에서 울려왔다. 그리고 지축을 뒤흔드는 소리와 함께, 모래바람이 자욱하게 피어올랐다. 히타이트의 1천 전차대가 숨어 있던 언덕을 넘어 쏜살같이 달려들어 오고 있었다.

완전히 허를 찔린 람세스의 군대는 히타이트군에 제대로 맞서지 못했다. 히타이트의 전차대는 먼저 전장을 빙글 돌아 후미의 라 군단을 강타했고, 이집트군은 산산조각이 났다. 이어서 무서운 기세로 람세스가 직접 지휘하는 아문 군단을 짓부수기 시작했다. 이제 이집트군의 패배는 불 보듯 뻔했다. 람세스 자신조차 사방에서 달려드는 적의 창과 투창에 몸으로 맞서야 했다. 절체절명의 상황에서 그는 이를 악물고 정신없이 싸웠다. 그가 남긴 과장, 미화된 기록으로는, 그 혼자의 힘으로 히타이트 전군을 물리쳤다!

"나는 사나운 세트 신처럼 적들을 덮쳤다. 나는 적의 전차병들이 내 말들 앞에서 사방으로 흩어지는 것을 보았다. 아무도 감히 나와 대적할 수 없었다. 그들은 나를 보고 두려움에 떨었으며, 힘이 빠져 활을 쏘지도, 창을 겨누지도 못했다."

그러나 실제로는 사로잡히거나 전사할 상황 직전까지 몰렸던 것 같다. 그러면 어떻게 람세스는 그 위기에서 살아남아 오래도록 군림할 수 있었을까? 무와탈리스의 지나친 신중함이 원인이었던 것 같다. 3만 7천의 보병대와 3천의 전차대를 끌고 왔던 그는 전차대 1천만 공격에 투입했다. 누가 봐도 절호의 기습 기회였는데도, 적이 어떻게 나올지 몰라 일단 총공격을 유보했던 것이다. 그 정도의 병력도 이기지 못해 적이 궤멸하는 것을 보며 추가 공격 명령을 내리려는데, 무슨 일이 있었던지 전장에서 떨어져 있었던 람세스의 친위대가 허겁지겁 달려와 히타이트군의 뒤통수를 쳤다. 이번에는 히타이트군이 허를 찔려 허둥거렸다. 그러는 사이에 패닉에 빠졌던 이집트군 일부도 냉정을 되찾고 반격에 나섰으며, 조금 지나자 뒤늦게 따라오던 프타, 세트 군단까지 오론테스 강을 넘어오는 게 아닌가? 무와탈리스는 결국 총공격의 기회를 놓치고, 퇴각 명령을 내렸다. 이렇게 해서 람세스는 파멸을 면할 수 있었다. 이후 양측 군대는 오론테스 강을 사이에 두고 진을 친 채 서로 노려보고 있었는데, 서로를 제압할 자신이 없었기 때문에 결국 무와탈리스의 철군 제

[1-2] 전차에 올라 활을 쏘며 카데시 전투를 지휘하는 람세스2세. 이집트 아부 심벨 대신전의 벽에 새겨진 부조. 출처 위키미디아.

안을 람세스가 받아들여, 서로 말머리를 돌려 본국으로 돌아가는 것으로 카데시 전투는 막을 내렸다.

'체면'과 '공동의 적'이 담판을 이끌다

이렇게 보면 람세스군이 카데시에서 궤멸되지는 않았지만, 거의 그럴 뻔했을 뿐 아니라 목표였던 카데시도 손에 넣지 못하고 되돌아와야 했으므로 사실상 이 전투는 이집트의 패배라고 보아야 했다. 람세스가 후퇴하자, 그 직전에 이집트에게 항복했던 아무루를 비롯한 몇 개의 도시들이 히타이트에게 되돌아간 점을 봐도 그랬다.

하지만 람세스는 패배를 인정하지 않았다. 아니, 아시아 땅에서 대승을 거두고 돌아왔노라고 선포하고, 축제를 열었다. 그것은 그가 과대망상가였기 때문이 아니다. 그는, 그리고 모든 파라오는 살아 있는 신으로 여겨지는 존재였고, 왕 중의 왕이며, 온 세상의 지배자였다. 그런 파라오가 패배할 수가 있겠는가? 패배했다는 이야기가 들리면 민중은 실망할 것이고, 귀족들은 음모를 꾸밀 것이다. 다행히 당시에는 언론이라는 것이 없었다. 있다면 입소문과 정부의 포고문이나 선전문 정도인데, 참전 병사들의 입단속을 하며 한껏 과장된 선전을 거듭하면 진실을 속이지 못할 것도 없었다. 그래서 람세스 혼자서 히타이트군 전체를 물리쳤다는 식의 황당한 기사가 수많은 건물 벽과 파피루스에 새겨졌던 것이다. 그런 기사에서는 람세스가 히타이트 왕의 동생 두 명을 쳐 죽였다는 이야기도 나오는데, 카데시 전투에 참전한 왕의 동생은 하나뿐이며(하투실리스) 그는 멀쩡하게 살아서 전투 이후 이집트에게 항복한 팔레스타인 도시들을 유린하기까지 했다.

오늘날에도 비슷한 예는 있다. 걸프 전쟁에서 철저하게 패배하고도 '우리가 승리했다고 선전했던 이라크의 사담 후세인이나, 북한이야말로 지상낙원이며 미국도 꼼짝 못하는 최강국인 듯 선전하는 김일성 이래의 수령들. 그들은 수천 년 전의 파라오처럼 자신을 살아 있는 신으로 내세움으로써 권력이 유지되고 사회가 안정될 수 있도록 했다. 그래서 그토록 낯간지럽고 허황한 선동과 주장을 멈추지 않았으며, 람세스 시절처럼 정보를 완벽하게 통제할 수는 없었지만 그래도 그럭저럭 성공을 거둘 수 있었다.

아무리 그래도 사실이 전혀 뒷받침되지 않는 허풍은 언젠가는 꼬리가 드러날 수밖에 없다. 그 점을 잘 알고 있던 람세스는 계속해서 원정대를 보내 카데시 공략을 시도했다. 하지만 그가 직접 대군을 이끌고 가서 실패한 일을 원정대가 성공시킬 수는 없었다. 잊을 만하면 벌어지는 이집트와 히타이트, 두 강대국의 힘겨루기에 팔레스타인과 시리아 주민들만 고달플 뿐이었다.

그러다가 아시아 쪽의 정세 변화가 이런 답답한 국면에 새로운 전기를 마련하게 된다. 바로 아시리아의 무서운 성장이었다. 히타이트는 지난 세기에는 아시리아와 손잡고 미탄니를 공략하기도 했으나, 이제는 너무 커버린 아시리아는 메소포타미아의 북부를 장악하더니 급기야 바벨론을 점령하고 일시적이지만 메소포타미아를 통일해버렸다. 히타이트로서는 긴장할 수밖에 없었으며, 만약 아시리아와 이집트가 손잡는 날이면 상당히 위험해질 수도 있는 상황임을 생각하지 않을 수 없었다. 그래서 당시의 왕 하투살리스(카데시 전투에 참전하여 '람세스에게 맞아죽었다'던 장본인)는 이집트와의 화해와 동맹을 결심한다.

그렇게 해서 이렇게 히타이트의 사절이 피람세스에 와서 람세스에게 알현을 하고 있게 된 것이지만, 아마 그들이 첫 번째 사절은 아니었을 것이다. 워낙 중대한 문제이니만큼 피람세스와 히타이트의 수도 하투사 사이로 양국의 사절이 여러 차례 오가지 않았을까. 그러나 남아 있는 두 나라의 기록에는 이 한 차례의 사신 방문만이 나타나는데, 그 자리가 실무 협상 차원을 넘는 공식적인 국가 의례의 자리였다고 짐작할 수 있게 한다. 하지만 히타이트의 사절이 들고 온 '은판'이 오늘날 남아 있는 두 나라의 평화조약문의 원본이었을지는 의문이다. 아무튼 카르나크 신전이나 아부심벨 신전 등의 벽면에 새겨진 이집트본 조약문과 보가즈쾨이에서 발견된 히타이트본 조약문은 세부적으로 다르다. 아마도 실무자끼리 사전 교섭을 몇 차례 가진 다음, 히타이트의 전권대신이 기본적 원칙을 적은 은판(들?)을 가지고 피람세스에 와서 최종 담판을 짓지 않았을까. 그들 사이에 구체적으로 어떤 대화가 오갔는지는 알 수 없으나, 아마도 이런 쟁점을 둘러싸고 논란이 있었을 것이다.

[1-3] 카데시 협정의 히타이트 판본. 1906년 터키 보가즈쾨이(Bogazköy)에서 발굴, 이스탄불 고고학박물관 소장. 출처 위키미디아

[1-4] 카데시 협정의 이집트 판본. 이스탄불 고고학박물관 소장. 출처 위키미디아

"그대들이 가져온 은판을 보면 '두 나라의 기존 영토를 상호 인정하며, 서로를 침략하지 않는다'는 조항이 있다. 이는 카데시를 그대들이 차지하겠다는 말이 아닌가? 우리는 이를 받아들일 수가 없다. 그 땅을 얻으려 그렇게 오래 고생했거늘, 이제 포기한다면 이 조약으로 우리가 얻는 것이 무엇인가?"

"위대하신 파라오시여, 부디 살펴주소서! 저희로서는 그 땅을 양보해드릴 수는 없습니다. 우리의 심장까지 이를 수 있는 칼자루를 어찌 남의 손에 쥐어줄 수 있겠습니까."

"남이라? 남이라고 했느냐? 히타이트의 왕은 나와 형제가 되고자 하는 줄 알았는데? 형제라면 어찌 남이라 하겠는가? 아무튼 잊지 말라. 이 협정은 그대들의 필요에 따라 이루어지는 것이다. 그런데 어떻게 우리에게 얻는 것도 하나 없이 협정을 받아들이라는 말이냐? 이집트가 그대들의 속국이란 말이냐?"

"아아, 파라오시여! 부디 노여움을 거두소서. 그리고 우리의 사정을 굽어살펴 주소서. 저희는 도저히 그 땅을 양보해드릴 수가 없나이다. … 우리의 옥좌는 그렇지 않아도 불안한데… 이제껏 잘 지켜온 요충지를 싸움 한 번 없이 파라오께 넘겼다는 말이 퍼지면 무슨 일이 벌어지겠습니까…"

"음, 불안하다고? 불안한 옥좌라고? 흐음…!"

협상은 서로의 '요구'보다 '욕구'에 초점을 맞출 때 타결되기 쉽다는 말이 있다. 가령 '이번 생일에는 꼭 명품백을 사달라'는 여자친구의 '요구'의 배경에 있는 '욕구'란 친구들에게 남자친구 자랑을 하고 싶다는 마음임을 파악하면, 꼭 명품백을 사주지 않더라도 친구들까지 초대한 자리에서 자신 있는 음악 연주를 한다거나, 인기 연예인과 아는 사이임을 보여준다거나 하는 식으로 여자친구의 콧대를 세워줌으로써 욕구를 채워주면서 관계를 계속 좋게 이어갈 수 있다.

이때도 '카데시를 누가 차지하느냐'라는 문제에만 매달렸다면 이집트와 히타이트는 결론을 내기가 어려웠다. 그러나 애당초 람세스가 그토록 카데시에, 아니 아시아 공략에 힘을 쏟은 까닭은 무엇이었나? 영토 확장 그 자체보다는 파라오의 권위를 높이고 왕조의 기반을 든든히 하기 위해서가 아니었던가? 그렇다면 다른 방식으로 람세스가 거드름을 피울 수 있게 해준다면 될 일이었다. 즉 영토는 내주지 않더라도 히타이트가 이집트에게 굽히고 들어오는 모양새를 취해준다면, '파라오께서 아시아의 강대국, 히타이트를 마침내 무릎 꿇게 하셨다'는 신화의 근거를 마련할 수 있을 것이고, 람세스로서는 평화조약에 동의할 이유가 충분해질 터였던 것이다.

하지만 히타이트가 그렇게 저자세를 취할 필요가 있을까? 아무튼 현실적으로 이집트는 끝내 카데시를 빼앗지 못했다. 적어도 아시아에서는 히타이트가 우위라는 점이 증명된 셈이었다. 그렇다면 단지 '대등한 관계'를 나타내는 정도로 동맹을 맺는 일이 자연스럽지 않을까? 아시리아를 억제해야 한다지만 아직은 아시리아가 히타이트에게 직접 적대하고 있지도 않았고, 바빌로니아를 점령하느라 무리한 탓에 적어도 당분간은 이쪽을 넘보지 못할 것이었다. 지금 이 시점에 이집트에게 머리를 숙이면서까지 동맹을 맺을 필요가 어디 있는가?

그런데 사실 있었다. 하투실리스가 람세스와 동맹을 맺으려던 데에는 국제관계만이 전부가 아니었고, 숨은 '욕구'가 따로 있었던 것이다. 람세스와 비슷하면서도 또 다르게, 그도 자신의 옥좌를 안정시키고 싶었다. 카데시에서 람세스와 맞섰던 무와탈리스는 전투 2년 만에 병사하고, 그 아들이 왕위를 물려받아 무르실리스 3세가 되었다. 하지만 서자였으며 나이도 어렸던 그는 숙부인 하투실리스가 신경 쓰이지 않을 수 없었다. 그래서 그를 북부 지방으로 내보내고, 암살을 시도(하투실리스의 주장으로는)하는 등 견제하려다가 결국 하투실리스의 쿠데타로 왕위에서 쫓겨났다. 그리고 입장이 바뀌어 이번에는 숙부가 조카를 압박하고 괴롭히는 판이 되자, 무르실리스는 달아나서 이집트에 망명해 버렸다. 그리고 람세스의 보호를 받으며 빼앗긴 왕위를 되찾고자 했다.

이렇게 되자 하투실리스는 언제 무르실리스를 내세운 쿠데타가 일어날지, 아니면 무르실리스를 앞에 세운 이집트군이 쳐들어올지 모르는 상황이 되었다. 바늘방석을 벗어나려면 어떻게 해야 하는가? 람세스와 타협하여 무르실리스의 신병을 인도받는 것이 최선이었다. 하투실리스가 평화조약을 맺으려 나섰던 데는 이런 숨은 동기도 있었던 것이다.

사정을 파악한 람세스는 마음속으로 무릎을 쳤다. 담판을 유리하게 끌고 갈 실마리가 잡혔기 때문이다.

아전인수, 그러나 평화와 우정은 계속되다

"이제부터 영원토록, 평화와 우정이 함께할 것이다. … 이 협약에 따라, 이집트의 위대한 왕과 히타이트의 위대한 왕은, 이제부터 서로를 적대시하지 않을 것을 신들께 맹세한다. … 히타이트의 위대한 왕은 영원히 이집트의 땅을 침략하지 않으리라. 이집트의 위대한 왕은 영원히 히타이트의 땅을 침략하지 않으리라."

피람세스와 하투사의 유적에 남아 있는 평화조약문의 본문은 이렇게 시작된다. 상호불가침과 함께 '기존 국경'을 인정하고 영구화한다는 원칙에 양국이 합의함으로써, 결국 카데시를 양보할 수 없다는 히타이트 쪽의 입장은 관철되었다. 사실 그 땅을 이집트가 싸움도 없이 빼앗기란, 나아가 유지하기란 어차피 불가능에 가까웠으니 크게 미련을 둘 일도 없었다. 문제는 파라오의 위신을 세워주는 일인데, 그것은 히타이트 쪽이 이집트에 굽히고 들어와 평화를 호소하는 모양새를 취하는 것과(하지만 어디까지나 이집트 사람들이 보는 앞에서만이었다. 히타이트 스스로의 기록에는 이집트가 먼저 평화를 간청해 왔다고 적혀졌다), 히타이트의 공주를 이집트로 보내 람세스의 수많은 후궁들 중 하나로 삼게 하는 것이었다.

람세스에게는 수많은 아들딸이 있었으니(85명에서 400명까지 학자마다 다르게 추정한다) 그중 하나를 히타이트로 장가보내거나 시집보낼 수도 있었을 것이다. 그러나 히타이트에서 공주를, 그것도 왕자의 정실이 아닌 왕의 여러 후궁 중 하나로 보냈음은 히타이트가 이집트를 상국으로 받들었다고 해석할 여지도 충분한 일이었다. 히타이트인들도 그렇게 여겼을지는 모르지만 말이다. 람세스는 히타이트에서 온 후궁을 말년에 특히 귀여워했다고 하는데, 그녀의 이국적인 매력도 작용했겠지만 그녀가 자신의 영광과 위엄을 나타내주는 상징적 존재였기에 보기만 해도 흐뭇하지 않았을까.

람세스는 조약의 원문에도 살짝 손을 대서 자신을 '위대한 왕, 살아 있는 신'으로 칭송하는 전문을 조약 앞에 첨부한 다음 조약에서 자신이 언급될 때는 '왕'으로, 하투실리스가 언급될 때는 '왕자'로 격을 달리하도록 하여 이집트에서 공개했다(하투사의 히타이트본에는 전문이 없으며, 두 사람 다 왕이라고 표기되어 있다). 그러나 이런 것들은 모두 공통된 조약 본문 바깥에서 람세스를 대우해주는 것들이었고, 양측의 공통된 합의 사항을 문자로 남긴 본문에는 하투실리스에게 유리한 듯한 내용이 계속 이어졌다.

"만약 어떤 적이 이집트의 위대한 왕, 람세스의 땅을 침범한다면, 그의 요청에 부응하여, 히타이트의 위대한 왕은 그 적을 공격할 것이다. … 만약 어떤 적이 히타이트의 위대한 왕의 땅을 침범한다면, 이집트의 위대한 왕, 람세스는 그 적을 공격할 것이다."

"히타이트의 땅에서 달아나 이집트로 피한 자가 있다면 이집트의 위대한 왕은 그를 받아들이지 않을 것이며, 히타이트로 돌려보낼 것이다. … 이집트의 땅에서 달아나 히타이트로 피한 자가 있다면 히타이트의 위대한 왕은 그를 받아들이지 않을 것이며, 이집트로 돌려보낼 것이다."

"히타이트의 왕 하투실리스의 아들은 그의 아버지를 이어 왕위에 오를 것이다. 만약 그에 반대하는 무리가 있다면, 이집트의 왕 람세스는 그들을 징벌하고자 보병대와 기병대를 보낼 것이다."

상호불가침에 이은 공수동맹 체결. 히타이트가 국익 차원에서 이집트와 평화조약을 맺은 주된 목표가 이로써 달성되었다. 이집트도 당시 리비아인들의 약탈로 골치를 앓기는 했지만, 아시리아가 히타이트에 주는 위협에 비할 정도는 아니었다. 그렇게만 보면 이 동맹은 히타이트 쪽이 더 득을 보는 셈이었다. 그리고 하투실리스 개인을 위한 조항들, 정치적 망명자나 도망노예를 받아들이지 않고 본국에 송환한다는 조항은 무엇보다도 이집트에 망명한 무르실리스를 히타이트로 돌려보낸다는 의미를 담고 있었다. 그러나 람세스는 끝내 그를 돌려보내지 않았다. 히타이트와의 관계에서 써먹을 수 있는 강력한 카드를 포기하지 않았던 것이다. 명백한 조약 위반에 대해 아마도 히타이트 쪽의 항의가 심했겠지만, 평화가 깨어지는 일은 없었다.

왜 그랬을까? 이집트가 무르실리스를 최후의 카드로 잡아두기만 할 뿐 그의 왕위 복위 꿈에 협력하지 않았기 때문이기도 하지만, 하투실리스의 왕위 계승에 관련된 조항이 하투실리스의 불만을 무마하고, 양국 관계를 더 밀접하게 만드는 기능을 했기 때문이다. 하투실리스가 그 자식에게(무르실리스나 다른 누군가가 아니라) 왕위를 물려주는 일을 이집트가 지지할 뿐 아니라 혹시 쿠데타라도 일어난다면 무력으로 하투실리스의 아들을 돕겠다는 천명! 그것은 무르실리스의 존재에 대한 하투실리스의 불편함을 씻어버리고도 남았다. 물론 이집트군이 정말 히타이트 땅으로 쇄도하는 상황은 히타이트인이라면, 심지어 하투실리스조차도, 결코 바라지 않을 일이었다. 그 반대의 경우로 히타이트가 이집트 왕위 계승에 개입할 수 있는 단서가 적혀 있지 않음을 볼 때도, 이 조항이 해석하기에 따라 '상호불가침 원칙'과 모순될 수 있으며 어느 쪽도 상대의 군대가 자국 수도까지 밀고 들어오는 일이 현실화되는 일을 피하고 싶었음을 알 수 있다. 하지만 그렇기 때문에 히타이트 내부의 잠재적인 반 하투실리스 세력에게는 이 조항이 강력한 억제력을 발휘할 수 있었다. 자신들의 음모가 단지 왕을 바꾸는 것뿐 아니라 국제분쟁을 일으키고, 이웃나라가 대대적으로 침공해 오는 결과를 초래할 수 있다는 사실, 그리고 그것을 모든 히타이트인이 잘 알고 있다는 사실은 그들이 불만을 속으로 삭이지 않을 수 없게끔 했을 것이다.

결국 이집트 쪽이 멋대로 조문에 손을 대고(자신들끼리 보는 경우에만이었으나), 심지어 핵심 조항 하나를 끝내 지키지 않았음에도 히타이트-이집트 평화조약은 끝까지 뒤집어지지 않았다. 그리고 그 효과는 확실했다. 이후 70년 동안 오리엔트 세계는 기본적으로 평화로웠으며, 람세스는 국내에서 신과 같은 영도자라는 추앙을 죽을 때까지 누리고, 하투실리스는 왕권의 불안을 해소하고 무사히 자식에게 왕위를 넘겼다.

수천 년을 뛰어넘는 교훈

이 조약은 기록이 남아 있는 가운데서는 세계 최초의 평화조약이다. 다시 말하면 힘이 곧 정의라는 인식이 널리 퍼져 있던 시절, 무기가 아니라 말을 통해, 전장 아닌 담판장에서 중요한 국제관계를 이루고 또 그것을 놀랄 만큼 오랫동안 지켜나갔던 최초이자 실로 보기 드문 사례라고 할 수 있다.

하지만 현대라면 이런 담판은 이루어질 수 없었을 것이다. 카데시 전투에서 람세스가 목숨을 잃을 위기를 간신히 면하고 퇴각했다는 사실이 아무리 은폐 조작하려 해도 결국 이집트에 파다해졌을 것이고(언론통제를 있는 힘껏 했지만 결국 SNS까지는 막지 못해 벌어진 최근의 '자스민 혁명'을 보라), 한 글자도 서로 어긋나는 일이 있을 수 없는 국제조약문을 적당히 뜯어고쳐 정권 홍보에 이용하는 일도 불가능했을 것이기 때문이다. 또한 하투실리스처럼 국익도 국익이지만 지도자 개인의 권력 안정을 위해 평화조약을 노골적으로 이용하려는 꼼수도 부릴 수가 없었으리라.

하지만 어떤 식으로든 담판으로 문제를 해결하려 했으며, 그 담판의 내용을 오랫동안 지켜나가려고 노력했다는 사실은(무려 3천 년도 더 전에!) 길이 기념할 만하다. 그리고 '서로의 요구에 매달리지 말고 욕구를 보라', '상대방의 특별한 사정을 제대로 이해하고, 상대가 결코 양보할 수 없는 조건은 포기하되 양보할 수 있는 조건에서 이득을 꾀하라', '제3의 대안(이 경우에는 하투실리스의 후계자 선택을 람세스가 보장한다는 조항 삽입)을 만들어내 윈-윈 타결의 실마리를 만들어라' 등등, 이 담판에서 실효성이 입증된 담판 성공의 중요 원칙들은 오늘날에도 여전히 살아 숨쉬고 있다. 그런 점에서 오늘날의 우리도 좀 더 신중했다면, 가령 북한처럼 매우 특별한 사정(시대착오적일 만큼 폐쇄적인 국가, 신격화된 수령의 위신과 카리스마에 체제가 온통 의지하고 있는 상황, 하지만 한편으로 냉전 종식 후 든든한 후원자를 잃고 경제난에 허덕이고 있는 현실)을 가지고 있는 상대와의 협상 과정에서 좀 더 그런 원칙을 돌아보며 현명하게 대응했더라면, 남북한 관계나 북핵 문제 등이 지금보다는 더 나은 단계에 들어서 있지 않았을까? 등등 아쉬운 생각을 오늘날의 우리는 자연스레 갖게 된다.

제2장

천하를 놓고 칼춤을 추다,
홍문鴻門의 회會

넓은 방, 수십 명이 앉을 수 있을 크기의 방. 동서남북으로 네 개의 탁자가 놓여 있다. 탁자마다 한 명씩 앉은 사람들. 앞에 늘어놓은 술과 요리는 가짓수가 별로 많지는 않지만 좋은 냄새가 풍기고, 무럭무럭 김이 난다. 아마도 연회장인 모양이다.

가장 아래쪽 자리에 앉은 사람은 짐짓 태연한 듯 술잔을 기울이고 있지만, 가만히 보면 눈썹과 수염이 가늘게 떨리고 있다. 아까부터 그의 앞으로 들이쳤다 밀렸다 하는 두 사람, 탁자들 사이의 빈 공간을 무대 삼아 칼춤을 추고 있는 두 사람의 눈치를 불안하게 살피고 있다. 칼춤을 추는 사내들은 하나는 나이가 꽤 들어 보이고 하나는 새파란 젊은이인데, 덩실덩실 춤추며 자꾸만 앉아 있는 사람 쪽으로 다가들려는 젊은이의 걸음을 나이 든 사람의 몸이 매번 가로막고 있다. 챙챙, 챙챙챙! 두 사람의 팔이 허공을 가를 때마다 칼들이 부딪치며 맑은 소리를 울리는데, 어떻게 보면 칼춤이 아니라 정말 칼싸움을 하는 것만 같다.

[2-1] 홍문연도(일부). 작가 미상. 출처 바이두 백과

아래쪽에서 볼 때 왼쪽 자리에 앉은 사람은 그보다 더 안절부절못하는 눈치다. 이마에 구슬땀을 흘리며, 몸을 의자에서 반쯤이나 일으키고 있다. 그리고 매섭게 칼춤을 추는 사내들에게 몸을 기울이며 뭐라고 말하려는 순간, 고개를 크게 뒤로 돌려 문 쪽을 본다. 그 문은 방금 와장창 하며 부서지듯 크게열렸다. 살기등등한 표정의 건장한 사나이가 또 한 사람, 칼과 방패를 손에 힘껏 움켜쥐고 한 달음에 연회장으로 들이닥치는 중이다.

윗쪽 자리의 사람도 편안히 연회를 즐기는 모습은 전혀 없다. 웬걸 왼쪽 사람보다 더욱 몸을 일으켜서 마치 중앙의 두 사람과 함께 춤이라도 추려는 듯한 자세. 그런 자세로 한쪽 팔로는 뭔가를 높이 들어올리고 있다. 옥으로 만든 노리개처럼 보이는 그것을 힘껏 들어올리며, 오른쪽에 앉은 제4의 인물에게 이걸 보라고, 제발 이걸 좀 보라고 하는 듯 간절한 표정으로 무언의 호소를 보내는 듯하다. 아직 난데없이 뛰어든 사나이를 알아차리지 못한 그의 표정은 어쩌면 네 사람의 연회 손님들 가운데 가장 절박해 보인다.

그리고 남은 한 사람. 아래쪽에서 볼 때 오른쪽 자리를 차지하고 앉은 사람. 유난히 몸집이 커서 자리를 온통 차지하고 있는 듯 보이는 그는 마치 큰 불상이 되어버린 것 같다. 오른손으로 잔을 들어 올린 채 명상을 하는지, 그대로 석화 마법이라도 걸렸는지, 굳은 표정으로 꼼짝도 하지 않고 이제 막 뛰어드는 중인 괴사나이를 노려보고 있다. 이걸 좀 보라고 무언의 소란을 피우고 있는 위쪽 자리 사람도, 태연을 가장하고 있는 아래쪽 자리 사람도, 춤을 추는 건지 싸움을 하는 건지 알 수 없는 가운데의 두 사람도 전혀 상관하지 않고, 마치 온 세상에 자기 혼자만 존재한다는 듯, 굳게 다문 입과 흐트러짐 없는 자세로, 그는 뭔가를 골똘히 생각하는 중이다.

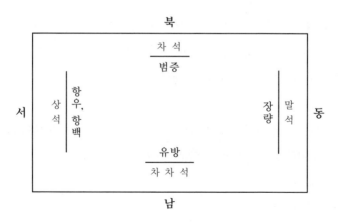

[2–2] 홍문연 좌석 배치도. 출처 바이두 백과

명나라 시대의 소설 『서한연의』에 묘사된 '홍문의 연회鴻門宴'모습이다. 기원전 207년 12월, 멸망한 진나라의 수도에서 얼마 떨어지지 않은 홍문(지금은 산시성의 홍먼바오춘鴻門堡村)에서 열렸다는 유방과 항우의 모임을 두고 한나라의 대역사가 사마천이 『사기』에 쓴 묘사를 바탕으로 한 이 그림의 구도는 이후 오랫동안, 각종 삽화와 악극, 영화, TV드라마 등에서 거의 그대로 재현되어 왔다. 항우는 경쟁자 유방을 연회에 초청한다. 하지만 그 속내는 연회 도중에 그를 죽이려는 것인데, 그 일을 맡은 항우의 조카 항장을 유방의 모사 장량과 친했던 항우의 백부 항백이 가로막고 나선다. 칼춤의 형식으로 벌어지는 암투를 지켜보며 유방과 장량, 항우의 모사 범증은 속이 타들어가는데, 범증은 결행의 표시로 손에 들고 있던 옥결(玉玦, 허리에 차는 옥장식)을 흔들며 항우에게 일제히 공격하자고 재촉하지만, 항우는 결단을 내리지 못한다. 그때 장량의 은밀한 부름으로 유방의 동서이자 장수인 번쾌가 회장에 난입하고, 이후 자리는 유야무야 정리되어 유방은 목숨을 건진다. 그리하여 유방을 없앨 수 있었던 어쩌면 유일한 기회를 항우는 놓쳐버리고 만다.

이 홍문의 연회가 두 영웅의 성패를 판가름했으며 중국 역사의 물줄기를 크게 바꾸었다는 평가는 매우 오래전부터 흔들림 없이 내려왔다. 가령 명나라의 증계가 지은 「항우묘」라는 시에서도,

백번 싸워 세운 세상을 덮을 공로는 그 누구도 트집 잡지 못했으나
홍문의 연회가 끝남과 함께 패업은 물거품이 되었다네.
百戰休論蓋世功
鴻門終宴伯圖空

이렇게 노래하고 있다. 최근 항우의 능력을 재평가하는 역사 연구가 잇달아 나오는 추세지만, 홍문의 연회에서 항우가 유방을 없앴더라면 역사는 완전히 달라졌으리라는 데는 너나없이 같은 의견을 모으면서 이 일은 항우의 입장에서 볼 때 치명적인 실수였다고들 한다.

그렇다면 항우는 왜 유방을 자리에 불러다 앉혀놓고도 암살을 결행하지 못했을까? 홍문의 연회는 다만 먹고 마시는 자리 이면에 벌어진 암투의 현장이었을까, 아니면 서로의 입장을 밝히고 갑론을박하며 해결책을 찾아나가는 담판의 자리였을까?

난세의 두 영웅

기원전 221년, 진왕 영정은 전국시대의 마지막 국가를 무너트리고는 천하통일과 함께 스스로를 '황제'로 선포했다. 전설의 성군 삼황오제에서 따온 '온 천하를 다스리는 군주'의 칭호였으며, 진제국은 영원불멸 이어질 것이므로 자신은 그 첫 번째 황제인 '시황제', 자신의 후계자들은 2세, 3세, 4세⋯ 황제로 불릴 것이라 했다. 그러나 그 영원불멸이라는 꿈은 불과 15년 만에, 시황제 자신의 죽음으로부터는 4년 만에 덧없이 스러져버린다. 수백 년 이상 여러 나라로 갈라져 있던 중국이 그렇게 빠르게 하나로 융합될 수는 없었다. 무너진 왕조의 부활을 꿈꾸며 암약하는 옛 왕족과 귀족들도 남김없이 잡아들일 수는 없었다. 그런 마당에 무리하게 통합과 안정을 꾀하다 보니 엄격하고 융통성 없는 법률을 썼으며, 그 직접적인 피해는 일반 백성에게 돌아갔다. 그리하여 진왕조 붕괴의 신호탄은 기원전 209년, 천민 출신인 진승과 오광이 반란을 일으키면서 쏘아 올려진다. 일단 신호탄이 오르자 숨을 죽이고 있던 구왕족, 귀족들이 너도 나도 뒤를 따라 일어섰으며, 잠시 안정되었던 천하는 다시 소란과 항쟁으로 뒤덮이게 되었다. 그런 구귀족의 한 사람이 바로 항적(항우. 우羽는 그의 자字이며, 본래 이름은 적籍이다)이었다. 초나라 명장인 항연의 후손인 그는 숙부인 항량과 함께 초나라 부활을 내걸고 봉기했다.

[2-3] 초패왕 항우. 출처 바이두 백과

항우는 반진反秦 봉기의 선봉이었던 진승이 얼마 못 가 패망하고 만 사실에서 교훈을 얻었다. 진승도 초나라張楚의 이름을 내걸었지만, 옛 초왕실과는 아무런 인연이 없었을 뿐 아니라 출신조차 천했던 그가 왕을 자처하자 초야의 명사名士, 인재들은 그의 아래로 들어가기를 꺼렸다. 진승은 "왕후장상에 어찌 씨가 따로 있겠는가?"라는 유명한 말을 남겼지만, 그 말에 당시 사람들이 그리 많이 동의하지는 않았던 것이다. 난세는 평범한 인물도 두각을 나타낼 기회를 주지만, 한철 설치는 군벌이 아니라 참 영웅이 되려면 그 사람 됨됨이는 물론이고 대의와 명분에서 두드러져야 한다. 그 기준에 미달했던 진승은 가장 앞서 일어난 자의 유리함을 활용하지 못하고, 끝내 무너졌다. 일찍이 모사 범증에게서 이런 교훈을 숙지한 항량은 초왕실의 혈맥을 이었다는 미심을 찾아내서는 그를 왕(초회왕)으로 받들고 초나라 복원을 내세웠다. 숙부 항량의 휘하에서 활약하던 항우는 항량이 전사한 뒤 그러한 사정을 숙지하여 초회왕을 의제義帝라 칭하고는 초나라의 실질적인 일인자로서 반군을 지휘했다. 남보다 앞선 대의명분을 뒷받침하는 것은 그의 뛰어난 군사적 재능이었다('항우장사' '역발산기개세力拔山氣蓋世'라는 말로 유명한 그의 개인적 용력도 용력이지만, 문헌을 보면 그가 이끄는 병사들이 일당백의 정예병으로서 돌파력과 전투력이 그야말로 압도적이었음을 알 수 있다). 그는 곧 10만 명의 대군을 거느린 최대 군벌 세력으로 발돋움했다.

이때 일단의 병력을 거느리고 항우의 진영에 합류한 사람이 유방이었다. 항우보다 15세 연상으로 합류 당시 40을 넘긴 중년이던 그는 그야말로 보잘것없는 출신이었다. "용이 유방의 어머니를 범하여 태어났다"는 이야기는 후대에 만들어진 신화이고, 유방劉邦이라는 이름조차 웬만큼 출세한 다음 스스로 지은 것으로 본래는 유계劉季였는데 '계'란 넷째 또는 막내를 뜻하므로 그의 본명은 '유씨네 집 막내놈'이라는 뜻밖에 없었다. 버젓이 자를 가지고 있던 귀족 출신 항우와는 대조적으로, 변변한 이름조차 없던 무지렁이였던 셈이다. 그도 진승처럼 진나라의 혹독한 법에 불만을 품은 무리를 선동하여 우두머리가 되었으나, 진승처럼 왕후장상을 꿈꾸는 대신 산적 노릇을 하며 지냈다. 그러다가 진나라의 종말이 점점 뚜렷해지고 세력도 늘어나 수천 명에 이르게 되자, 산에서 나와 초나라에 의탁했던 것이다.

[2-4] 한고조 유방. 출처 바이두 백과

유방은 자신의 변변찮은 출신이 콤플렉스였던지 선비들을 싫어하고 모욕 주기를 즐겨했다. 술에 취하면 선비가 쓴 관을 빼앗아 거기다 오줌을 누기도 했다고 한다. 하지만 위든 아래든 필요한 사람에게 필요한 대접을 해야 성공할 수 있다는 원칙은 거의 본능적으로 익힌 사람이었다. 그래서 자신과 마찬가지로 변변찮은 출신 중에서 소하(시골의 하급 관리였다), 하후영(마부였다), 번쾌(개백정이었다) 등의 인재를 찾아내고, 본래는 항우의 사람이었던 장량, 한신, 진평, 영포, 팽월 등도 밑에 두게 된다. 그리고 나이로는 조카뻘인 항우를 형으로 깍듯이 대접했으며, 초회왕 미심에게도 늘 곰살궂게 대한 나머지, '굴러 들어온 돌'인 그는 초나라에서 빠르게 입지를 굳혔다.

그런 유방이 마침내 항우와 나란히, 아니 그 이상으로 두각을 나타낼 기회는 기원전 207년에 왔다. 진나라의 2세 황제 호해가 환관인 조고와 함께 전횡을 일삼다가 조고에게 암살되고, 조고는 3세 진왕 자영에게 암살되면서 진나라의 정부체제가 마침내 파멸 직전에 이르렀다. 초나라는 이 기회를 놓치지 않고 '서방 정벌'에 나서기로 했는데, 유방과 항우가 각각 두 개의 길로 출정하여 진나라를 공략하게 된 것이다. 이때 초회왕은 "먼저 관중(진나라의 수도인 함양 일대)을 평정하는 사람을 그곳의 왕으로 삼겠다"고 선언했다는데 그것은 은근히 항우 아닌 유방을 밀어주려는 마음이 담긴 선언이었고, 항우에 비해 유방은 쉬운 경로로 진격함으로써 먼저 관중에 이르러 평정에 성공할 수 있었다고 한다.

누가 먼저 관중에 들어갈 것인가?

그런데 좀 이상하지 않은가? 유방이 인망이 있었더라도 서열로 보나 군공으로 보나 항우에는 비교할 수 없었다. 그런데 항우와 동등한 자격의 서방정벌 사령관이 된 것도 의아한 일인데, 편한 루트로 출정하게 하면서 "먼저 평정한 자에게 그 땅을 준다"는 막대한 특혜를 공공연히 받는 일이 과연 가능했을까? 초회왕은 명목상 초나라의 최고 권력자이지만 실세는 항우였다. 초나라는 항씨 가문이 만들었다고 볼 수 있는 나라였다. 그런데 눈앞에서 그토록 편파적인 조치가 취해지는 모습을 보며 한 마디 항의도 하지 않을 만큼 항우는 관대한 인격자였나? 그 앞뒤의 일을 보면 아무래도 그랬을 리는 없다.

그래서 초회왕의 약속이 나중에 만들어진 허구라는 설도 나왔으나, 이후 유방이 초-한 전쟁을 치르는 동안 몇 번이고 이 약속을 끄집어내며 스스로가 정당하다고 주장했음을 보면 허구는 아닐 듯하다. 이 일의 진상을 지금 백 퍼센트 명쾌하게 풀이할 수는 없지만, 아마도 항우는 본군, 유방은 선발대가 되어 함께 움직였던 것이 아닐까?『서한연의』등의 소설에서는 초회왕이 '먼저 함곡관(함양으로 들어가는 길목에 세워진 요새. '관중'에서 관이란 이 함곡관을 뜻한다)에 들어가는 사람'을 관중의 왕으로 삼겠다고 말한 것으로 나오지만,『사기』의 기록은 '먼저 평정하는 사람'이라 되어 있다. 항우는 총사령관이 되어 진나라의 주력군과 싸우고, 그 사이에 유방은 별동대를 이끌고 본군의 진격로를 마련하고 함곡관을 공략하며, 본군이 도착하면 힘을 합쳐 관중을 평정한다는 것이 본래의 시나리오가 아니었을까? 그렇다면 비록 두 장군이 다른 길을 따라 진군했지만 사실은 하나의 군대가 하나의 길을 간 셈이 된다. 그리고 초회왕의 약속이라는 것은 "여러분(항우, 유방)이 함양을 평정하면 그곳 땅을 주겠다"는 것이었거나, "(명목상 최고통치자인) 나는 여기서 기다릴 테니 먼저 여러분이 관중을 평정하시고 그곳의 통치를 맡아주시기 바란다"였을 수 있다. 아니, 어쩌면 그 약속 자체가 술자리 같은 곳에서 "여러분 중 제일 먼저 달려가 관중을 평정해버릴 분 없소? 그러면 관중왕으로 봉해드릴 텐데" 하는 식의 반농담 수준의 발언이었을지도 모른다.

아무튼 정예병력을 거느린 항우는 진나라의 최후의 희망이던 명장 장한(그는 일찍이 항우의 할아버지인 옛 초나라의 항연을 격파해 죽인 장본인이었다)과 정면 승부를 펼쳤고, 그 사이에 유방군은 남쪽 성읍들을 이리저리 돌아가며 꾸준히 서쪽으로 진격했다. 유방의 병력은 '별동대답게' 그렇게 많지 않았다. "진승과 항량의 패잔병을 긁어모아 병력을 근근히 보충하며 진군했다"는데 그래도 10만에 불과했다(반면 뒤에 함양에 도착한 항우의 병력은 장한군과 결전을 치른 다음인데도 40만에 달했다). 그러면서도 놀랄 만큼 빠른 속도로 진군, 기원전 207년 10월에는 함양에서 지척인 패상에 도달했다. 그런데 그것은 함양을 지키는 보루인 함곡관을 우회한 경로였다. 정상적으로 보면 만일 함양과 함곡관에서 협공할 경우 유방의 병력은 꼼짝없이 궤멸될 수밖에 없는 모양새였다. 그래도 그런 일은 벌어지지 않았다. 반대로 3세 황제 자영(子嬰)은 활 한 번 안 쏴보고 성문을 열고 나와 항복했으며, 유방은 당당히 함양에 입성하여 '살인자는 사형, 상해나 절도는 합당한 처벌, 나머지 진나라 법률은 일체 폐지'라는 '약법삼장(約法三章)'을 선포하며 '관중을 평정'해버렸다. 이것은 아마도 '담판외교의 승리'였을 것이다. 진나라의 운이 다했음은 누가 봐도 분명한데, 마지막 기대를 걸었던 장한마저 항우에 패배하고 항복했다는 소식이 들어왔다. 그렇다면 '선발대' 유방군에게 공연히 저항하여 가혹한 보복을 자초하느니, 순순히 항복하는 것이 낫지 않느냐고, 유방이 보낸 사신이 3세 황제와 그 신하들을 설득했을 것이다. 유방이 놀랄 만큼 빠르게 진군한 것도 이런 담판 덕분이었다. 당시의 군대는 성읍을 점령하면 마음껏 약탈하고 살인과 성폭행을 일삼는 것이 보통이었는데, 유방은 그런 일이 없음을 보장하되 대신 싸우지 않고 통과할 수 있게 해달라고 만나는 성읍마다 요구했으며, 덕분에 분분한 전투와 그에 따른 휴식으로 시간을 소비하지 않고 발걸음을 재촉할 수 있었다. 함양이 순순히 항복하기로 한 것도 유방군은 항복만 하면 건드리지 않는다더라, 하는 소문이 나 있었기 때문이었다.

문제는 뒤따라 관중에 도착한 항우였다. 기존에 알려진 대로 항우와 유방이 동등한 입장에서 경쟁을 벌이고 그 결과 유방이 앞서 관중에 들어가 그곳을 평정한 것이라면, 항우가 이를 두고 뭐라고 할 명분은 없었다. 그러나 유방의 군대가 일종의 별동대, 선발대였다면 이는 상당히 월권을 행사한 것이라고 볼 만했다. 어쨌든 기록에 따르면 유방은 관중 평정 후 항우의 성미를 돋우지 않을 수 없는 '실수'를 했다. 함곡관에 일부 병력을 보내 그곳을 접수한 다음, 두 달 뒤 도착한 항우의 입관을 막으라고 지시한 것이다.

이것이 단순한 실수였던지, 장한을 상대하느라 항우도 힘이 빠졌을 것이라 짐작하고 이번 기회에 초나라와 손을 끊고 관중을 중심으로 새 세력을 세우려는 의도에서였던지는 모르지만(그는 장량에게 "함곡관을 닫고 굳게 지키고 있으면 관중의 왕이 될 수 있다는 주위의 속삭임에 넘어갔다"고 말했다고 한다) 항우는 노발대발했다. 산을 뽑아 던지는 힘을 떨치며 함곡관을 두들겨 부수고는 함양으로 돌진했다. 자신이 호랑이 수염을 뽑았음을 깨달은 유방은 가슴이 내려앉을 수밖에 없었다. 고민 끝에 승산 없는 싸움보다는 굴복을 택한 그는 용서를 바라는 사절을 돌진해오는 항우군에게 보냈다. 홍분을 가라앉힌 항우는 일단 용서한다는 답을 보냈다. 유방을 단숨에 밟아버리고 싶었겠지만 그러면 고양이를 무는 쥐 격으로 유방도 결사 항전할 것이고, 진나라의 잔당들도 그에게 합세할지 모른다. 그러면 녹록지 않을 것이다. 그리고 초나라 장수들끼리 전면전을 벌이는 모습이란 모양이 좋지 않고, 싸움이 길어지면 굴복했던 진나라 성읍들이 다시 입장을 바꿔 앞뒤로 적을 두게 되는 상황이 빚어질지도 모른다. 따라서 일단 분을 삭일 필요가 있었다.

그렇다고 모든 것을 없던 일로 할 수는 없었다. 유방의 군대와 전면전을 벌이지 않더라도, 문제의 유방만 해치우면 된다. 항우는 유방의 사절에게 정말 잘못을 뉘우친다면 자신이 진을 치고 있는 홍문으로 찾아와 용서를 빌라고 말했다. 이번 기회에 화근을 없애자는 범증의 말을 받아들여, 유방을 암살할 계획이었다. 이렇게 해서 홍문의 연회가 있게 되었다.

단지 연회 자리가 아니었던 홍문의 회

항우가 '평화로운 자리에서의 뜻밖의 암살'이라는 방법을 쓴 것은 이번이 처음이 아니었다. 반란을 막 일으켰을 때 항우는 회계군수 은통을 암살하여 항량이 회계군수를 자칭하며 군벌로 발돋움할 수 있도록 했고, 나중에 초나라 부흥의 기치를 내걸었을 때도 눈엣가시였던 상급자, 송의를 암살하고 상장군이라고 자칭했다. 모두 정정당당한 결투나 병력끼리의 접전이 아니라, 술자리나 회견 도중에 느닷없이 무기를 꺼내 상대의 목을 베는 암수였다. 비겁하다는 손가락질을 들을 만한 일이었지만, 항우로서는 리스크를 최소화하면서 적대세력을 단숨에 없앨 수 있는 최선의 방법이었을 것이다.

유방도 그 사실을 알고 있었을 테고, 따라서 홍문으로 오라는 항우의 전갈에 마냥 가벼운 마음으로 일어설 수는 없었다. 그렇다고 가지 않을 수도 없는 길. 그는 백여 명의 기병만 이끌고 패상의 주둔지를 나와, 홍문으로 갔다. 그리고 항우를 만나자마자 다시 한 번 사죄하면서 뭔가 오해가 있었던 것이라고 변명했다.

"저는 장군과 힘을 합쳐 진나라를 공략했습니다. 장군께서는 하북에서 싸우셨고, 저는 하남으로 진격했습니다. 그런데 본의 아니게 제가 먼저 관중에 들어가게 되었고, 어쩌다 보니 진나라의 항복을 받았을 뿐입니다. 여기서 장군을 다시 뵈오니 참으로 다행한 일입니다. 제가 다른 마음을 품은 것이 아닌데, 어떤 소인배가 장군과 저를 이간질시켰던 것입니다."

『사기』「고조본기」에 유방의 변명은 이렇게 기록되어 있는데, 「번역등관열전」에는 "입관을 막은 것은 자신의 뜻이 아니었다고 해명했다"고 짧게 적혀 있다. 「고조본기」에는 항우를 명백하게 적대시한 일, 즉 함곡관에서 그를 저지한 일을 구체적으로 언급하지 않았으나 결국 유방의 사죄와 변명의 핵심 내용은 그것이었다. 너무 뚜렷한 '잘못'이므로 오히려 명백히 언급하지 못하고 돌려 말했던 것이다. 그리고 그것이 결코 자신의 본의가 아니라 실수였으며, '어떤 소인배', 즉 항우에게 유방이 다른 뜻을 품었다고 고자질했던 좌사마 조무상이 사실을 왜곡하여 자신을 모함한 것이라고 둘러대고 있다.

그리고 이에 앞서 관중에 먼저 들어간 일은 자신의 잘못이 아닐 뿐 아니라 본의도 아니었다고 언급했는데, 종래의 통설처럼 유방과 항우가 동등하게 경쟁을 벌인 것이라면 당연히 잘못이 아닐 뿐더러 본의가 아니었다고 변명할 필요도 없다. 100미터 달리기에서 1등을 한 사람이 2등한 사람을 돌아보며 "미안해. 그만 내 발이 멋대로 움직여서 너보다 먼저 들어오고 말았어"라고 말하는 격이니 말이다. 그리고 두 갈래의 길로 갔음을 언급하면서도 그것이 '힘을 합쳐' 진나라를 공략하는 것이었다고 말하고 있다. 유방이 항우와 대등한 지휘관이 아니라 별동대 내지 선발대를 이끄는 부장剛將이었다고 추정할 또 다른 근거다. 결국 단지 함양까지의 길을 닦고 함곡관 수비대의 힘을 빼는 것이 자신의 원래 역할이었는데, 의외로 진나라의 전쟁 의지가 없어서 저절로 문을 열어주더라, 그래서 본의 아니게 함양에 입성해 항복까지 받았다는 이야기다.

항우가 이런 유방의 변명을 얼마나 곧이곧대로 믿었는지는 알 수 없다. 그는 "당신 휘하에 있는 조무상이 그렇게 말하던데…"라고 대답했다. 왜 조무상과 당신의 말이 다르냐는 은근한 추궁일 수도 있고, 일단 유방의 말을 액면 그대로 받아들이며 조무상에게 잘못을 떠넘겨버리는 유화적인 제스처일 수도 있다. 어쨌든 일단은 두 영웅이 화해에 성공한 것 같았다. 하지만 그날 밤, 항우, 유방, 범증, 장량 네 사람만의 연회에 참석하라는 초대가 왔다. 겉으로는 오해를 털어버리고 먹고 마시면서 회포를 풀자는 뜻이었기에 유방도 사양할 도리가 없었다. 하지만 사방이 항우의 군사로 둘러싸인 항우의 막사에서, 데려온 호위병들과도 떨어져 있어야 하는 상황! 은통과 송의의 운명이 곧 자신에게도 닥칠 거라는 예감으로 유방은 머리부터 발끝까지 떨리지 않을 수 없었을 것이다.

항우는 자리 배치부터 유방을 불편하게 만들었다. 당시 관행대로라면 네 사람이 한 자리에 앉을 때 가장 상석은 동쪽을 바라보며 앉고, 그 다음은 남쪽을, 그 다음은 북쪽을 바라보고 앉으며 서쪽을 바라보는 자리가 가장 낮은 자리가 된다. 홍문연의 좌석 배치는 항우가 동향, 유방은 북향, 범증이 남향, 장량이 서향이었다. 스스로 상석을 차지한 것은 그렇다 쳐도 유방에게 자신의 모사인 범증보다 낮은 자리를 준 것은 심한 모독이라고 할 수 있었다. 그래도 유방은 공손한 태도를 잃지 않으며 태연히 항우와 술을 마셨다. 성미 급하기로 소문난 유방이었고 보면 엄청난 자제력을 발휘하는 참이었다. 그러나 범증은 차가운 눈으로 그를 흘겨보며, 옥결을 허리에서 떼더니 가만히 들어올리는 것이었다. 그것은 '유방을 처치합시다'라고 항우에게 보내는 신호였다(옥결의 결玦이 결행의 결決을 은유한다고도 한다). 하지만 항우는 못 본 척 술만 마시는 것이 아닌가? 조바심이 난 범증은 세 차례나 신호를 보냈으나 소용이 없었다. 결국 범증은 다른 방법을 동원하기로 했다.

범증은 자리에서 일어나 바깥으로 나갔다. 그리고 심복인 항장項莊을 불러 이렇게 말했다. "주공은 모질지 못하셔서, 차마 직접 손을 쓰지 못하시고 계시오. 그대가 연회장에 들어가 잔을 올려 축수를 드린 다음 주흥을 돋우기 위해 검무를 추겠다고 하시오. 그리고 기회를 보아 유방의 좌석에 다가가서, 그 자리에서 유방을 죽여야 하오! 만약 실패하면 훗날 우리 모두가 유방에게 사로잡히고 말 것이오."

바야흐로 바람 앞의 촛불이 된 유방의 목숨. 그러나 범증이 예상 못한 변수가 등장했다. 항우의 큰아버지인 항백項伯이었다. 장량 덕에 목숨을 건진 적이 있던 그는 장량의 주군인 유방을 해치고 싶지 않아서 항우에게 "어쨌든 유방이 먼저 관중을 제압한 덕분에 우리가 쉽게 관을 돌파한 셈이니, 큰 공이 있는 사람이다. 그를 해치는 것은 모양이 좋지 않다"고 충고했다. 그리고 사태가 심상치 않음을 보자 '칼춤에는 상대가 있어야 한다'며 들어와 항장을 상대했고, 항장이 유방 쪽으로 접근할 때마다 슬몃슬몃 진로를 방해하여 유방을 해치지 못하게 했다.

『사기』에 묘사된 홍문의 연회 장면은 이렇게 전개되고 있다. 하지만 의문이 든다. 과연 항백이 막지 않았다면 항장은 유방을 암살할 수 있었을까? 유방도 전장에서 잔뼈가 굵은 무인이며, 잔뜩 긴장하고 있는 참이다. 춤을 추다가 번개같이 유방의 급소를 찔러 절명시키는 일이 가능했을까? 유방이 비무장이었다면 또 모르지만, 아마도 유방과 장량은 모두 칼을 차고 있었을 것이다. 『사기』에는 그런 언급이 없지만, 다른 언급을 볼 때 당시 항우와 범증이 모두 칼을 차고 있었기 때문이다(막사로 들어갈 때 강제로 무장해제를 당했다고 할 수도 있으나, 애초에 꺼림칙한 자리인데 항우 편만 무장하고 자신들은 비무장을 강요당한다면 유방은 그 자리에서 돌아서고 말았으리라). 그리고 그렇게 볼 때 '계획대로' 항우와 범증만으로 유방을 막사에서 살해하는 일도 쉬워 보이지 않는다. 물론 항우의 힘은 대단하겠지만, 탁자나 의자 따위가 걸리적거려 동작이 자유롭지도 않고, 상대가 밖으로 달아나기도 쉬운 막사 안에서라면? 그럴 바에야 유방이 처음 홍문으로 찾아와 말에서 내렸을 때 불문곡직 습격하는 편이 쉬웠을 것이다. 소설에서는 이때 항우가 막사 주변에 도부수들을 숨겨두었다가 신호하면 일제히 유방을 공격하도록 했다고 한다. 그러나 조금 뒤에는 번쾌가 보초병들을 단숨에 밀어젖히고 연회장으로 뛰어들게 되는데, 도부수들이 잔뜩 집합해 있었다면 그러기 어려웠을 것이다.

애초에 왜 네 사람만 참석하는 홍문연이었는가, 그리고 왜 항우와 유방을 각각 범증과 장량이 수행했는가를 생각해 보아야 한다. 그것이 적어도 표면적으로 즐겁게 마시고 놀자는 연회였다면, 도무지 네 사람만이 참석한다는 것은 어색하다. 게다가 큰 탁자에 한 사람씩만, 멀찍이 떨어져 앉아서(탁자 사이의 공간에서 두 사람이 칼춤을 춰도 될 만큼) 먹고 마신들 흥이 쉽사리 날 수 있을까? 또 양 진영의 넘버 원, 투만이 참석했다고 볼 수도 없었다. 범증은 비록 항우가 '아부(亞父, 아버지 버금가는 분)'라고 불렀다고 하지만 진짜 피가 이어진 백부인 항백을 제칠 수는 없었고, 장량도 재상 소하보다 낮은 서열이었다. 그런데도 특별히 그들만 동석했던 것은 그들이 군사軍師였기 때문이었다. 다시 말해서, 홍문의 연회는 연회장인 동시에 두 군대의 사령관과 일급참모가 모여 중대한 문제를 숙의하는 회의장, 담판장이기도 했던 것이다. 그 자리에서 항우는 유방의 행동을 다시 한 번 세밀히 추궁하는 한편, 앞으로 어떻게 할 것인지를 질문했을 것이다.

천하 갈라먹기

"음, 그러니까 자네가 진황제의 항복을 받은 것은 주저하다가는 피 흘리지 않고도 관중을 평정할 수 있는 기회를 잃을 수 없어서였고, 함곡관을 닫아 걸 도록 한 것은 내가 오기까지 누구도 침범하지 못하도록 잘 지키라고 했을 뿐 인데 수비대가 실수한 것이라고? 나더러 그걸 믿으라는 말인가?"

"믿어주십시오, 장군님, 아니, 형님! 저는 늘 형님을 존경하고 공경하지 않았 습니까? 언감생심 저의 힘과 능력으로 형님을 대적할 뜻을 품었겠습니까?"

"흥! 그러면 그 뭐냐, '약법삼장'이라는 것은 또 뭔가? 자네가 뭐라고 마음대 로 법률을 만드느냐 말일세!"

"혹시라도 함양 백성들이 저항에 나서지 않게 민심을 다잡으려 했을 뿐입 니다. 그리고 핵심은 진나라 법률을 폐지하는 데 있는 것이지요. 그래야 저들 이 참으로 진나라가 망했음을 실감하지 않겠습니까? 살인자와 상해, 절도범 을 적절히 처벌한다는 것은 최소한의 질서 유지를 위해 당장 세워야 할 법이 었고, 나머지 세세한 법률은 형님께서 이제부터 제정하시고 집행하시면 되는 일이죠."

"으음…."

"제발 믿어주십시오! 제게 딴 뜻이 있었다면 왜 함양에 머물지 않고 패상에 진을 치고 있었겠습니까? 저는 형님께서 도착하실 때까지 관중을 지키고 있 었을 뿐입니다."

"그런가…? 아무튼 관중을 먼저 평정한 사람은 자네니까, 자네가 이곳 왕이 되어야겠지?"

"아니, 무슨 말씀을! 적진에 제일 먼저 뛰어든 병사를 승장勝將이라 합니까, 아니면 뒤에서 병사들을 지휘한 장수가 승장입니까? 저는 미리 와서 형님의 입성을 예비한 것에 불과합니다. 형님이야말로 참된 관중의 평정자이시고, 따라서 이곳 왕이 되셔야죠."

"흐흠, 하지만 나는 여기서 오래 머물 생각은 없네. 내 본거지는 초나라이고…. 또 처음에 우리가 병사를 일으킨 명분이 진나라를 없애고 옛 6국을 복원한다는 것이었단 말이야. 그런데 나처럼 왕실 출신이 아닌 사람이 왕이 된다면…."

"6국 왕손들이 뭘 했는데요? 정말 목숨 걸고 싸워 진나라를 무찌른 주역은 형님이나 영포 장군, 팽월 장군 같은 사람들 아닙니까? 그리고 형님은 욕심이 없으시더라도, 자신들의 공로에 적당한 보상이 없는 줄 알면 영포나 팽월이 어떻게 나오겠습니까?"

"으음…. 그도 그런데…. 이 중요한 관중을 내버려둘 수도 없고…."

"형님, 그러면 이렇게 하면 어떨까요?"

"뭔가?"

"일단 이 관중의 경우에는 나라를 둘이나 셋으로 자르는 겁니다. 그래서 항복한 옛 황제, 자영에게 그 하나를 주고, 나머지는 공을 세운 장군들에게 주는 거죠. 나머지 나라들도 마찬가지입니다. 제나라든 연나라든, 두셋으로 나눠서 일부는 6국 왕실 출신에게, 일부는 공로자에게 줍니다. 그러면 모두 논공행상에서 소외되지 않을뿐더러, 서로 견제하고 감시하느라고 다시 세상을 어지럽히지는 않게 될 것입니다."

"호오, 그것 참 멋진 생각이로군! 혹시 저쪽의 장량이 낸 생각인가? 좋네, 아무튼 우선 여기 관중부터 그렇게 정리하고, 나머지는 돌아가는 상황을 보고 정하도록 하세나. 하지만 자영, 그는 안 돼! 진시황의 핏줄을 살려두었다가는 언제고 다시 사단이 날걸세. 화근은 반드시 제거해야만 해!"

"예에? 그러면 그의 항복을 받으며 생명을 보전해주겠다고 한 저의 약속은…."

"자네 조금 전에 뭐라고 했나? 자네가 여기서 한 행동은 모두 내가 도착하기까지 예비한 것에 지나지 않는다고 하지 않았나?"

"네…."

"그럼 그렇게 알고 있게. 그리고 자네도 뛰어난 공로자이니 뭔가 보상을 해줘야 할 텐데…. 옳지, 이러면 어떨까? 한중의 왕이 되는 거야."

"하, 한중이요?"

"그렇지. 여기 관중보다 더 서쪽에 있는, 진령秦嶺을 넘어 나오는 한중 말일세. 그곳을 중심으로 서촉西蜀 일대를 다스리게나. 좀 외진 곳이기는 하네만 본래 열국列國에 속한 땅도 아니니 자네 혼자서 가진대도 별 말이 없을 것이고, 여기 관중을 갈라 맡을 왕들이 누가 될진 몰라도 뭔가 딴 마음을 먹는 놈이 있으면 자네가 응징해줄 수 있지 않겠나? 그러면 나도 동쪽에서 마음 편히 지낼 수 있겠지! 그렇게 하시게, 한왕漢王이 되는 거야."

"네…. 네."

"왜? 너무 시골이라서 마음에 차지 않은가?"

" … 아니, 아닙니다. 제 주제에 그 정도면 과분하죠."

"그렇지? 자네는 워낙 비천한 출신이니, 그런 곳일망정 자그마치 왕이 된다는 게 어찌 대단하지 않겠나? 거기서 한동안 잘 지내보시게. 그러면 더 나은 땅으로 바꿔줄 수도 있으니…. 자! 그럼 마음 편히 마셔보세나! 하하하."

" ……."

홍문연에서 이런 대화가 실제로 오갔는지는 확인할 수 없으나, 당시 천하에

관중(關中)

206년 오창(敖倉) 전투지

새왕 사마흔

한왕 유방
남정(南鄭)
206년 한나라의 도읍지

폐구(廢丘)
207년 유방이 관중 점령
옹왕 장한

함양(咸陽)

역양(櫟陽)

● 종문(滎門)
종문(滎門)의 무제

205년 전군로

무관(武關)

안읍(安邑) 전투지

서위왕 위표
평양(平陽)

함곡관(函谷關)

무미(武美)

완(宛)

하남왕 신양
낙양(洛陽)
촐발 한의 수도
한왕 한성

성고(成皐)

양책(陽翟)

형양(滎陽)
205년 항우, 203년 유방 제거

은왕 사마앙
조가(朝歌)

205년 유방, 팽성 공격
203년 한신이 조군, 이후 제나라 제거

성양(城陽)

황하

역하(歷下)

204년 형양(滎陽) 전투지

203년 한신이 초군, 한으로 제거가

임치왕 전도
임치(臨淄)

203년 고밀(高密) 전투지

서초패왕 항우
팽성(彭城)
203년 조군, 성고

205년 항우, 유방 축출

위표(魏豹)

205년 항우, 유방 축출

202년 유방, 항우 추격

202년 해하(垓下)
전투지(사면초가 유래)

회수

우성(虞城)

오강(烏江)
항우 자결, 초 멸망

[2-5] 초한쟁패 형세도. 바이두 백과 지도와 사마천의 「사기 분기」에 기초하여 재구성.

서 가장 위세가 등등했던 항우와 진나라 황제에게 항복을 받아낸 유방이 관중에 모여 대화를 했다면 아마도 그런 내용이 되었을 가능성이 높다. 마치 연합군 수뇌들끼리 제2차 세계대전의 마무리와 전후 질서를 의논했던 포츠담 회담이나 얄타 회담처럼, 진나라를 어떻게 할 것이며 항우와 유방 자신들을 포함한 논공행상을 어떻게 하고, 앞으로 열국 체제로 복귀할지, 진나라처럼 통일천하를 이어갈지 등을 논의하지 않을 수 없었을 것이다.

실제로 홍문연 이후에 벌어진 일이 그랬다. 항우는 함양에 입성하여 자영을 죽이고, 진나라의 궁전을 불태우고, 진시황릉을 도굴하여 함양을 쑥대밭으로 만들고 떠났다. 그리고 홍문의 연회가 있은 지 한 달여 만인 기원전 206년 정월, 초회왕을 '의제義帝'라 하여 명목상의 황제로 높이고, 자신은 초나라 서부와 조, 한, 위의 일부를 포괄하는 땅을 다스리는 '서초패왕西楚覇王'이 되었다. 또 진나라 땅은 셋으로 나누어 항복한 장한, 사마흔, 동예에게 나누어 봉했으며, 영포는 구강왕九江王, 팽월은 양왕梁王, 유방은 한왕에 봉하고 제나라, 연나라, 위나라, 조나라, 한韓나라는 각각 두셋씩 나눠서 일부는 옛 왕실의 후예에게, 일부는 군공이 있는 장수에게 주었다. 이 중 항우의 서초가 가장 강대했고, 그가 독특하게 내세운 패왕이라는 칭호에서 '패覇'는 춘추시대에 주나라 왕이 힘이 약한 상황에서 강력한 제후국이 대신 천하를 안정시킨다며 내세운 개념이었다. 이제 항우가 의제를 위해 천하를 안정시킬 것이므로 '패왕'이라는 것이었다.

진나라의 통일체제와 열국의 군웅할거체제를 절충하고, 옛 왕실의 복원이라는 원칙과 공로를 세운 사람에게 보상한다는 원칙을 절충한 이 체제에서 가장 찬밥은 유방에게 돌아갔다. 그의 한중-서촉은 땅 크기는 제법 넓었으나 춘추전국시대에는 중국의 강역으로 치지도 않았을 만큼 중원에서 멀리 떨어진 변방이었고, 수백 년 뒤 유방의 후손 유비가 다시 이곳을 근거지로 촉한蜀漢을 세울 때까지도 개척이 불충분하여 경제적 능력이 중원의 십분의 일밖에 되지 않았을 만큼 척박한 땅이었다. 그리고 무엇보다 나는 새도 건너기 힘들다 할 만큼 높고 험한 진령산맥으로 중원과 차단되어 있어, 계곡 사이에 위태롭게 걸쳐 놓은 잔도棧道라고 하는 좁은 목제 흔들다리 말고는 지나다닐 방법이 없는 곳이었다. 항우는 유방을 홍문에서 죽이지 않았으나, 그의 공로에 비하면 최대한도로 징계 내지는 견제했던 것이다.

막을 내린 홍문연

그러면 다시 홍문의 연회로 돌아가보자. 이 모임은 연회이자 수뇌회담이었고, 따라서 유방을 암살한다는 의미는 없는 모임이었을까? 그렇지는 않았을 것이다. 유방과의 담판 결과에 따라, 혹은 그의 태도에 따라 여차하면 손을 쓴다는 계획이었을 것이다. 다만 처음에는 항우와 범증만이 나서려 하다가 항우가 우유부단하자 범증이 궁여지책으로 항장을 불러온 것이 아니라, 처음부터 항장, 항백이 검무라는 명목으로 연회장에 칼을 들고 들어온다는 계획이 있었을 것이다. 그래서 항우의 결단에 따라 일제히 덤빈다면 4대 2! 아무리 유방과 장량이 있는 힘껏 대항한대도 충분히 해치울 수 있었다. 그러나 범증이 그만 결행하자고 아무리 신호를 보내도 항우는 침묵했다. 그는 유방의 꿍꿍이가 영 못 미더웠지만, 그를 지금 당장 해치워야 할 적이라고는 도무지 납득할 수 없었던 것이다.

하지만 항우가 혹시라도 마음을 고쳐먹으면 어떻게 될지 모르는 일. 유방은 마음을 놓을 수가 없었다. 이때 그의 생명을 구하고 이후 중국 수천 년의 역사를 뒤바꿔 놓을 마지막 변수가 발생했다. 번쾌가 고함을 지르며 연회장에 난입한 것이다.

이 때 패공(유방)과 장량만이 군영으로 들어가서 연회에 참석하고 있었고 번쾌는 군영 밖에 있었는데, 사태가 위급하다는 말을 듣자 쇠방패를 들고 군영으로 뛰어들었다. 보초병이 가로막았으나 번쾌는 방패를 휘둘러 그들을 쓰러뜨리고 장막으로 들어갔다. 항우는 놀라며 일어서서 검을 잡으며 말했다.

"네놈은 누구냐?"

곁에 있던 장량이 대답했다.

"패공의 참승(驂乘, 호위무사) 번쾌입니다."

"장사로군!"

이렇게 말한 항우가 큰 잔에 가득 술을 따라주고 돼지 어깻살을 안주로 내주었다. 번쾌는 술을 마시고는 방패를 바닥에 내려놓고 칼을 뽑아 고기를 썰어 단숨에 먹어치웠다.

"한 잔 더 마시겠는가?"

항우가 묻자 번쾌는 이렇게 말했다.

"저는 죽음도 사양하지 않습니다. 까짓 술 한 잔을 사양하겠습니까? 다만 패공은 먼저 관중에 들어와 함양을 평정했습니다만 하찮은 물건도 사사로이 차지하지 않았으며, 궁실의 문을 닫고 패상으로 돌아와 장군을 기다리고 있었습니다. 장군께서는 이제 도착하셔서 소인배의 말을 듣고 패공과 틈이 생겼다고 들었습니다만, 그렇다면 천하 민심이 장군을 떠나고 장군에 대한 의심이 일어나지 않을까요? 소인은 그것이 염려됩니다."

항우는 그 말을 듣고 아무 말도 하지 않았다. 이윽고 패공은 측간을 간다

며 손짓으로 번쾌를 불러 데리고 나갔다. 군영에서 나온 패공은 데리고 왔
던 병사들을 대부분 남겨둔 채 혼자서 말을 타고, 번쾌와 하후영夏侯嬰, 근강
靳彊, 기신紀信 네 명만 도보로 뒤따르게 하여 샛길로 산기슭을 돌아 패상으
로 돌아갔다.

『사기』의 이 기술대로라면 번쾌는 아무런 양해 없이 네 사람만의 연회에 난
입한 셈인데, 그렇다면 오히려 유방을 위태롭게 만드는 행동일 수 있었다. 유
방이 항우를 해치려고 부하를 불러들였다고 주장할 수 있으니 말이다. 하지
만 번쾌의 항변에 항우가 살의를 접는 모습인데, 항우가 거칠게 대응하지 않
고 번쾌의 난입과 유방의 탈주를 문제삼지 않은 까닭은 번쾌의 말보다는 그
의 행동 때문이었다. 그가 들어옴으로써 4대 2였던 구도가 4대 3이 되어버렸
고, 범증이 늙고 허약한 사람인데 비해 번쾌는 혼자서 보초들을 물리치는 장
사임을 고려하면 더 이상 싸움에 유리한 상황이 아니었다. 더구나 항우가 여
차하면 연회장에서 유방을 없애려 했던 것은 되도록 빠르고 조용히 적의 우
두머리를 해치우고 대세를 장악한다는 계산에 근거했는데, 군영 밖에 있던 번
쾌가 뛰어들어온 것을 보면 유방의 1백여 기병도 전투태세일지 모른다. 그러
면 그들과의 전투, 나아가 패상-함양의 병력과의 전투를 연달아 치러야 할 가
능성도 있다. 이렇게 된 이상 유방 암살은 포기하는 게 낫겠다고 항우는 결정
했을 것이다.

　하지만 대체로 합리적이었던 그의 결정에 모두가 찬성한 것은 아니었다. 볼
모 격으로 항우의 곁에 남은 장량이 '패공이 취한 나머지 실례를 할까봐 미리
돌아갔습니다'고 사과하며 백벽(흰 옥으로 만든 고리 모양의 장식)을 항우에게, 옥
두(옥으로 만든 술잔) 한 쌍은 범증에게 예물로 바치자 범증은 옥두를 바닥에

집어던지고는 칼로 내리쳐 박살을 내버렸다. 그리고 "어린아이와는 큰일을 도모할 수 없구나! 항씨의 천하는 유방에게 빼앗길 것이다. 장차 우리는 모두 그의 포로가 되고 말 것이다"라고 외쳤다고 한다.

　이런 범증의 태도는 당시로서는 지나치다고 여겨졌을 것이다. 항우의 결정이 보다 합리적이라는 평가가 대부분이었을 것이다. 그러나 역사는 범증의 조바심이 옳았음을 증명했다. 항우의 '신열국체제'는 옛 왕실의 후예와 신흥 군벌 모두를 만족시키는 체제로 고안되었으나, 실제로는 모두를 불만족스럽게 만들었다. 왕실의 후예들은 비천한 자들이 자신과 대등하거나 나은 위치에 오른 상황을 참지 못했고, 신흥 군벌은 자신보다 공로가 적은 자들이 출신만을 이유로 존중받는 일을 납득하지 못했다. 그래서 항우가 천하를 평정한 지 1년도 되지 않아 사방에서 불온한 움직임이 들끓기 시작했다.

　그러나 서로 이해관계가 다르고 명분이 달랐기 때문에 한 가지 요소만 없었다면 최강국인 서초는 이를 하나하나 진압해나갔을 것이고, 마침내 그의 천하는 안정되었을 것이다(적어도 당대에는). 그 요소란 바로 반 항우 전선의 구심점이었다. 항우도 이를 인식하고, 자신이 의제로 세웠던 초회왕 미심을 제거했다. 그러나 또 한 사람의 구심점 후보, 멀리 서쪽에 있는 한왕 유방은 어쩔 수가 없었다. 미심의 죽음을 들은 유방은 206년 8월에 서측에서 나와 동방 정벌을 시작했다. 이렇게 시작된 초-한 전쟁의 도중, 유방과 항우는 다시 한 번 얼굴을 마주보고 대화할 기회가 있었다. 허난성의 광무산에서 계곡을 사이에 두고서였는데, 항우는 유방의 배신을 따진 반면 유방은 이른바 항우의 십대 죄악'을 주워섬기며 자신의 행동을 정당화했다. 그 십대 죄악이란,

첫째, 의제의 약속을 무시하고 자신(유방)이 관중의 왕이 되지 못하게 했다.

둘째, 송의를 살해하고 스스로 상장군이 되었다.

셋째, 의제의 허락 없이 독단으로 군대를 움직였다.

넷째, 의제의 지시를 어기고 진나라의 궁궐을 태우고 진시황의 재물을 약탈했다.

다섯째, 이미 항복한 진나라의 자영을 살해했다.

여섯째, 항복한 진나라의 병사들 20만을 생매장했다.

일곱째, 6국의 후예들을 몰아내거나 좋지 않은 지위에 봉했다.

여덟째, 스스로의 영역인 '서초'의 영역에 한, 양, 초의 옛 땅을 포함시켰다.

아홉째, 의제를 시해했다.

열째, 불의·불공정한 정치를 하고 약속을 어겼다.

여기서 열 번째는 항우의 잘못을 전반적으로 지적한 것이며 아홉째인 '의제를 시해했다'를 제외하면 여덟 가지 모두가 자신이 이미 묵인했거나 협조했던 일들이었다. 항우는 왜 이제 와서 그런 이야기를 하느냐, 홍문에서는 그렇게 저자세로 나오던 인간이 이럴 수가 있느냐며 분통을 터뜨렸을 것이다. 그러나 이 십대 죄악 운운은 현실적인 호소력이 있었다. 6국의 후예들을 푸대접했으며 옛 열국의 경계를 멋대로 바꿨다는 지적은 구 왕실 세력에게, 의제의 약속과 지시를 무시하다가 끝내 시해했다는 지적은 신흥 군벌 세력에게 반 항우 봉기를 정당화할 명분을 마련했다. 그리고 진나라의 명맥을 끊고 수많은 인명과 재산을 유린했다는 지적은 관중 지역에서 항우를 원수로 여기고 들고 일어나도록 촉진했다. 결국 4년 남짓한 싸움의 승리는 한나라에게 돌아갔고, 항우는 기원전 202년 정월에 오강의 나루터에서 스스로 목을 찌르면서 홍문에서 유방을 죽이지 않은 일을 틀림없이 후회했을 것이다.

어정쩡한 담판은 안 하느니 못하다

힘으로 압박하여 마지못해 수립된 담판은 성공한 담판이라고 하기 어렵다. 언제고 상황이 바뀌면 깨어지기 마련이다. 담판 성과가 오래 보전되게 하려면 상대방이 다소 아쉽기는 해도 대체로 큰 손해는 보지 않았다고 여기게 할 만한 윈-윈 전략을 구사하고, 상대가 담판으로 이루어진 구도를 되도록 깨고 싶지 않도록 당근과 채찍을 심어야 한다. 람세스는 하투실리스의 후계 구도를 보장하는 한편 그 경쟁자인 무르실리스의 신병을 확보해둠으로써 두 가지를 모두 심을 수 있었다. 그리고 이도 저도 안 된다면 차라리 상대방과의 타협을 포기하고 힘이 있을 때 짓밟아버려야 한다. 어정쩡한 타협으로 상대에게 큰 불만을 남기면서 상대가 담판 결과를 깨지 않을 담보도 두지 않은 담판, 그것이 홍문의 연회에서 항우가 유방에게 강요한 담판이었다.

항우, 그는 불세출의 무장이었으나 너무 상대를 '적이냐? 아니면 동지냐?'로 가르는 경향이 있었다(그래서 그는 늘 항백이나 항장 등 친족들을 가까이 두는 한편 한신이나 진평 등의 의견은 무시하여 그들이 유방에게 달아나는 일을 자초했다. 그리고 범증마저도 약간의 의심되는 상황을 참지 못하고 매정하게 내쳤다). 그런데 홍문에서 그의 눈에 비친 유방은 적인지 동지인지 참으로 어정쩡한 존재였다. 그래서 그는 준비해둔 수단을 사용하지 못한 채 유방을 살려 보냈고, 어정쩡한 타협에 만족하면서 스스로 주도할 수 있었던 상황에서 오히려 상대에게 끌려다닌 결과가 되었다. 그래서 항우는 한 번은 손에 움켜쥐었던 천하를 허무하게 유방에게 넘겨줄 수밖에 없었다. 이로써 한漢의 시대가 시작되었다.

제3장

두 마리의 사자,
한니발과 스키피오

홍문의 만남이 있은 지 약 5년 뒤(기원전 202년), 홍문에서 약 8,700킬로미터 떨어진 북아프리카, 오늘날의 튀니지 북부의 자마. 이곳에서는 초와 한의 결전 못지않은 세기의 대결이 막 벌어질 참이었다. 그리고 그 하루 전, 역시 유방과 항우의 담판에 못지않은 세기의 담판 역시도. 그것은 누가 지중해 세계의 패자霸者가 되느냐의 승부, 60여 년 전부터 계속되어온 로마와 카르타고의 포에니 전쟁, 그 전쟁을 최종 종결 짓는 것은 아니어도 결정적인 판가름을 내기 직전의 긴장된 상황에서 이루어졌다.

본래 이탈리아 반도와 튀니지 반도 사이의 시칠리아, 사르디니아 섬을 둘러싼 소소한 분쟁으로 시작된 포에니 전쟁은 로마의 승리로 일차 마무리되었지만, 기원전 218년에 한니발이 에스파냐에서 출발, 알프스 산맥을 넘어 이탈리아로 쳐들어가면서 상황은 급반전되었다. 한니발은 십여 년 동안 이탈리아를 휘젓고 다니면서 한 번도 패하지 않았고, 천하 최강이라는 로마군의 자존심을 있는 대로 짓밟아버렸다. 그러나 로마는 호락호락한 상대가 아니었다. 정면 대결로 한니발을 쓰러트릴 수 없다고 판단한 파비우스의 지연 전술에 한니발이 애를 먹는 동안, 한니발 못지않은 전술의 천재가 나타나 한니발의 뒤통수를 후려쳤다.

그가 바로 푸블리우스 스키피오였다. 일찍이 어린 나이에 티키누스 전투와 칸나에 전투에 참전하여 한니발의 위력을 실감했던 그는 한니발을 열심히 배워 승리의 비법을 터득했으며, 아버지 푸블리우스 코르넬리우스가 에스파냐 전선에서 전사하자 그 뒤를 이어 에스파냐로 가서 한니발의 본거지를 박살내버렸다. 이탈리아의 상황에 진전이 없는 가운데 에스파냐가 무너지고 북아프리카의 카르타고 본토까지 위협을 받자, 결국 한니발은 어려서부터 염원해온 로마 멸망을 이루지 못한 채 발길을 돌릴 수밖에 없었다. 그리고 미리 북아프리카에 와서 카르타고 정부와 일차 항복 협상을 끝냈던(그것은 로마의 수송선단이 폭풍에 휘말려 좌초하자 카르타고인들이 그 선단을 마구 약탈하는 만행을 저지름으로써 깨어졌다) 스키피오와 대결하게 된 것이었다.

한니발은 결전에 앞서 끄나풀을 풀어서 스키피오 진영을 정탐하도록 했는데, 그만 로마군에게 발각되고 말았다. 그런데 뜻밖에도 스키피오는 이들을 고문하고 처형하기는커녕, 앞장서서 부대의 곳곳을 보여주며 마음껏 보고 돌아가서 한니발에게 보고하라고 하는 것이었다! 돌아온 첩자들의 말을 들은 한니발은 비로소 이 젊은 장군에게 호기심과 친근감이 생겼고, 싸움에 앞서 한 번 만나보는 게 좋겠다는 생각이 들었다. 그래서 이 세기의 담판이 이루어지게 된다.

두 산봉우리처럼 마주서다

묘한 분위기였다. 온갖 풍상을 겪어 희끗희끗해진 머리에, 주름살은 칼로 새긴 듯 하지만 마치 신상神像처럼 고귀하고 도도해 보이는 인상으로 성큼성큼 들어오는 45세의 한니발과, 그를 맞이하기 위해 공손하면서도 여유가 넘치는

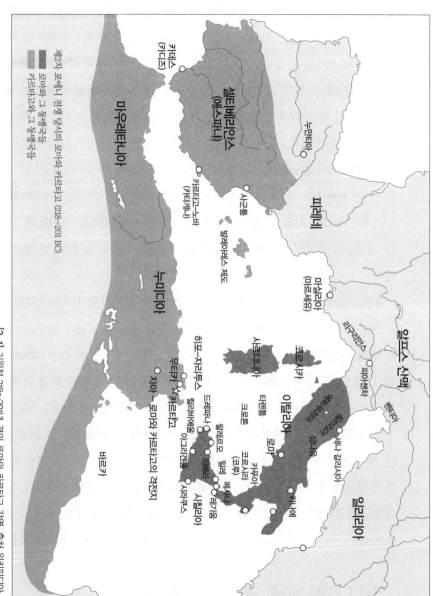

[3-1] 기원전 218~201년 경의 로마와 카르타고 경역. 출처 위키피디아

제2차 포에니 전쟁 당시의 로마와 카르타고 (218~201 BC)

로마와 그 동맹국들

카르타고와 그 동맹국들

미우레타니아

누미디아

비르카

가데스
(카디즈)

셀트베리아인스
(에스파냐)

누만티아

카르타고-노바
(카르타게나)

사군툼

발레아레스 제도

피레네

마실리아
(마르세유)

라구리아

알프스 산맥

피아첸차

베네티아

이탈리아

사르디니아

코르시카

히포-자리투스

우티카 ✕ 카르타고

잠아 ✕ 로마와 카르타고의 격전지

타렌툼

크로톤

드레파나

릴리바에움

아그리겐툼

시칠리아

메사나

레기움

카푸아 ✕

놀라

베네벤툼

칸나에

카누시움

누케리아

폼페이

쿠마이
(큐메)

로마

몬테 실라루

트레비아강

트라시메노 호수

이탈리아

알레리아

세나 갈리카

모습으로 서 있는, 온화함 속에 날카로운 칼을 감춘 듯한 33세의 스키피오. 이 두 사람을 바라보는 주위 시선은 놀라움과 조바심, 기대와 흥분으로 가득했다. 한때 로마를 멸망시킬 뻔했던 카르타고의 늙은 사자 한니발을 수행하여 로마군 진영으로 들어오는 카르타고 병사들이나, 그 한니발을 따돌리고 전세를 역전시킨 뒤 마침내 카르타고의 본거지를 공략할 원정군을 이끌고 온 로마의 젊은 사자, 스키피오를 둘러싼 로마 병사들이나 마찬가지의 표정이었다. 아무도 입을 열지 않았으나, 이 만남이 참으로 역사적인 만남이라는 사실("그들의 시대는 물론, 모든 앞선 시대를 찾아보아도 가장 위대한 군사지도자들의 만남"이라고 훗날 적은 리비우스처럼), 그리고 이 만남의 결과에 따라 작게는 자신들의, 크게는 자신들의 조국의 운명이 달라지리라는 사실을, 그들은 너무도 잘 알고 있었다.

유감스럽게도 그 만남에 대해 우리는 로마 쪽 역사가들의 기록으로만 알 수 있다. 그리고 리비우스와 플루타르코스 등은 한니발이 먼저 자신의 입장을 길게 이야기하고, 그에 답하여 스키피오가 긴 이야기를 하는 그대로 담판이 끝난 것처럼 서술했다. 그것은 먼저 한쪽이 하고 싶은 말을 하고 그 사이에 다른 한쪽은 일체의 반박이나 질문이 없이 듣고만 있다가 상대의 말이 모두 끝난 다음 자신의 주장을 하는, 고대 로마의 변론 형식을 따르는 모양새이다. 그러나 그 상황이 결코 그런 상황은 아니었고, 한니발이 로마의 관습에 따라 발언하려 하지도 않았을 터, 그렇게 형식적이면서도 단순하게 대화가 이루어졌을 것 같지는 않다. 그래서 여기서는 그 기록 내용을 토대로 하되 상상력을 덧붙여, 두 사람이 주고받았을 법한 '말의 자마 전투'를 재구성해 보았다.

"우리가 오늘날 여기에 이른 것은, 오만 때문이오."

먼저 침묵을 깬 한니발의 말에, 스키피오는 차분하게 대답했다.

"오만? 누구의 오만 때문이란 말씀인가요?"

"우리 둘 다! 그러니까 우리의 조국, 로마와 카르타고의 오만이오. 그 오만은 헛된 탐욕에서 나온 것이고."

"좀 더 설명을 하시지요."

"로마는 이탈리아를 통일한 것으로 만족했어야 했소. 그런데 그 이상을 욕심냈던 거요. 우리 카르타고 역시 아프리카로 충분함을 알아야 했던 것이고! 그래서 우리는 시칠리아에서 싸우고, 사르디니아에서 싸우고, 에스파냐에서 싸울 수밖에 없었소. 그래서 지금 남은 게 무엇이오? 셀 수 없는 젊은이들과 아녀자들의 피가 흐르지 않았소?"

한니발은 고대인들이 곧잘 들먹이던 '휘브리스(오만)' 이야기부터 꺼내고 있다. 사람에게는 분수라는 것이 있는데 성공한 사람은 으레 분수 이상의 것을 욕심내게 되고, 휘브리스에 빠져 무리수를 두게 된다. 그러면 운명의 신의 분노를 사서 결국 성취했던 것도 잃고 비참해진다는 것이다.

"확실히 죽기는 많이 죽었습니다."

"그렇소. 나의 동생 하스드루발도."

"그렇죠. 저의 아버지 푸블리우스 코르넬리우스 스키피오도."

"그 점은 유감이오. 하지만 그 모든 게 결국 이 전쟁의 무익함을 알려주지 않소? 사자 두 마리가 싸우면 둘 다 죽거나, 하나가 죽고 나머지도 크게 다칠 뿐이오. 우리는 바로 그런 전쟁을 몇십 년이나 하고 있단 말이오. 이제는 무기를 내려놓고, 평화를 찾을 때요. 그러지 않고 싸움을 계속한다면, 운명의 신의 노여움을 사고 말 것이오."

한니발이 운명을 들먹이며, 로마와 카르타고가 각자의 분수에 만족하며 "평화 공존"하자는 이야기를 꺼내는 심경은 아마도 극도로 착잡하고 참담했으리라. 그가 아직 코흘리개였을 때, 로마에 대한 적개심에 몸을 부들부들 떠는 아버지의 손을 고사리 손으로 잡고, "반드시 로마를 멸망시키겠어요"라고 초롱초롱한 눈빛으로 카르타고의 신전에서 맹세했던 그가 아니던가. 그 염원을 이루지 못한 채 아버지는 죽었고, 그 염원을 실현시키려던 중 동생이 죽었다. 그 자신은 말로 다 하지 못할 고생을 하며 병사들과 코끼리들을 이끌고 피레네를 넘어, 론 강을 건너, 알프스를 넘어 이탈리아로 들어갔다. 그리고 싸우고 싸우고 싸우고 또 싸웠지만, 결국 그 모든 일이 헛수고였다고, 운명의 신에게 당한 능욕에 지나지 않았다고, 원수 로마의 젊은 장군 앞에서 토로하고 있는 것이다.

[3-2] 한니발 조각상. 1704년 세바스찬 슬로츠(Sébastien Slodtz) 제작, 루브르 미술관 소장. 출처 위키피디아

"아주 현명한 말씀이군요. 무기 대신 평화라! 꼭 저희 로마의 원로원에서도 가장 나이가 드신 어른이 말끝마다 하시는 말씀 같습니다. 한때 우리 로마인

들을 인정사정없이 공격하시어, 한니발이라는 말만 들으면 자다가도 벌떡 일어나게 만드신 분의 말씀 같지는 않군요."

"나도 늙었소. 그러나 내 말이 노인네의 비겁함에서 나온 말이라 생각하면 오해요! 아, 그렇지. 당신은 오해할 수도 있겠구려. 그토록 젊고, 그토록 승승장구해 왔으니! 그러나 스키피오여, 잘 들어보시오. 내가 당신 나이쯤일 때, 나는 두려운 것이 없었소. 이탈리아를 사방으로 휘젓고 다니면서 한 번도 지지 않았소. 내가 마음만 먹었다면 당신들의 수도 로마도 잿더미로 만들 수 있었단 말이오. 그러나 지금은 어떻소? 아무 보람 없이 아프리카로 돌아와, 지금 당신과 나라의 운명을 걸고 담판을 벌이고 있지 않소? 운명의 힘을, 그 변덕스러움을 결코 무시해서는 안 되오."

"그렇겠지요. 하지만 제가 장군이 말씀하시는 운명의 장난을 이해하지 못할 정도로 물정을 모르지는 않습니다. 장군 나이의 절반쯤일 때, 티키누스 전투에 참전했고, 거기서 당신의 병사들이 휘두른 칼과 창에 피투성이가 되신 아버지를 구출해냈으니까요! 결국 에스파냐에서 싸우시다가 바로 당신의 동생 하스드루발의 계략에 걸려 전사하셨지만 말입니다. 그러니 장군께서 한때 얼마나 무시무시한 존재이셨는지 모를 리가 있습니까?"

"말에 가시가 많으시군! 혹시 장군은 아버지의 죽음에 대해 복수할 열망에 차 있는 것이오?"

"그건 아닙니다! 주피터와 마르스에 맹세컨대, 저는 오직 로마를 위해 여기에 왔습니다. 그리고 로마의 이익을 위해, 원로원 및 시민의 뜻에 따라, 당신과 싸우거나 합의할 것입니다."

스키피오의 가문은 로마의 명문가 중 하나로, 그의 아버지와 할아버지를 비롯해서 6명의 집정관을 배출했다. 그러므로 '로마 원로원과 시민의 뜻(Senatus Populusque Romanus : SPQR)'이라는 로마 공화정의 표어이자 로마 공권력의 상징에 대해 누구보다 잘 알고, 누구보다 거론할 자격이 되는 사람이었다. 그 역시 십대 시절, "반드시 로마를 멸망시키겠다"고 맹세한 한니발처럼 "반드시 카르타고를 물리치겠다"고 아버지에게 맹세했다고 한다.

스키피오는 로마 집정관이었던 아버지 푸블리우스 코르넬리우스 스키피오를 따라 전장을 누비다 한니발 군대에게 혹독한 패배를 맛보았고, 에스파냐 원정에서는 아버지와 큰아버지를 잃고 도망쳐야 했다. 그럼에도 자원하여 약관 24살에 속주총독에 선출된 그는 에스파냐에서 눈부신 활약을 거두며 카르타고 군을 물리쳤다. 이어 206년 로마로 돌아와서 집정관에 출마했을 때 스키피오의 나이는 겨우 29살이었다. 집정관에는 40을 넘긴 사람이 출마하는 게 관례였으므로 원로원은 난색을 나타냈는데, 그의 인기가 하늘을 찔렀으므로 할 수 없이 출마 자격을 인정했고, 그는 선거에서 이기자마자 관할 임지를 아프리카로 해달라고 원로원에 요청했다. 카르타고 본거지로 쳐들어가서 긴 전쟁을 끝장내버리겠다는 것이었다.

보자보자하니, 젊은 녀석이 한때의 행운을 믿고 오만이 하늘을 찌른다는 반응이 터져나왔다. 그 선두에 선 사람이 막시무스 파비우스였다. 그는 한니발이 기세등등하던 시절 집정관을 맡으며 정면 대결을 피하고 로마군의 피해를 최소화하고 한니발이 저절로 지치도록 만드는 지연 전술을 펼쳤다. 이 소극적으로 보이는 전법에 '겁쟁이'라는 비난도 잔뜩 받았지만, 결국 한니발이 전투에서 계속 이기면서도 전쟁 자체에는 이기지 못하도록 결정적 역할을 한 것이 바로 파비우스의 지연 전술이었다고 곧 모두가 인정하게 되었다. 그런 그가 위험천만해 보이는 신출내기 집정관의 모험을 받아들이지 못하던 것은 어쩌면 당연했을지 모른다. 원로원은 파비우스를 중심으로 스키피오를 억누르려 했으나 국민 영웅인 그를 마냥 몰아붙일 수도 없어, 결국 시칠리아 방면을 맡는 것으로 타협을 보았다. 그러자 스키피오는 포에니 전쟁의 발화지였던 그 섬으로 건너가 자신의 권한을 아슬아슬하게 넘을 듯 말 듯한 파격적 우대 조치로 시칠리아인들의 민심을 얻는다. 그리고 그 땅에서 열심히 병사들을 조련하는 한편 한니발의 가장 든든한 지원 세력이던 아프리카 누미디아가 내분 상태에 있음을 이용하여 그들을 로마 편으로 끌어들이는 공작을 펼친다. 그리하여 마침내 결전의 때가 왔다고 본 기원전 204년에 바다를 건너 아프리카에 상륙했던 것이다.

운명의 신과 정의의 신

"그러면 장군이 생각하는 싸움이나 합의의 기준은 무엇이오?"

"장군이 여기까지 찾아오셔서, 무엇을 말씀하시는가에 달려 있지 않을까요?"

"간단하오. 나는 미래는 예측할 수 없다고 보고, 지금 시점에서 유리함을 가능한 한 크게 만들고, 불리함을 되도록 줄이는 대안을 선택하고 싶소."

"제 생각도 똑같습니다. 단지 누구의 입장에서 유리한지 불리한지겠지요…. 뜸 들이지 마시고, 어떤 조건으로 화해하자는 것인지를 말씀해주시지요."

"로마는 시칠리아, 사르디니아, 에스파냐를 비롯해서 지금까지 우리와 다투었던 땅을 모두 차지하셔도 좋소. 카르타고는 더 이상 그 땅들을 탐내지 않을 것이며, 그 땅을 얻기 위해 무력에 호소하지 않을 것이오. 오직 아프리카에만 만족하고, 로마에 영광을 양보하는 대신 지속적인 평화를 선택할 것이오."

"알겠습니다. 그리고요?"

"또 뭐가 있소?"

"……."

"불만이시오? 시칠리아와 사르디니아는 본래 우리 것이었소. 에스파냐는 우리 선고(先考:돌아가신 아버지)께서 개척하신 땅이며, 내가 자라난 고향이기도 하오. 이 모두를 양보하면 충분하지 않소?"

"그게 장군께서 내놓으실 수 있는 전부입니까? 정말로요?"

"전부요. 더 이상을 바란다면, 차라리 항복을 하라고 하시오."

"뭐, 항복하시라는 것은 아닙니다. 하지만 좀 지나치시군요."

"뭐가 말이오?"

"이제부터는 제가 말씀 좀 드리겠습니다. 비장한 운명론은 잘 들었습니다. 저도 운명이란 존재가 변덕스러움을 잘 알고요. 두 나라의 전쟁이 막심한 피해를 가져온 것도 압니다. 그러나 더 잘 알고 있는 사실은, 이 전쟁을 시작한 쪽이 카르타고이지 로마가 아니라는 사실입니다."

"그것은…."

"잠깐만, 좀 더 귀 기울여주십시오! 첫 번째 전쟁에서도, 우리는 먼저 공격을 당했고 우리가 갖은 애를 써서 싸움에서 이기기 시작하자 귀국은 평화협상에 나섰습니다. 그리고 조약을 맺고 화해했지요. 그러나 두 번째 전쟁이 일어났지요! 네, 바로 장군님의 손으로요! 그것은 명백히 조약을 위반하는 행동이었습니다. 그리고 우여곡절 끝에 다시 귀국이 불리해지자, 이번에도 화해의 손길을 내미시는군요! 자, 운명의 신을 잘 대접해야 함은 똑똑히 알았습니다. 그러나 정의의 신도 좀 대접해드려야 하지 않겠습니까?"

"……."

"만약 장군께서 이탈리아에 계시던 중에 방금과 같은 조건으로 화해를 청하셨다면, 아마 저는 몰라도 원로원이나 로마 시민들은 환영하는 뜻을 나타냈을 것입니다. 그런데 말씀하신 운명의 장난인지 뭔지 몰라도 어려운 처지가 되셔서야 태도를 바꾸고 그만 싸우자, 더 싸우자는 쪽은 오만하고 미련하다, 이러시다니오?"

"으음….'

"어찌됐든 저도 조건을 말씀드리겠습니다. 말씀하신 영토 양보는 그대로 받아들일 수 있습니다. 사실 이미 우리가 점령하고 있는 영토를 뭘 또 양보받을 게 있는지 모르겠지만요. 하지만 종전의 합의대로, 배상금 5천 탈란트는 반드시 받아야겠습니다!"

"음, 그것은…!"

"그리고 또! 얼마 전 우리의 불행한 사고를 틈타 귀국이 야만적으로 약탈해 간 수송선단의 피해 보상도 반드시 필요합니다. 물론 우리 특사들에게 가한 모욕에 대해서도 배상해야 하고요! 이것이 제가 드릴 수 있는 조건입니다."

"하…. 이보시오, 장군! 그것은 너무 가혹한 요구요."

"가혹할 게 무엇입니까? 오히려 그 이상을 요구하지 않는 게 이상할 정도입니다. 귀국은 이제까지 너무 자주 약속을 어기고 배신해 왔습니다. 이제는 그 대가를 치러야죠."

"장군! 최근의 사태에 대해서는 정말이지 송구스럽게 생각하오. 나 한니발이 머리 숙여 사죄드리오…. 그러나 영토 양보 외의 조건이란…! 나의 이름과 우리 조상의 명예를 걸고, 영토 양보와 차후의 불가침은 보장할 수 있소. 나의 영향력을 총동원해서 우리 의회에서 받아들이도록 할 거요. 그것이 어겨지는 날이면 내 손으로 내 목을 쳐서 장군께 바치리다! 그러나 그 이상의 조건을 가져간다면, 나도 우리 의회에서 목소리를 낼 수가 없게 되오…. 그러니 장군, 조금만 더 양보를 부탁드리오."

"답답하군요. 사적인 금전관계에서도 신용을 잃은 사람이 돈을 빌리려면 무거운 담보를 잡히기 마련 아닙니까? 사실 방금 말씀드린 조건으로는 성이 안찬다며 우리 원로원에서 거부하지 않을지 벌써부터 걱정스러울 정도입니다. 그러나 저도 될 수 있으면 싸움은 피하고 싶기에, 제가 할 수 있는 그야말로 최소한의 조건을 말씀드린 겁니다. 따라서 제가 장군의 말을 곧이곧대로 믿는다 해도, 어차피 안 되는 일입니다. 우리 의회에서 통과되지 않을 테니까요."

"그러니까, 결국 이 한니발이 이렇게 머리를 숙이는데도, 끝내 창칼로 문제를 해결하시겠다?"

"한니발과 스키피오가 개인 대 개인으로 만난 자리라면야, 양보해드릴 수도 있겠지요. 그러나 이것은 나랏일입니다."

"뭔가 착각하는 모양인데, 지금 나는 전쟁에서 질까봐 이러는 것이 아니오! 우리의 병력은 그대의 병력을 훨씬 상회하오. 게다가 당신의 군대는 낯선 땅에서 부지런히 행군을 해온 터라 지쳐 있을 터. 우리가 싸워서 만일 당신이 우리 군대를 섬멸하지 못한다면, 당신과 당신의 부하들은 혹시 살아남더라도 적지에서 오도 가도 못하는 신세가 될 것이 아니오? 그렇게도 승부에 자신이 있소?"

그것은 공갈이라고 할 수 없었다. 한니발은 자체 병력 2만 4천에다 이런 저런 경로로 모은 병력 1만 8천을 더해 4만 2천의 병력을 이끌고 있었다. 반면 스키피오에게는 그 절반가량의 병력만 있었다. 그러나 스키피오가 거의 포기하고 있던 누미디아의 친로마 세력이 한니발과 마주치기 직전에 합류하여, 큰 힘을 보태주고 있었다.

"그 누가 한니발을 상대로 자신만만할 수 있겠습니까? 다만 제 의무를 다하고, 갖은 수를 다 써볼 뿐이죠. 희망이 아주 없는 것도 아닙니다. 장군에게 연전연승을 안겨준 노련한 병사들! 그들은 지금 얼마 남지 않았고 장군의 병력은 아마도 급히 끌어 모은 병사들일 겁니다. 게다가 우리 로마군의 혼을 빼놓던 누미디아의 기병대도 이제는 우리 쪽에 더 많이 있고요."

"으음…"

"장군께서는 적지에서 십여 년을 버텨내셨으니, 제가 비록 장군만 못하겠지만 몇 달은 버틸 수 있지 않겠습니까? 그러면 우리 지원병이 바다를 건너오겠죠. 장군께서 걱정해주시지 않아도 됩니다."

"음, 결국…"

"나는 로마를 믿는다."

결국, 담판은 실패로 끝나는 듯했다. 로마를 대표하는 스키피오의 입장에서는 한니발이 내건 조건은 도저히 받아들일 수 없는 것이었다. 그러면 왜 한니발은 당초 스키피오와 카르타고 정부 사이에서 맺어진 조건보다도 덜한 조건을 고집했을까?

정확히 알 수는 없으나, 카르타고의 경제 사정이 배상금을 도저히 감당할 수 없을 만큼 악화되어 있었을지 모른다. 그들이 애써 맺은 협상을 뒤엎고 로마의 수송선을 약탈한 까닭도 거기에 있지 않을까? 또는 한니발이 협상 대표에 어울리는 정치적 영향력을 카르타고 국내에서 갖고 있지 않아서라고 추정할 수도 있다. 그러나 그 추정은 설득력이 떨어지는 것이, 자마 전투 뒤의 종전 협상 과정에서 한니발은 카르타고 의회 내의 반대파를 자신의 권위로 억누르는 모습을 보이고 있다. 패배했음에도 그 정도의 정치적 권위가 있는데, 자신의 말이 의회에서 묵살될까봐 협상에 제대로 임하지 못하지는 않았으리라.

그러나 한니발은 미련을 버리지 못했다. 그래서 그가 최후로 기댄 것은, 로마가 아니라 스키피오 개인의 입장이었다.

"장군, 장군! 잘 생각해보시오. 과연 당신은 내일의 전투에서 이길지도 모르오. 물론 질지도 모르지만. 그러나 이긴들 무엇이 이익이겠소? 들어보시오. 군인이란 열 번 이겨도 그대로 군인일 뿐이오. 그러나 한 번이라도 지면 쓰레기가 되고 만다오. 단 한 번을 나가 싸우지 않고, 싸움을 돕기는커녕 망쳐버리기 일쑤인 정치가들이 그를 쓰레기로 만들어버린다오.

그렇다고 이기고 또 이긴대도 좋지만은 않소. 당신에 대한 평민들의 인기, 그에 대한 질투와 자신들의 권력이 위태로워질까 하는 두려움이 정치인들을 사로잡으니 말이오. 그래서 지원을 끊고 패전을 유도하든지, 말도 되지 않는 트집을 잡아 사령관의 자리에서 끌어내게 될 것이오. 그러니 운명의 여신은 군인에게 더욱 박하다고 볼 수 있는 거라오.

그러니 잘 생각해보시오. 패배하면 나락으로 떨어지고 승리하면 잠깐의 영광에 취하는 선택을 할 것인지. 더 안전하고 평화로운 길을 장군 스스로를 위해서나 나라를 위해서나 선택할 것인지? 장군이 이번에 관대한 조건에 합의해준다면, 카르타고는 장군을 친구로 여길 것이오. 앞으로 어떤 협상에도 장군을 상대하고 싶다고 로마에 요청할 것이오. 어느 한쪽이 멸망하지 않는 한, 두 나라의 외교관계는 이어질 것이며 그 과정에서 장군과 장군의 후손들은 안전한 명예를 얻을 수 있으리라. 자, 어느 쪽이 현명하오? 자칫 나도 망하고 나라도 망할 수 있는 길을 걷느냐? 나도 나라도 평화롭게 번영할 수 있는 길이냐?"

이런 필사적인 한니발의 호소 내지 공갈에 스키피오는 조금이라도 마음이 움직였을까? 알 수 없다. 그러나 그의 대답은 한 걸음도 물러섬이 없었다. 단 한 걸음도.

"장군께서 제 장래까지 걱정해주시다니, 감사할 따름입니다. 하지만 저는 양자택일을 내놓으신 장군의 성의에 보답할 수 없습니다. 제게는 선택의 여지가 없기 때문입니다.

그 까닭은 첫째, 거듭 말씀드렸다시피 제가 이 자리에 서 있음은 제 자신의 뜻이 아니라 로마 원로원과 시민의 뜻에 따라 나랏일을 하기 위해 있기 때문입니다.

둘째, 저는 제 조국을, 로마를 믿습니다. 장군께서 말씀하신 비극적인 경우가 한둘이 아님을 잘 압니다. 그러나 로마는 나랏일에 헌신한 사람에게 감사해 왔습니다. 귀국은 상인들이 정권을 잡고 있고, 전쟁은 용병에게 맡겨 왔지요. 그러니 군인을 멸시하고 경계하는 풍습이 유독 두드러졌을 것입니다. 그러나 우리 로마는 군인이 세운 나라이며, 군신 마르스를 수호신으로 받드는 나라입니다. 제 아버지도, 할아버지도, 할아버지의 할아버지도 군인으로서 국가에 봉사하여 집정관의 자리에 오르셨습니다. 그러니 제 장래까지 장군께서 염려해주실 필요는 아마도 없을 것입니다.

마지막으로, 제가 평화에 동의할 수 없는 결정적인 까닭은 바로 장군이 제공했습니다. 평화를 깨고 독자적으로 알프스를 넘어 우리 로마를 공격하시고, 문 앞에 한니발이 있다는 말만 들어도 소스라칠 만큼 오랫동안 우리를 괴롭혀오신 장군이 말입니다. 그런 장군의 행동 때문에 우리는 카르타고를 믿을 수 없고, 한니발이 있는 이상 카르타고와 화해할 수 없다는 생각에서 벗어날 수 없게 되었습니다. 따라서 만약 장군의 제의를 받아들여 제가 어설픈 조건으로 평화에 합의한다면, 그야말로 로마에서의 제 입지는 바닥으로 떨어지겠지요. 나라를 팔아먹은 매국노 소리를 듣겠지요!

그러므로 장군, 이제 죄송합니다만 잘 하지도 못하시는 혀의 싸움은 그만하시고, 칼의 싸움을 준비하시기 바랍니다. 우리는 군인이며, 군인은 혀보다칼로 말하는 게 어울립니다. 그리고 장군만큼 그에 잘 어울리는 사람도 없을것입니다."

자신의 개인적 입장도 생각해 보라는 한니발의 말에 스키피오의 뇌리에는젊은이가 건방지다며 못마땅해 하던 원로원 의원들의 표정이 스쳐갔을지 모른다. 그러나 그는 끝내 대의에 따라, '합리적으로' 판단을 내렸다. 이리하여 자마 전투는 시작된다.

다음 날 아침, 일생일대의 승부를 앞에 두고, 두 영웅은 각자의 신들에게기도를 올렸다. 그리고 전군에 진격을 명령했다. 병력은 분명 카르타고가 우세했다. 그러나 지휘관이 한니발과 스키피오인데 병력의 양적 우열이 뭐가 큰 문제이겠는가. 문제는 병력의 질에 있었고, 그 점에서 이탈리아에서 싸워온 베테랑 병사들과 누미디아 기병대에 별로 의지할 수 없었던 한니발이 크게 불리했다. 그에게 스키피오는 칸나이 전투에서 한니발이 사용한 전법을 교과서처럼본받아, 이중 포위 전술로 사정없이 밀어붙였다. 그래도 한니발은 한니발이라, 승패는 좀처럼 결정되지 않은 채 함성과 비명과 창칼이 부딪치는 소리가 들판을 가득 메운 채 시간은 빨리빨리 흘러갔다.

그러다가 해가 산등성이로 넘어갈 채비를 마칠 즈음, 결판이 났다. 한니발

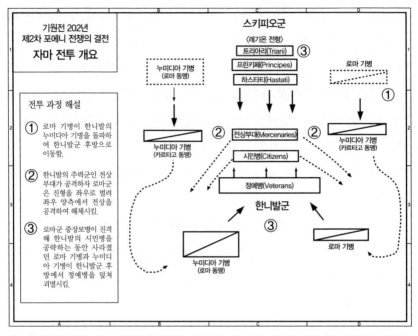

[3-3] 기원전 202년 로마-카르타고(스키피오-한니발)의 자마 전투 개요도. 미국 육군 사관학교 사학과 제작.

이 누미디아 기병대의 공백을 메워 주리라는 희망을 품었던 코끼리 부대. 탱크처럼 지축을 울리며 전장을 누비던 그들에게 용감한 로마 병사들이 달려들어 찌르고 때리고를 반복하자, 코끼리들이 괴성을 지르며 돌아서서 카르타고군을 짓밟으며 달아났던 것이다. 그것을 본 한니발은 자기도 모르게 탄식을 내뱉었다. 그리고 시리도록 푸르른 북아프리카의 하늘을 올려다보았다.

자마에서 카르타고군 2만을 살육하고, 2만을 사로잡는 스스로는 2500명밖에 잃지 않은 로마군에게 카르타고는 무조건 항복할 수밖에 없었다. 그 뒤로 한니발과 스키피오는 두 번 더 만났다. 한 번은 항복한 카르타고의 협상 대표로 다시 한 번 스키피오와 협상한 것인데, 스키피오는 앞서 자신이 카르타고 의회와 맺은 종전 조건에 대체로 두 가지를 더 덧붙였다. 5천 탈란트이던 배상금을 1만으로 올리고, 로마의 승인 없이는 앞으로 카르타고는 육지에서든 바다에서는 전쟁을 할 수가 없다는 조항이었다. 배상금 증액은 스키피오가 앞서 한니발과의 담판에서 밝힌 '수송선 약탈에 대한 배상'이 반영된 것이었고, 카르타고의 군사주권을 로마가 가져가기로 한 것은 어쩌면 한니발의 말에 스키피오가 어느 정도 움직였다는 표시일 수도 있었다. 한니발과 카르타고를 없애버리지 않으면서 그 위험을 불식시키려면 그러한 방안이 최선이었으니까. 그러나 그러한 결과에 불만인 사람들도 꽤 있었다. 스키피오가 당당히 로마에 개선하여 아프리카의 정복자라는 뜻에서 '아프리카누스'라는 칭호를 받고, 종신 집정관의 영예를 누리던 가운데서도.

[3-4] 정복지 카르타고에서 사로잡은 누비아의 왕족을 풀어주는 스키피오. 티에폴로(Tiepolo) 작, 월터스 아트 뮤지움 소장. 출처 위키피디아

세 번째의 만남은 기원전 193년에 있었다고 하는데, 당시 한니발은 여러 나라를 떠돌다 시리아에 머물던 중이었다. 카르타고는 더 이상 로마에 대항할 힘도 기백도 없었을뿐더러, 모든 책임을 한니발에게 돌리며 이 불세출의 전쟁 영웅이자 애국자를 못살게 굴었던 것이다. 그래서 그는 망명을 선택했지만, 망명 중에도 어떻게든 로마에 대항할 세력을 모아보려 안간힘을 쓰고 있었다. 스스로 말한 '군인의 불운'을 증명해 보이면서도 투지는 잃지 않았던 한니발은 원로원 대표로 친로마 외교를 펼치려 시리아를 방문했던 스키피오와 마주하게 된다. 그때 두 사람은 약 십 년 전의 자마 전투를 회고했는데, "누가 역대 최고의 명장이냐"는 스키피오의 질문에 "첫째는 알렉산드로스 대왕, 둘째는 에피로스의 피로스, 세 번째가 나다"라고 대답했다고 한다. "당신은 자마에서 내게 지지 않았느냐"는 스키피오의 말에는 "그러니까 세 번째라는 것이다. 만약 이겼다면 사상 최고의 자리에 앉았을 것을!" 하며 꽤나 오만하게 들리는 말을 했다고 한다.

영웅의 후회

그러나 그 말에는 자마 전투 전야에 실상 한니발에게 이길 자신이 없었다는 의미가 숨겨져 있다. 그 점이 문제였다. 이길 자신이 없다면 오히려 싸우지 말자는 담판을 먼저 제의하지 말았어야 했다. 스스로 자신이 없음을 알려주는 것이었으니까. 카르타고를 굳게 지키면서 전면전에 응하지 않는다면 멀리서 온 본대와 손을 잡은 지 얼마 안 된 동맹군을 이끄는 스키피오로서는 초조해지지 않을 수 없다. 카르타고의 병력 규모와 한니발의 명성은 아직 생생했으니 모험적인 전면 공성전을 벌이기도 힘들고, 본국의 지원을 요청하려 해도 반감을 조성하면서까지 떠나온 출정길에서 아무런 성과도 못 거둔 채 도와달라고 할 수도 없는 일이었다. 그렇게 스키피오가 초조해졌을 때 손을 내밀었다면 담판이 성공할 가능성도 상당했다. 그러나 전투를 코앞에 두고 담판을 제의하고는, "우리 모두 잘못을 반성하고 화해하자"고 한다면, 자신의 열세가 들여다보일 수밖에 없다. 열세이면서 담판을 성공시키려면 상대방을 솔깃하게 하거나 움찔하게 만들 뭔가가 있어야 하는데, 한니발은 스키피오를 탐욕에 빠트릴 조건도, 공포에 빠트릴 술책도 없었다. 그래서 담판의 마지막에 스키피오는 "당신은 말싸움에 어울리는 사람이 아니다"며 비아냥댄 것이 아닐까. 결국 자마전투의 패배는 한니발스럽게 한니발에게 부딪쳐온 스키피오에게 파비우스스럽게 맞서지 못했던 한니발의 한계에서 비롯된 셈이다.

시리아 등의 국가를 부추겨 로마에 대항하려던 한니발의 구상은 다시 한 번 스키피오에게 가로막힌다. 스키피오는 외교적 방문에서는 별 성과를 거두지 못했지만 기원전 190년에 시리아의 안티오코스를 공격하는 병력을 동생인 루키우스와 함께 지휘하여 승리함으로써 간접적으로 다시 한 번 한니발을 좌절시켰다.

시리아를 떠난 한니발은 로마의 압력 아래 기약 없는 망명 생활을 하다가, 비티니아에서 로마군에게 넘겨질 위험에 처하자 독약을 마시고 자살한다. 기원전 183년, 또는 182년이었다. 한니발을 외면한 채 분열했던 카르타고는 3차 포에니전쟁에 끌려 들어간 끝에 기원전 146년 로마에 멸망당한다.

그러나 시리아에서 승리한 뒤부터 스키피오의 운도 기울었다. 카토를 중심으로 똘똘 뭉친 반 스키피오 세력은 루키우스가 시리아에서 공금을 유용했다고 고발했으며, 얼마 뒤에는 스키피오 자신까지 탄핵했다. 하필 자마에서 한니발에게 이겼던 기념일이었다. 로마에 그토록 큰 기쁨을 준 그날 그 주인공이 탄핵을 당했다는 사실에 로마 민중들은 분격했고, 원로원으로 몰려가 탄핵 철회를 요구했다. 그러나 한니발이 일찍이 경고했던 대로, 그런 민중의 집단행동은 정치인들에게 스키피오를 제거해야 한다는 확신을 더욱 깊게 심어줄 따름이었다.

결국 스키피오는 모든 공직에서 물러나, 고향인 리테르눔으로 가서 은둔했다. 그리고 한니발과 거의 비슷한 무렵에 죽으면서, 이렇게 중얼거렸다고 한다. "인그라타 파르티아(배은망덕한 조국이여)!" 그의 묘비에는 이 말이 새겨졌다. "나의 뼈를 결코 그 땅에 묻지 않으리"라는 말과 함께. 그 순간, 그는 과연 자마의 그날 밤을 떠올렸을까? 한니발의 말을 받아들여 전투가 아닌 평화를 선택하지 않았음을 후회했을 것인가?

제4장

교황 레오 1세와 훈족 아틸라,
로마의 운명을 걸다

"이 장소는 교황 베네딕투스 14세의 뜻에 따라, 성지聖地로 지정되었다."

로마를 대표하는 고대 유적, 콜로세움에 박혀 있는 문구다.

"이 시설은 교황 아드리아노 1세의 뜻에 따라 보수되고, 교황 니콜라우스 5세의 뜻에 따라 거룩하신 성처녀에게 봉헌되었다."

로마 시민들에게 마실 물을 공급했던 고대 로마의 수도교, 아쿠아 비르고에 새겨진 문구다.

"이곳은 교황 보니파키우스 4세의 뜻에 따라, 거룩하신 하느님의 교회가 되었다."

고대 로마의 신들을 모시던 로마 판테온(만신전)에 적힌 문구다.

오늘날 로마 시를 다니다 보면 흔히 만날 수 있는 문구가 두 가지 있다. 스키피오가 한니발과의 담판에서 힘주어 말했던 "로마 원로원과 시민(SPQR)의 뜻에 따라", 그리고 "교황(Pontifex Maximus)의 뜻에 따라"다. 앞의 것이 고대 로마를 대표한다면, 뒤의 것은 중세 이후의 로마를 대표하는 문구라고 할 수 있다. 성 베드로 성당이나 산타마리아 마조레 성당 같은 교회 건축물들에 '교황 모모'의 문구가 새겨진 것은 당연해 보이지만, 콜로세움이나 수도교 같은 고대의 시설들에도 어김없이 교황의 이름이 들어가 있음은 로마 시에 드리워진 교황의, 가톨릭 교회의 그림자가 얼마나 뚜렷한지를 잘 보여준다.

그러면 어떻게 황제들의 로마는 교황의 로마로 바뀌게 되었을까. 그것은 기원후 5세기, 452년에 로마 외곽 가르다 호숫가에서 이루어진 하나의 담판에서 비롯된 결과였다.

미지(未知)와의 조우

기묘한 광경이었다.

햇빛이 잔잔하게 부딪쳐 반짝이는 호숫가. 그 반대편에서 두 개의 무리가 서로를 향해 천천히, 그러나 쉬지 않고 움직이고 있었다. 숫자가 훨씬 많은 한쪽은 검거나 잿빛의 기마부대였고, 그들의 낯빛 또한 거무튀튀하며 험상궂어 보였다. 그들의 옷매무새는 초라하고 거칠어 보였으나, 말 뒤꽁무니에 매달고 있는 묵직한 자루 주둥이로는 번쩍이는 금붙이들이 보였다.

"칸이시여, 저들이 화살 사정거리 안으로 거의 다 왔습니다."

"그래서?"

"본때를 보이기 위해서라도, 한바탕 갈겨버릴까요? 아니면, 말발굽으로 밟아버릴까요? 명령만 내리십시오."

"닥치고 있거라."

"아무 무기도 없어 보입니다. 저들의 멍청한 왕을 쓰러트릴 기막힌 기회가 아닙니까? 저희는 만반의 준비가 되어 있습니다."

"닥치라 하지 않았느냐? 일단 만나보자. 그리고 이야기를 해보는 거다."

반대편에서 천천히 그들을 향해 다가가고 있는 무리는 온통 흰색이었다. 흰옷을 입고 흰 깃발을 들고 있었으며, 하늘 높이 받들고 있는 금빛 십자가도 보였다. 아무것도 타지 않고 걷고 있는 그들은 대부분 나이가 들고 적당히 살쪄 보였으며, 입은 옷처럼 흰 얼굴에는 근심이 가득한 나머지, 더 새하얗거나 반대로 캄캄했다.

"성하, 교황 성하! 아무래도 이건 너무나 무모합니다. 지금이라도 그만두시는 것이."

"하느님이 우리와 함께 계시오. 어찌 사망의 음침한 골짜기를 두려워하겠소?"

"그러나 저들은 하느님도 십자가도 모르는 야만인들입니다."

"저들은 모르겠지만, 하느님은 저들을 아실 것이오. 지금도 우리를 지켜보고 계실 것이고."

"그러면 하다못해 뒤로 물러서 계십시오. 저희가 앞에 가면서 저들의 태도를 가늠해 보겠습니다."

"당신 말대로 하느님도 모르는 사람들에게, 우두머리가 꽁무니를 빼는 모습을 보인다면 어찌되겠소? 그냥 이대로 당당하게 걸어가면 되오. 우리는 그저

이야기를 하겠다는 것뿐이오."

때는 452년, 한때 지중해 세계를 통일해 태양처럼 빛나던 로마 제국이 이제
는 기울어질 대로 기울어진 가운데, 혼란과 공포가 서구세계를 뒤덮어가던 때
였다. 395년에 테오도시우스 황제가 죽자 제국은 동서로 다시 분열했으며, 그
중 서로마는 서로 자기가 황제라고 주장하는 사람들로 정치가, 극에 달한 빈
부격차로 경제가 혼란의 도가니였다. 한편 375년경부터 대이동을 시작한 게
르만족은 로마의 변경을 쉴 새 없이 약탈했으며, 급기야 410년에는 그 일파인
서고트족의 왕 알라리크가 영원의 도시 로마까지 짓밟았다. 알라리크는 발칸
반도의 로마령에 세력을 구축하고 서로마 황제까지 자기 멋대로 세우려 하더
니, 본때를 보인다며 로마로 쳐들어와 사흘 동안 무지막지한 약탈과 살육, 강
간, 방화를 자행했던 것이다. 한니발도 이뤄내지 못한 로마의 약탈! 초창기 로
마 이래 8백 년 만의 일이었다. 그러나 이는 '살다 보니 별 일도 다' 차원이 절
대로 아니라, 앞으로 반복될 가능성이 농후했다. 로마 시민들은 그것이 두려
웠지만 어쩔 수가 없었다. 고트족을 필두로 여러 게르만족은 로마 영토를 잠
식하여 독자 세력으로 만들어갔다. 다뉴브 강 이남에는 고트족이, 라인 강 이
남에는 프랑크족이, 론 강 유역에는 부르군트 족이 자리잡았으며, 북아프리카
는 반달 족이 장악했다.

그리고 452년에는 또 하나의 재앙이 로마인들을 벌벌 떨게 만들었다. 바로
게르만족의 대이동을 유발시킨 장본인이라 하는 동방의 수수께끼 민족, 훈족
이 로마를 직접 목표로 삼은 것이다.

훈족은 375년 처음 나타나 흑해 연안의 게르만족들을 공격, 대이동을 일으

[4-1] 450년 경 아틸라의 훈 제국과 동·서 로마 경역도. 윌리엄 셰퍼드(William R. Shepherd) 원작, 미 텍사스대 페리-카스타네다(Perry~Castaneda) 도서관 소장본 지도를 바탕으로 작성

지도상 주요 표기: 스코트족, 브리튼인, 브리타니아, 픽트족, 대서양, 수에비 왕국, 스페인, 서고트족, 서고트족, 서 로마 제 국, 모리타니아 왕국, 반달 왕국, 카르타고, 발레아릭스, 코르시카, 사르데냐, 로마, 지중해, 시칠리아, 동 로 마 제 국, 그레테, 이집트 왕국, 키프로스, 알렉산드리아, 북해, 색슨족, 앵글족, 주트족, 발트족, 프랑크족, 부르군트족, 부르군트족, 롬바르디 평원, 훈족 집결지, 슬라브족, 발트해, 이틸라 제국(훈족 지배 지역), 서고트족, 콘스탄티노플, 흑해, 동고트족, 콘스탄티노플, 흑해, 수에즈 지협, 홍해, 카스피해, 사산조 페르시아, 유프라테스강, 아라비아

킨 종족이나 동방에서 왔다는 것과 유목민족이라는 것 외에는 확실한 것이 없다. 훈족이 곧 흉노족이며, 기원전 1세기에 중국 한왕조의 공세와 자체 분열로 몽골 초원에서 갈라져 나온 흉노의 일부가 서쪽으로 온 것이 훈족이라는 설은 1750년대에 나온 학설이다. 그러나 확실한 근거는 갖추지 못한 추정일 뿐이다. 기원전 1세기에서 기원후 4세기는 너무 긴 기간이며, 뒷받침할 만한 문서자료도 전혀 없기 때문이다. 다만 서양 쪽 자료에 남은 그들의 이름이나 용모는 그들이 몽골 또는 투르크계였을 가능성을 비쳐준다(심지어 한민족이라는 주장도 나온다).

"납작한 얼굴에 점처럼 찍혀 있는 작고 검은 눈. 그들은 지붕 없이 아무렇게나 누워 자면서도 전혀 거리낌이 없다. 음식을 조리하지 않고 날로 먹으며, 농사짓는 일을 천하게 여긴다. 그들이 아는 유일한 요리법이란 말 허벅지에 생고기를 집어넣어 달리는 사이에 연해지도록 하는 것이다. 그들의 신발은 양가죽을 기운 것이며, 옷은 들쥐 가죽을 삼실로 얼기설기 이어붙인 너저분한 튜닉인데, 낡아서 헤어질 때까지 입고 다닌다. 당연히 냄새가 고약하다. 그들은 말 위에서 모든 것을 해결한다. 먹고 마시고, 물건을 사고, 팔고, 회의하며, 잠까지 잔다."(암미아누스 마르켈리누스, 『로마사』 제31권)

훈족을 직접 보진 못했지만 게르만족들에게서 정보를 널리 수집했던 암미아누스가 남긴 기록은 그들이 '말에서 내리지 않는 사람들', 몽골족의 조상, 아니면 적어도 친척뻘이라는 추정을 하지 않을 수 없게 한다. 그러나 당시 로마인들에게 그건 아무래도 좋았다. 늑대들에게 혼쭐이 난 끝에 호랑이까지 나타났다고 할까. 훈족은 게르만족과 달리 '농사짓는 일을 천대'하다 보니 빼앗

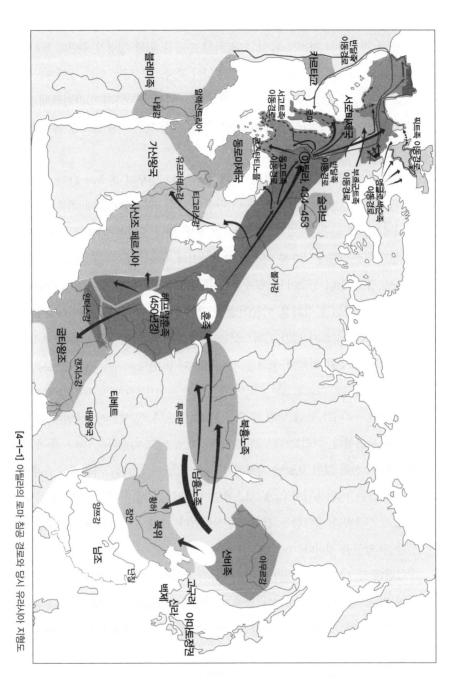

[4-1-1] 아틸라의 로마 침공 경로와 당시 유라시아 지형도

은 땅에 정주하려 하지도 않았고, 장차의 수탈을 위해 점령지 주민의 농사를 챙겨줄 생각도 없었다. 집과 밭을 미련 없이 불사르고, 당장 있는 것만 마구잡이로 약탈하여 군비와 사욕을 충당했다. 그러다보니 로마의 일반인들에게는 그야말로 세상 종말급의 재앙이 아닐 수 없었다! 맞아죽지 않으면 굶어죽을 판이었으니!

본래는 그 형과 공동통치하다가 형이 죽은 444년부터 훈족의 단독 지배자가 된 아틸라(Attila)는 다뉴브 강 너머의 다키아(지금의 헝가리)에 머물며 동로마에게서는 공물을 받고, 서로마에서는 용병 제공 요청에 이따금 응해 보수를 챙기며 신중하게 로마를 대하던 그때까지의 자세를 집어치웠다. 447년에는 다뉴브 강을 건너 동로마를 휩쓸었으며, 동로마 황제 테오도시우스 2세에게 항복이나 다름없는 강화를 이끌어냈다. 당시 동로마의 사절로 아틸라에게 찾아갔던 프리스쿠스가 남긴 기록으로는, 아틸라는 작은 키에 몸집이 다부졌으며 납작하고 누런 얼굴에 수염은 거의 없었다고 한다(여기까지는 몽골로이드의 생김새처럼 들린다. 그런데 그는 이어서 "눈은 움푹 들어가 있었다"고 덧붙인다). 대제국의 지배자로서는 놀랄 만치 수수한 차림이었으나 식기는 전리품인 듯한 금은제를 사용했다. 그리고 대부분 말에 탄 채로 먹고 마셨다고 한다. 훈족 쪽의 기록이 전혀 없어 오늘날 자세히 알 수는 없으나, 로마의 기록에서 유추하면 아틸라는 '야만족답지 않게' 검소했으며 부하들에게 미치는 카리스마가 대단했고, 신중함과 대담함을 겸비한 인물이었다. 그래서 단기간에 대제국을 건설할 수 있었을 것이다.

그런데 몇 년 뒤에 아틸라가 서로마까지 쳐들어오게 된 명분은 '여자 문제'에 있었다. 서로마의 호노리아 공주가 아틸라에게 몰래 사람을 보내 결혼을 신청한 것이다. 호노리아는 얼굴 한 번 본 적이 없고 아틸라의 궁에 여자는 넘쳤지만, 결혼에 따라오는 서로마 제국의 지분이 못 견딜 만큼 매력적이었다. 그러나 호노리아의 남동생인 발렌티아누스 황제는 그 결혼을 거부하며 누나를 감금시켜버렸다. 그러자 '황제의 매부 후보' 아틸라는 군대에 동원령을 내린 것이다. 451년 초 라인 강을 건넌 아틸라의 3만 병력은 삽시간에 갈리아를 초토화했다. 같은 해 6월 24일, 서로마의 아이티우스는 서고트를 비롯한 여러 게르만족과 연합하여 카탈라우눔(오늘날의 샬롱)에서 아틸라를 저지하는 데 성공했다. 그러나 "이 전투에서 로마군이 졌다면 오늘날의 영국인과 프랑스인은 가느다란 눈과 노란 살갗을 갖고 있을 것이다"(콜린 윌슨) '기울어지던 서로마 제국의 마지막 영광'(에드워드 기번) 등의 갖가지 찬사를 얻은 이 전투가 과연 아틸라에게 치명타를 안긴 로마의 대승이었는지는 오늘날 의심받고 있다. 전투 중 서고트의 테오도리쿠스가 전사했고, 후퇴하는 아틸라를 쫓아가 격멸하지 않았다. 그것은 만일 훈족이 이로써 완전히 멸망하면 게르만의 힘이 강해질 것을 우려한 아이티우스의 계산 때문이었다고도 보지만, 있는 병력 없는 병력을 끌어모아서 겨우 격퇴한 적이라면 이참에 아예 끝장을 내려는 게 더 자연스럽지 않았을까? 오히려 훈과 게르만이 합세하여 로마를 공격해오는 일도 생각할 수 있었을 텐데? 아틸라에게 일격을 가했기는 해도 로마-게르만 쪽도 힘이 부쳐서 더 밀어붙이지 못했다고 보는 편이 더 타당하다.

그런 해석을 뒷받침해주는 것이 '큰 타격을 받은' 아틸라가 바로 이듬해인 452년에 다시 대군을 이끌고 이탈리아로 쳐들어왔다는 사실이다. 그리고 북이탈리아는 훈족의 말발굽에 처참하게 짓밟혔다. 아드리아해 북안의 아퀼레이아를 시작으로 8개 도시가 쑥대밭이 되었다. 이탈리아 북서부의 파비아에서 일단 숨을 돌린 아틸라는 북쪽으로 기수를 돌려 밀라노를 휩쓸고, 다시 8자를 그리며 남하하여 만토바까지 왔다. 그대로 수직으로 남하해 볼로냐, 피렌체, 그리고 로마로 향할 것이 분명했다. 앞서 카탈라우눔에서 아틸라를 저지했던 아이티우스는 훨씬 서쪽인 갈리아에서 뒤늦게 소식을 듣고 발만 구르고 있었다. 현지 사정이 군대를 움직여 이탈리아를 구할 형편이 아니었고(이 점에서도 일 년 전, 카탈라우눔 전투에서 기진맥진이 된 쪽이 아틸라가 아니라 아이티우스였지 않았을까 추정할 만하다), 뒤늦게 출정해봤댔자 날아가지 않는 이상 로마가 아틸라에게 유린되는 일을 막을 수는 없었다. 이렇게 절체절명의 순간, 로마 교황 레오 1세(Saint Leo the Great)가 사제들과 집전관 중의 한 명인 젠나디우스 아비에누스(Gennadius Avienus), 옛 로마 시 장관이었던 멤미우스 애밀리우스 트리게티우스(Memmius Aemilius Trygetius) 등 로마의 세속 대표자들을 이끌고 출정 준비 중이던 아틸라를 찾아온 것이었다.

'교황에게는 몇 명의 병사가 있는가.'

"어서들 오시게. 아직 로마까지는 한참인데, 벌써부터 항복하려 찾아오셨나?"

[4-2] 교황 레오 1세와 훈족의 왕 아틸라의 만토바 회동 장면. 라파엘로(Raffa-ello Sanzio)의 1514년 프레스코화 작품. 바티칸 소장. 출처 위키미디아

"전능하신 하느님께서 전하를 축복하시기를! 송구하지만 아닙니다. 우리는 협상을 하러 왔습니다."

"협상? 협상이라? 협상은 어느 정도 힘이 엇비슷한 자들이 하는 것 아니오? 지금 로마는 무방비로 알고 있소만. 내가 잘못 알고 있는 게요?"

"당장 동원할 수 있는 병력으로 말씀드리자면, 불행히도 전하의 말씀이 맞습니다. 그러나 우리에게는 아직도 힘이 있지요."

"알쏭달쏭한 말이로군. 그리고 보니 지금 태연한 얼굴로 말하고 있는 당신은 황제의 측근도, 로마의 고위 관리도 아니라지? 뭐 교황이라 했나?"

"네, 모자란 사람입니다만, 황공하게도 거룩하신 하느님의 최고사제, 폰티펙스 막시무스라 불리지요."

"폰티펙스인지 뭔지, 아무튼 무당 나부랭이가 아니오? 제 손으로는 닭 한 마리 못 잡고, 주구장창 기도나 할 줄 아는? 그래, 뭔 힘이 있다는 거요? 교황에게는 몇 명의 병사가 있소?"

그러면 이 절망적인 순간에 아틸라와의 담판에 나선 레오 1세는 어떤 사람이었을까. 400년경 토스카나에서 태어난 그는 어려서부터 총명했으며, 법학과 신학을 함께 공부하여 보기 드물게 박식한 승려로 일찍 이름이 났다. 로마 교회는 당시 로마 제국과는 별도로 어려운 상황에 처해 있었다. 325년의 니케아 공회의에서 "예수는 인간인 동시에 신이다"는 양성론(兩性論) 또는 삼위일체론이 공식화되었으나 "예수는 인간이다"는 단성론單性論은 끈질기게 남아서 교회를 분열시켰다. 또한 종전의 최대 교회였던 카르타고 교회가 반달 족의 북아프리카 정복으로 사라지자, 예루살렘, 콘스탄티노플, 로마가 교회의 통수권을 놓고 겨루는 형국이 벌어졌다. 이런 가운데 젊은 레오는 교황 첼레스티노 1세,

식스토스 3세 아래 부제副祭로 일하며 단성론자들을 논파하는 일, 그리고 예루살렘과 콘스탄티노플 우위론자들을 견제하는 일에 앞장서서 활약했다.

학식과 언변 외에 레오 사제의 재능 중에 돋보인 분야는 하나 더 있었다. 교섭 능력! 440년, 그는 발렌티아누스 황제의 요청에 따라 갈리아로 가서 그곳의 로마군 총사령관 아이티우스와 알비누스 총독 사이의 불화를 조정하는 역할을 맡았다. 온화하고 합리적이면서 끈기 있게 타협을 종용하는 레오의 조정에 힘입어 두 사람은 화해했으며, '적전분열'에 빠질 뻔했던 갈리아의 로마는 안정되었다.

[4-3] 교황 레오 1세. 프란치스코 헤레라 모조 (Francisco Herrera 'mozo', the Younger). 스페인 마드리드 프라도 박물관 소장. 출처 위키미디어

그런데 그가 아직 갈리아에 머물러 있을 때, 뜻밖의 소식이 전해졌다. 식스토스 교황이 사망했다는, 그리고 레오가 그 뒤를 이을 교황으로 선출되었다는 소식이었다. 막 사십이 된 한창 나이로 엉겁결에 교회의 최고 자리에 앉은 그는 전임자들의 숙제, 이단과 싸우고 로마 교회의 입지를 다지는 일에 계속 매진했다. 449년, 콘스탄티노플의 수도원장 유티케스가 단성론을 주장하여 역시 콘스탄티노플의 총주교 플라비아누스와 대립했을 때, 그 문제로 열린 에페소스 공의회에 '교회 사목 서한'을 보내 양성론을 지지했다. 이어서 451년의 칼케돈 공의회에서도 단성론은 이단이라고 못박았다. 이때 교황은 '나의 선언은 개인적인 의견이 아니라 교회의 뜻

이다. 나의 선언에는 비판의 여지가 없으며, 내가 선언하면 그 문제는 그에 따라 끝나야 한다'고 밝혔다. 무척이나 오만해 보이는 이 발언은 나름대로 강력한 근거를 갖는 것이었다. 신학과 법학에 모두 밝았던 그는 "모든 성직자의 권위는 그리스도께서 사도들을 세우시고 '내 양을 먹이라'고 말씀하신 데서 비롯된다"고 전제하고 "그 사도들 중의 우두머리는 당연히 그리스도께서 천국의 열쇠를 맡기신 베드로이다. 그리고 로마 교회의 수장은 베드로의 계승자이며, 따라서 모든 교회, 모든 성직자의 우두머리가 되는 것이다"라는 입장을 밝혔다. 또한 그는 이렇게도 주장했다. "개인으로서의 교황은 성격도 제각각이고, 때로는 어리석은 생각을 하거나 잘못을 저지를 수도 있다. 그러나 교황 그 자체는 완전무결하다. 교황으로서의 결정과 행동은 사도 베드로를 대신하여 이루어지는 것이므로, 교황의 결정과 행동을 비판한다면 곧 베드로를 비판하는 것이며, 베드로에게 책임을 맡기신 주 그리스도를 비판하는 것이다." 이것은 이른바 '교황무오설', 즉 교황의 이름으로 내려지는 모든 명령은 완전무결한 것으로 보고 복종해야 한다는 설을 처음으로 제시한 것이었다.

이처럼 레오 1세에 의해, 그때까지 콘스탄티노플이나 예루살렘 교회에 비해 근본적인 우위를 인정받지 못하던 로마 교회의 입지가 강화되었다. 본래 그리스-로마 이교의 대신관을 뜻했으며 로마 황제가 사용하기도 했던 칭호인 '폰티펙스 막시무스'를 처음 교황의 칭호로 채택한 사람도 레오 1세였다. 그는 또한 탁월한 협상력을 발휘해, 서로마 정치권에서 교황권의 지지를 이끌어냈다. 445년, 갈리아 교회를 맡고 있던 아를의 주교 힐라리우스가 교황의 권위에 도전했을 때, 발렌티아누스 황제가 칙령으로 "모든 성직자는 로마 교황에게 복종해야 한다"는 선언을 하게끔 종용했던 것이다.

그러나 레오 1세가 오직 권력의 강화에만 급급했던 마키아벨리스트는 아니었다. 그는 거의 100편에 달하는 설교문에서 교회가 세속의 고통을 외면해서는 절대 안 된다고, 성직자는 사치하지 말고, 청빈과 금식을 생활화하고, 부를 교회에 쌓지 말고 가난한 사람들에게 나눠줘야 한다고 거듭 강조했다. 그는 "불쌍한 사람을 돕지 않고서는 구원받지도 못한다"는, 5세기 교황의 말이라기보다 19세기 개신교도들의 말처럼 들리는 주장도 했다. 이단 심판과 교황권의 강화도 어지러운 세상에서 교회가 모범이 되고 희망이 되어야 하며, 그러려면 먼저 자체의 분란을 없애고 질서정연하게 나아가야 한다는 뜻에서 그처럼 열심히 힘쓴 것이었다.

[4-4] 교황 레오 1세와 훈족의 왕 아틸라의 만토바 회동 장면. 1646-53년 알레산드로 알가르디(Alessandro Algardi)의 대리석 조각. 바티칸 성 베드로로 대성당 소장. 출처 위키미디아

"교황에게는 몇 명의 병사가 있냐 말이오?"

"하하. 투구 쓰고 갑옷 입고 창칼을 휘두르는 병사로 말씀드리자면, 없다고 보셔도 좋겠습니다. 그러나 저의 뒤에는 저 호수의 물결처럼 많은 성직자들이 있습니다. 그리고 호숫가의 모래알보다 많은 신도들이 있지요. 그들은 지금 한 마음으로, 하느님의 거룩한 도시가 유린되지 않기를 하느님께 빌고 있습니다. 그리고 『성서』에는 이렇게 적혀 있습니다. '의로운 사람의 기도는 역사하는 힘이 많으니라.'"

"흥! 결국 또 기도 얘기로구먼. 그런 허무맹랑한 소리에 이 아틸라가 겁먹을 줄로 알았소? 나를 움찔하게 해보려거든, 좀 더 분명한 이야기를 하란 말이오. 당신네가 힘을 갖고 있다는 증거를!"

"증거라면 있습니다!"

"무슨 증거 말이오?"

"40여 년 전에, 거룩한 도시는 잔인한 약탈을 당한 적이 있습니다. 알고 계십니까?"

"물론이오. 고트족의 왕이라던 알라리크가 그러지 않았소."

"그렇습니다. 그런데 그 알라리크가 어떻게 되었는지도 아시는지요?"

"음? 으음…."

알라리크는 로마를 약탈한 바로 그해에 아프리카로 원정을 떠났다가, 별안간 불어닥친 폭풍우에 함대가 풍비박산이 나고, 스스로도 물에 **빠졌다가** 간신히 육지에는 닿았지만 곧 열병으로 숨졌다. 그것이 로마를 약탈하고 교회를 욕보인 응보라는 말이 나돌았던 것이다.

아틸라는 동방의 유목민족 출신이었고, 유목민족들은 대체로 미신을 믿는 경향이 많았다. 알라리크의 비운에 대해 특별히 신경을 쓸 만했다. 게다가 당시 그의 건강이 썩 좋지 않았을 것이라는 정황이 있는데, 그렇다면 경고를 무시하고 신성모독을 범했다가 재앙이 닥치지 않을까? 하는 고민을 진지하게 했을 가능성이 높다.

그러나 아무리 지도자가 중요해도, 전쟁은 지도자 개인이 하는 것이 아니다. 부하 장수들과 병사들의 욕망을 무리하게 억누르다 보면, 언제 반란이 일어날지 모른다. 그러므로 알라리크를 들먹이며 후환을 언급했다고 해서 그것만으로 아틸라의 발길을 돌리기에는 부족했다.

"알라리크야 뭐, 익숙하지도 않은 바다를 건너며 만용을 부렸으니 화를 자초한 게지. 그런 이야기는 증거라고 할 게 없소."

"정말 괜찮으시겠습니까? 보아하니 지금 기체가 그리 평안해 보이시지도 않는데…."

"이놈이 어디서 망발이야!"

아틸라의 옆에 서 있던 장수들이 눈을 부라리며 얼러댔으나 교황은 태연하기만 했다.

아틸라는 왜 로마에 가는가?

"실례가 되었다면 죄송합니다. 하긴 큰 뜻을 품고 여기까지 오셨을 텐데, 제 말 한 마디에 길을 되돌리시기란 어렵겠지요. 하지만 이러면 어떻겠습니까. 로마에 가지 않으시고도 그 뜻을 대략 이루실 수 있다면?"

"그게 무슨 말이오?"

"전하는 왜 로마에 가시렵니까? 순례를 하시려는 것은 아니실 테고. 관광도 아니시겠고. 그곳의 왕이 되시렵니까? 로마 황제를 몰아내고 그 자리에 앉으셔서 통치하실 생각이십니까?"

"흐음…."

"저는 들었습니다. 전하의 종족은 정복지에 뿌리를 내리고 백성을 옮겨 살도록 해 그 땅의 일부가 되는 일을 즐기지 않는다더군요. 그렇게 행정이나 치안 유지 등 귀찮은 일을 하며 시간을 보내다가, 한 해에 겨우 한 번, 추수가 끝난 뒤에야 세금을 걷어 이익을 남기는 일을 못 견뎌 하신다지요. 그래서 전하의 종족에 무릎 꿇은 고을마다 당장 내놓을 수 있는 것을 내놓게 함으로써 원정의 실속을 차리시는 것으로 알고 있습니다…. 그러면 굳이 원정을 오시지 않아도 그에 준하는 이익을 보시면 되지 않으시겠습니까?"

"말인즉슨 조공을 바치시겠다? 뭐, 못할 것도 없겠지. 저 콘스탄티노플인가의 황제는 이미 그리하고 있으니 말이오. 하지만 내가 그 말을 믿을 수 있겠소? 그대의 나라에서는 한낱 사제에게 그런 약속을 할 권한을 주고 있소?"

"로마 황제께서 저를 이리로 보내셨으니, 저는 전하와 교섭할 전권을 갖고 있는 것이지요. 또 정 못 미더우시다면, 저는 아니더라도 저와 함께 오신 분들이 보증할 것입니다. 이분은 로마의 집정관이신 아비에누스 각하이며, 저쪽 분은 원로원 의원이신 트리게티우스 각하십니다."

"흠. 아까부터 당신 좌우에 잔뜩 굳은 얼굴로 서 있길래 누군가 했소. 시종 치고는 나이가 많다 싶더니만? 높은 벼슬아치셨구려."

"로물루스와 아우구스투스와 베드로의 도시가 알라리크의 악몽을 다시 겪지 않을 수 있다면, 무엇이 아깝겠습니까? 그렇게만 된다면 동서 로마의 귀족들과 백성들, 그리고 그리스도를 따르는 사람들은 입을 모아 대왕 전하의 덕을 길이 찬미할 것입니다."

"흐음…!"

이 담판에 대한 로마 쪽 기록에는 로마를 유린하지 않는 대가로 아틸라에게 뭔가를 제공했다는 이야기는 없다. 그러나 현대 역사가들은 거의 대부분 제공했으리라 여긴다. 아니라면 기껏 이탈리아를 침공했다가 아틸라가 되돌아갈 까닭이 없고, 로마와 여러 부유한 도시들을 마음껏 약탈할 기대에 부풀어 있던 부하들을 무마할 수도 없었으리라는 추정 때문이다.

하지만 이때 레오 1세 일행이 금은보화나 곡식 등을 바리바리 싸들고 아틸라에게 가지는 않았을 것으로 보인다. 그랬다면 일단 이동 속도가 느려져서 아틸라가 로마로 출발하기 전에 북이탈리아에서 담판을 짓지도 못했을 것이며, 눈앞의 재물을 보고 오히려 아틸라와 그 부하들의 탐욕에 불이 붙어, 더 많은 요구와 생폐를 쓰는 일을 초래할 수 있었기 때문이다. 또한 아무리 레오 1세를 치켜세우려는 뜻에서 기록이 왜곡되었을 가능성이 있다 해도, 물자를 준비하는 과정에서 한창 떠들썩했고, 운반하는 사람들의 눈도 많았다고 하면 막대한 재물을 실제 안겨주고도 재물에 대한 언급을 일체 삼가기란 힘들었을 것이다.

그렇다면 "군대를 물려주면, 정기적으로 일정한 공물을 보내겠다"는 약속이 있었을 가능성이 높다. 다만 그것이 문서의 형태로 작성되어 상호 교환되지는 않았고, 이 담판 뒤 얼마 가지 않아서 훈족의 위협이 사라졌기 때문에, 기록에는 남지 않았으리라. 그러나 이는 아틸라 입장에서는 아쉬움이 남는다. 막상 후퇴하면 로마가 약속을 어기고 공물을 바치지 않을 가능성도 있고, 지금 되돌아간다면 당초 서로마를 침공할 명분이 된 결혼 문제가 유야무야되기 때문이다.

"좋아요, 좋아! 당신의 달변을 듣다 보면 로마의 저력이랄까, 그런 게 느껴지는구면. 하지만 그래도 남은 문제가 있소. 아주 중요한 문제요! 나 아틸라가 애초에 왜 다뉴브 강을 건너 서쪽으로 오게 되었는지, 그걸 모르지는 않으실 테지?"

"호노리아 공주님과의 혼인 문제 말씀이신가요?"

"그렇소. 호노리아는 내게 적법하게 청혼했고, 내가 거절하지 않았으니 이미 그녀는 내 아내나 다름없소. 나는 내 아내를 내 땅으로 데려가야만 하오."

"이른바 막대한 지참금과 함께, 말씀이지요?"

"그렇소. 서로마의 절반을!"

"하하하…"

"뭐가 우습소? 날 비웃는 것이오?"

"죄송합니다. 결코 전하께 무례하려던 것은 아니었고, 난감한 마음에 저도 모르게 웃음이 나왔습니다. 잘 아시겠지만, 혼인이라고 하는 대사大事는 어느 한쪽의 법과 관습에 일방적으로 따라서는 안 됩니다. 특히 신부 집안의 관습을 무시할 수 없지요."

"그래서?"

"호노리아 공주께서 전하의 위대한 이름을 멀리서 흠모한 나머지 열정이 넘치는 서한을 보내신 정황은 충분히 이해가 갑니다. 하지만 우리 로마인들은 그런 식으로 혼인을 진행하지 않지요. 신부 집안과 신랑 집안에서 이야기가 오가고, 당사자들의 의사가 아무리 뚜렷해도 신부의 보호자에게서 허락을 얻지 못하면 적법한 결혼이 되지 않는답니다. 게다가 호노리아 공주님도 기독교인이시며, 그렇다면 남동생이시자 보호자 되시는 발렌티우스 황제 폐하의 허락은 물론이고, 교회의 승인, 말하자면 저의 승인 역시 필요합니다."

"음…."

"그리고 서로마의 절반이라는 말이 어디서 나왔는지 모르겠습니다. 공주께서 그런 언질을 주셨는지요?"

"아니오. 그건 나의 주장이었소. 우리 관습에 따르면 그렇게 하는 게 옳기 때문이오."

"그렇군요. 아마 전하의 종족은 남녀를 구분하지 않고 공평하게 상속을 하고, 딸이 결혼하면 그 상속분에 해당하는 지분을 고스란히 신랑 집안에 넘겨주는 모양이군요! 하지만 애석하게도 저희는 그렇지 않습니다. 상속은 철저히 돌아가신 분의 유언에 따르도록 되어 있지요. 콘스탄티누스 황제께서는 붕어하실 때 제국 전체를 발렌티우스 폐하께 남기셨습니다. 따라서 호노리아 공주께 제국의 절반이 돌아갈 수는 없지요. 다만 시집가는 딸에게 일정한 재산을 지참금으로 딸려 보내는 제도는 있습니다만, 보통 양가가 합의하여 그 액수를 정하며, 가산의 절반씩이나 되는 일은 없답니다."

"음…. 그래서 어쩌자는 것이오? 나 아틸라가 이대로 경우 없이 혼례를 치르려다 면박만 당하고, 개처럼 꼬리를 내리고 돌아가라 이 말이오?"

"아니지요, 아니지요! 일단 혼인의 진행 과정이 난폭했으므로 호노리아 공주님은 지금 먼 곳으로 보내지셔서 자숙 중이십니다. 그만큼 황제께서 분노하고 계신 것이기도 하고요. 그 분노를 제가 나서서 달래드리겠습니다."

"당신이?"

"네! 제가 이 자리에 보내진 것만 봐도 황제께서 저를 얼마나 신뢰하고 계시는지 아실 것입니다. 그리고 제가 바로 교회의 대표자이지 않습니까? 결혼 성사의 주관자로서 전하를 공주님의 배필로 손색없는 분임을 황제께 보증한다면, 그분의 분노도 누그러지실 게 틀림없습니다! 그리고 나서 차차 절차를 밟아 혼담을 진행하신다면…"

"……."

"처음에 생각하신 만큼은 아니겠지만, 상당한 지참금, 로마 황제의 매부에 어울리는 지참금과 함께 공주님을 맞이하실 수 있을 것입니다. 전하께서 저를 믿어 주시기만 한다면 말입니다."

"……."

아틸라는 당초 서로마 침공의 명분이었던 혼담 문제를 이후 다시 거론하지 않는다. 자신의 뜻이 이룰 수 없는 것이라고 포기했거나, 반대로 반드시 이뤄질 것으로 믿었거나 했기 때문으로 추정할 수 있다. 레오 1세가 회담장에서 이런 식으로 그를 무마하려 했다면, 아틸라는 한편으로 고개를 끄덕이면서도 완전히 납득할 수는 없었을 것이다. 나중에 가서 "힘껏 설득했지만 황제께서 뜻을 굽히지 않으십니다" 해버리면 그만이고, 아니면 아예 호노리아를 가둬놓고 죽었다고 둘러댈 수도 있으니 말이다. 경우에 따라서는 진짜 죽여버릴 수도!

어쨌든 저쨌든 서로마의 절반을 먹는 일은 어려워지게 된다. 레오 1세의 말대로 말머리를 돌려서 다뉴브 강 너머로 돌아간다면 말이다. 과연 아틸라는 마지막 순간에 무엇을 생각했을까?

그는 뭐니뭐니 해도 무인이었다. 그러므로 마지막으로 그의 결단을 이끌어낸 생각은 무인으로서의 생각이었을 것이다. 본래 이 전쟁은 다뉴브와 알프스를 넘어 곧바로 로마를 직격하는 식으로 진행될 수 있었다. 그러면 거의 무방

비었던 로마 시를 포함한 이탈리아 중남부가 삽시간에 그에게 짓밟혔을 것이고, 어쩌면 서로마는 그것으로 멸망했을지도 몰랐다. 그러나 아틸라는 그렇게 하지 않고 북이탈리아의 서쪽 끝까지 갔다가 한 바퀴 돌아 다시 남진을 준비했다. 그것은 자신에게 맞설 수 있는 유일한 군사력인 아이티우스가 론 강과 알프스를 넘어 이탈리아로 들어오기를 기다렸다가, 지친 적을 때려잡기 위함이었을 것이다. 그러나 여력이 없었는지 간을 보았던지, 아이티우스는 움직이지 않았다. 그래서 생각보다 오래 북이탈리아에서 시간을 보낸 셈이 된 아틸라로서는 '퇴장할 시점'을 고민하지 않을 수 없었다. 그대로 남하하여 로마를 휩쓸기란 어렵지 않다. 그러나 그 사이에 동로마에서 훈족의 본진을 공격한다면? 주력은 여기 이탈리아에 있는 참에 별로 요새화되어 있지도 않은 본진을 공격당한다면 오래 버티지 못할 것이다. 그러다 보면 아이티우스도 서쪽에서 공격해 내려올 수 있다. 그러면 자신은 저 옛날의 한니발처럼 이탈리아에서 뱅뱅 돌기만 하며 독 안에 든 쥐 꼴이 되고 말 것이 아닌가? 한니발은 뱃길로라도 탈출했지, 아틸라에게는 빠져나갈 길도 없다!

뿐만이 아니었다. 훈족이 본래 세력을 구축했던, 카스피해에서 우크라이나에 이르는 지역도 걱정되었다. 유목 제국은 본래 중앙세력이 오래 본거지를 비우면 반란 등으로 와해되는 수가 많다. 현지의 농민과 융합하여 지배의 안정화를 도모하지 않는 습관 때문이다. 로마를 약탈하는 데 눈이 어두워 본거지로 돌아갈 때를 놓친다면 자칫 돌이킬 수 없는 실패를 낳을지도 모른다….

그렇다고 해서 여기까지 와서 확실한 소득도 없이 돌아갈 수는 없었다. 그런데 마침 이 교황이라는 자가 제안을 들고 나타난 것이다. 제안을 뜯어보면 결코 완전히 만족스럽지는 않았지만, 그럭저럭 고개를 끄덕일 만큼은 되었다. 아틸라는 막료들이나 본거지의 부하들에게 "서로마가 내게 항복해왔다"고 자랑할 수 있었다. 그 점은 그 직후의 기록에서 동로마의 사신에게 그가 "동, 서 로마가 모두 내게 굴복하고 있다"고 호언한 사실로도 뒷받침된다. 레오 1세의 제안에서 그렇게 다분히 아전인수적인 명분을 쌓고, 좀 불확실하지만 앞으로 의 실리도 챙길 수 있었던 아틸라, 그는 마침내 결정을 내렸다.

"좋소. 거 뭐냐, 당신 이름을 뭐라고 부른다고?"
"폰티펙스 막시무스입니다. 부모님께서 지어주신 이름은 레오이고요."
"레오? 좋은 이름 같구려. 듣기가 좋소. 혹시 뜻이 있소?"
"사자라는 뜻입니다. 어울리지는 않습니다만."
"하하, 무슨 겸양을? 아주 어울리시오. 사자는 단지 힘만으로 백수의 왕으 로서 군림하지 않는 법이지요. 남들에게 힘을 전부 드러내는 일도 없고 말이 오. 당신 같은 사람이 있는 로마가 부럽고, 당신을 우두머리로 삼은 교회가 부 럽소! 이 아틸라, 그대의 제안을 받아들이기로 하겠소!"
"오오, 주께서 전하를 축복하시기를!"
"다만 이 점은 분명히 알아두시오. 내가 뭔가 켕긴다거나 하는 게 있어서 물러서는 게 아니라는 것을! 나는 아틸라요. 세계에 군림하는 아틸라란 말이 오! 내가 돌아가는 까닭은 첫째 레오, 당신과 로마 황제의 정성에 감동했기 때 문이고, 둘째, 로마의 문화와 전통을 존중하기 때문이오. 들었는지 모르겠소 만, 나는 5년 전 콘스탄티노플을 막 함락시킬 참이었으나 역시 그들의 간곡한 사정을 가납하고, 유서 깊은 도시의 파멸을 내 손으로 이루고 싶지 않았기에 미련 없이 말머리를 돌린 적이 있소이다. 이제 로마에 대해서도 그리 하려는 것이오."

'황제의 로마'에서 '교황의 로마'로

교황과 집정관들은 열심히 머리를 숙이며 아틸라의 공치사에 장단을 맞추었다. 그렇게 하여 마침내 분위기는 완전히 부드러워졌고, 교황 이하의 사절들은 아틸라가 베푸는 잔치에도 참석했다. 그 자리에서 아틸라는 "나는 양이나 소 떼를 쫓지, 사자(레오)나 늑대(로마의 상징)를 쫓지 않는다!"고 외쳤다고 하는데 사실이라면 이 유목민족의 칸은 상당한 교양의 소유자였던 것 같다. 453년, 이탈리아 원정에서 돌아온 1년 뒤, 아틸라는 60세의 나이로 사망했다. 새로 맞은 어린 신부의 잠자리에서 쓰러졌다는 말이 있는데 진실이 무엇인지는 모른다. 레오 1세와 담판을 짓던 시점에서 이미 병이 들어 있었을 수도 있다. 그가 죽자 아틸라 제국은 세워질 때와 마찬가지로 빠르게 무너져 내렸다.

로마인들은 분명 가슴을 쓸어내렸을 것이다. 그러나 재난은 결코 끝이 아니었다. 2년 뒤인 455년에는 반달족의 가이세리크가 다시 로마를 노리고 돌진해 왔다. 레오 교황은 다시 교섭에 나섰다. 그러나 이번에는 절반만 성공할 수 있었는데, 가이세리크의 경우 아틸라가 고려해야 했던 여러 제한조건을 갖지 않았기 때문이다. 그래도 절반은 성공하여, 가이세리크는 로마인을 살육하고 건물을 파괴하는 일은 그만두었다. 다만 약탈은 멋대로 자행했다. 14일 동안 이어진 약탈로 황금빛 찬란했던 로마는 우중충한 잿빛으로 변해버렸다. 교회도 예외가 아니어서, 당장 반달 족에게서 생명을 지켜주신 주님을 기리기 위한 미사를 열 때 필요한 은제 성배와 성찬용 집기들이 남아 있지 않았다. 그러자 레오 1세는 또 하나의 용단을 내렸다. "성 베드로 성당의 은제 유골함을 녹여 그것으로 빨리 성배와 집기를 주조하시오!" 성자들의 유골은 유골 자체로 보물이며, 어떤 상자에 담겨 있는지는 중요하지 않다. 그러나 예배에는 집기들이 반드시 필요하다는 게 교황의 생각이었다. 사람들은 콘스탄티누스 대제 시절부터 내려온 유골함을 녹이며 눈물을 흘렸지만, 반대하지는 않았다. 그것이 교황의 명령이었기 때문이다. 아니, 레오 1세의 명령이었기 때문이다. 교회의 가장 큰 어른이시며, 견딜 수 없는 공포의 순간마다 항상 우리 곁에 서 계신 분! 동방의 마왕 아틸라를 '말 한 마디로 꾸짖어 물리치신 분! 가이세리크는 타락한 로마에 내리신 신의 벌 자체였기에 아틸라처럼 돌려보낼 수는 없었으나, 그래도 그 온유한 말씀으로 잔혹한 살육과 끝 모를 파괴는 없도록 돌봐주신 분! 로마 시민들에게 이미 교황 레오 1세의 이미지는 황제는 상대도 안 될 정도로 높고 높은 곳에 올라가 있었다. 심지어 그가 아틸라 앞에 버티고 섰을 때, 양편에서 그를 지키듯 서 있는 성 베드로와 성 바울을 보고 아틸라가 겁을 먹고 순순히 물러났다는 전설도 생겼다(어쩌면 '저 두 사람은 누군가 했소'하고 아틸라가 로마 원로원 의원들을 가리켜 말한 것에서 빚어져 나온 전설일지도 모른다).

461년, 레오 1세가 61세로 선종하자 사람들은 그를 베드로의 묘 곁에 묻었다. 교황에게는 처음 베풀어진 영광이었다. 예전 교황들은 로마 외곽의 공동묘지(카타콤베)에 묻혔다. 그의 명성은 사후에 더욱 커져, 랑고바르드 족에게서 로마를 지키고 성무일과, 목회지침, 성가집 등을 만들어낸 그레고리우스 1세와 더불어 '대(大) 교황'으로 불리게 되었다. 교황이 로마 베드로 성당에 묻히는 일이나, 폰티펙스 막시무스가 교황의 칭호로 쓰이는 일도 차츰 정례화되었다. 그것은 이교의 대제사장으로서 로마의 최고 세속권력자이자 최고 종교권위자임을 나타내던 로마 황제의 아우라가 교황에게 옮겨갔음을 의미했다.

그가 간 뒤 15년, 마침내 서로마는 멸망했다. 그러나 로마 시는 그대로 있었다. 이제 로마는 황제의 로마가 아닌, 교황의 로마로 불리게 될 것이었다. '로마의 원로원과 평민(SPQR)을 대표하여' 대신 '교황의 이름으로'가 로마 곳곳에 새겨지며, 세계의 정치적 수도가 아니라, 신앙의 수도가 될 것이었다. 레오 1세의 탁월한 담판 능력, 막강해 보이는 상대가 품고 있는 약점을 꿰뚫어보고 스스로를 최대한 보호하는 쪽으로 상대의 뜻을 유도할 줄 알았던 협상력과 천재 법률가다운 정확하고 조리 있는 설명력, 그리고 그 모든 것을 가능하게 한, 깊은 신앙심에서 비롯된 용기가 그 수도의 머릿돌이 되었다.

제5장

술자리에서 병권을 거둬들이다,
송태조 조광윤

"모두 모였으니 한 잔!"

"안주가 나와서 한 잔!"

"이 대목에서 또 한 잔!"

모임에서 마음의 벽을 빨리 허물고 흥겨운 분위기를 돋우는 데 술만 한 것
도 없다. 술 못 마시는 사람의 난처함이라거나, 자신의 주도酒道 또는 주정으로
남들을 괴롭히는 경우라든가도 있지만 말이다.

술의 힘을 빌려서 권력의 문제, 무엇보다 민감하며 살벌해지기 쉬운 문제를
한 차례의 담판으로 멋지게 해결해버린 예가 있다. 그것도 조폭들의 서열다툼
같은 것이 아니라, 한 나라의 권력 문제를! 961년에서 969년 사이 중국에서 이
어진, '배주석병권(杯酒釋兵權, 술을 나누며 병권을 거두다)'이라 불리는 일이다.

『삼국지연의』 첫머리의 "천하 대세는 분구필합(分久必合, 오래 나뉘어 있다 보
면 반드시 합친다), 합구필분(合久必分, 오래 합쳐져 있다 보면 반드시 나뉜다)이다"라
는 말처럼, 한고조 유방이 홍문의 연회를 거쳐 천하를 통일한 다음의 중국 역
사는 어찌 보면 수백 년에 걸쳐 이런 모습을 반복하는 듯했다. 통일 한왕조가

무너지고 위진남북조의 분열기가 이어졌으며, 수와 당이 그 분열을 딛고 통일 제국을 세웠으나 역시 망하니 오대십국五代十國의 분열이 왔다. 양쯔강을 기준으로 중국 북부에는 후량後梁, 후당後唐, 후진後晉, 후한後漢, 후주後周로 고작 십여 년짜리 왕조가 번갈아 다섯 번 들어서고, 남부에는 오吳, 오월吳越, 민閩, 초楚, 형남荊南, 남당南唐, 남한南漢, 북한北漢, 전촉前蜀, 후촉後蜀의 열 나라가 할거하는 상황이 반세기 이상 계속되었다.

이런 혼란에 종지부를 찍고, 다시금 만리장성 이남의 대륙을 통일한 왕조가 송(북송)이다. 그런데 그 주인공인 송태조 조광윤은 한고조 유방, 당태종 이세민이나 명태조 주원장 같은 다른 '통일천하의 주인공들'에 비해 별로 두드러지지 않는다. 아니, 『삼국지연의』의 유명세 덕을 봤다고 해도 역사상 아주 짧은 시기에 아주 적은 지역만을 차지하고 말았던 조조나 유비에 비해도 훨씬 덜 유명하다. 그 까닭은 일단 그의 집권과 통일 과정이 그리 드라마틱하지 않았기 때문이다.

'공을 세울수록 위험해진다'

드라마틱은커녕 아주 전형적이었는데, 전형적이면서도 또 제법 코믹했다. 전형적이라는 것은 무인으로 여러 차례 공을 세워 제갈량이나 사마의처럼 막강한 병권을 손에 쥔 '절도사'의 자리에 오르고, 그런 힘을 갖게 되자 딴 마음을 먹고 제위를 찬탈한 사실을 일컫는다. 오대가 모두 그런 식으로 엎어지고 세워지고 했으니 전형적일 수밖에. 한편 코믹했던 것은 그 과정이 체계적인 쿠데타가 아니라 술에 취해 잠든 사이에 부하들이 황제의 황포黃袍를 입히고 거병을 선포해버린 이른바 '진교의 변變'이었다는 점이다. 자고 일어나니 황제가 되었다(나중에 날조한 이야기가 아닌가 하는 의심도 있다. 하지만 여러 가지 정황

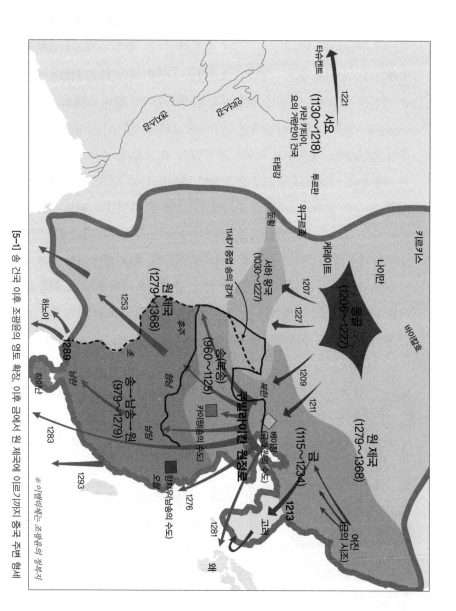

[5-1] 송 건국 이후 조광윤의 영토 확장, 이후 금에서 원 제국에 이르기까지 중국 주변 형세

상 사실이었을 가능성도 있다)! 어찌됐든 술과 인연이 깊은 황제였다고 할까.

그는 엇비슷한 시기에 한반도에서 새 통일왕조를 세운 고려태조 왕건과 비슷한 점도 많았다. 왕건은 궁예의 오른팔로 신임을 받는 한편 역모를 꾸민다는 의심을 집요하게 받아 늘 바늘방석 신세에 있다가 끝내 그대로 실행했다. 조광윤도 후주의 세종, 시영柴榮의 친구이자 오른팔이었지만 황제는 그에 대한 우정과 신뢰에도 불구하고 의심을 품지 않을 수 없었다. 조광윤은 황제가 된 뒤 옛일을 돌이키며 "후주 세종은 얼굴이 넓적하고 귀가 크면 곧 역모의 상이라 하여 그런 장수들을 집요하게 의심했고, 많이들 죽어갔다. 나도 그런 얼굴이어서 늘 불안했다"고 밝혔다. 또 조광윤이 가는 곳마다 따라다니는 정체불명의 수레가 수상하다며 불시에 수색하게 했는데, 보니 책만 가득 실려 있어서 세종이 놀라워했다는 이야기도 전한다. 송태조가 무인이면서도 학문을 좋아했다는 미담으로 전해지는 것이나, "책만 파는 샌님 기질이라면 역모 따위는 꾀하지 않겠지" 하는 인상을 주려는 고도의 눈가림이었을지도 모른다.

[5-2] 집권 무렵의 절도사 조광윤. 출처 바이두 백과

이처럼 신하 입장에서는 나라에 공을 세워도 그만큼 황제의 의심을 받게 되고, 황제 입장에서는 나라에 공을 세운 신하라도 의심하지 않을 수 없는 게 오대십국의 현실이었으니, 조광윤이 나라를 세운 뒤 이를 어떻게 근본적으로 해결할 수 있을지 고민을 거듭했을 법하다. 그 결과, 배주석병권이 나오게 된다.

"우리 황제 형님, 오늘은 또 무슨 핑계로 술자리라나?"

"이 사람아, 핑계라니? 황제 폐하께 무례한 말 아닌가?"

"핑계는 핑계지. 그럼 핑계님이라고 하나? 핑계폐하라고 하리? 요 며칠간 계속 술자리 아닌가. 가보면 다 시답잖은 이유고 말이야."

"아, 술 좋아하기가 둘째가라면 서러운 양반이 웬 말이 많아? 부르시면 가는 게 신하의 도리고, 술이 있으면 마시는 게 사람의 도리지. 잔말 말고 어서 가세!"

석수신石守信, 고회덕高懷德, 왕언초王彦超, 왕심기王審琦, 왕전빈王全斌 등등 금군禁軍을 이끌고 있던 무장들. 그들은 오래전부터 조광윤과 말고삐를 나란히 하고 싸워왔으며, 서로 형제처럼 지내온 사람들이었다. 진교의 변에서 조광윤을 황제로 추대한 장본인들이기도 했다. 따라서 '황제의 친구이자 왕조의 개국공신'으로 자부심이 대단했으며 쥐고 있는 실권도 막강했다.

그들은 지금 또 한 차례의 술자리에 참석하기 위해 웃고 떠들며 궁전의 회랑을 걸어가고 있었다. 그들을 기다리고 있는 운명을 알지 못한 채….

이보다 얼마 전, 송태조는 장수 시절부터 총애하던 모사謀士, 조보趙普의 집에 행차했다. 수행원도 없이 미복 차림의 방문. 이는 별로 드문 일도 아니었는데, 그가 얼마나 이 조보라는 신하를 깊이 신임하는지와 당시만 해도 황제가 된 지 오래되지 않았던 그가 얼마나 소탈했던가를 보여준다. 조보도 그런 황제를 공손하지만 요란한 격식 없이 맞이하여 술을 권커니 잣거니 하며 밤을 보냈다.

"하아…."

그런데 그날의 술자리에서 황제는 별로 즐거워 보이지 않았다. 술잔을 든 채 말이 없더니 급기야 한숨까지 깊이 내쉬었다. 조보는 자기도 모르게 옷매무새를 고치고, 고개를 깊이 수그리며 물었다.

"폐하, 혹시 어떤 근심이라도 있으신지요?"
"근심이라…. 근심이지, 근심이야. 얼마 전 두 이李가의 모반이 있지 않았소?"
"그랬지요. 하지만 이균李筠, 이중진李重進 모두 큰 문제없이 진압되지 않았습니까,"
"그래, 나의 호형제들, 석수신이며 왕심기 등이 잘 해준 덕택에…."
"그런데 어이해 또 근심을?"
"글쎄, 바로 그래서 근심이라고 할까…."

알쏭달쏭한 말을 하며 잔을 비우는 황제를 바라보던 조보는 그 속을 대략 알아차렸다. 조광윤이 공제로부터 선양의 형태로 황위를 물려받아 국호를 대송大宋이라 지으며 즉위한 지 얼마 되지 않아 절도사 두 사람이 반란을 일으켰다. 반란은 즉시 평정되었으나, 그 일로 인해 황제의 마음이 항상 불편했음을 모를 리 없는 조보였다.

"금군의 힘이 지나치게 커질 것이 마땅치 않으십니까?"

조광윤은 조보를 매섭게 쏘아보았다.

"그들은 내 형제 같은 사람들이오."

"죽을죄를 지었나이다. 소신이 그만 실언을."

조보의 사과를 듣는 둥 마는 둥, 조광윤은 마치 혼잣말처럼 나직하게 이야기를 시작했다.

"당나라가 망한 이래 수십 년이 지났을 뿐이오. 그런데 천하의 주인이 바뀌기로는 무려 여덟 번이오. 강산이 불과 몇 년 만에 바뀌기를 거듭하다 보니 사직은 안정되지 않고, 민생은 도탄에서 벗어나지 못하는구려. 뜻하지 않게 모자란 사람이 천명을 받았으니, 이 틀을 끊어내야 할 것인데…."

조보는 조심스럽게 다시 질문했다.

"폐하께서는 어떤 자가 옛 왕조에서처럼 폐하의 옥체를 해하려 할까 근심하시는 것입니까?"

조광윤은 헛웃음을 웃었다.

"허허. 이렇게 말하면 믿을지 모르나, 사실 나 자신의 생사는 도외시한 지 오래라오. 보잘것없는 무인 집안에서 태어나 천자의 자리에까지 올랐으니, 이만하면 여한 없는 인생 아니오? 다만 미련이 남기로는 내가 잘못될 경우 나의 일가식솔까지 모두 떼죽음을 당할 것이니, 그것이 자못 불쌍한 것이오…. 하지만 뭐 그리 된대도 대수롭지는 않소. 역대에 그런 일이야 셀 수 없이 많지 않았소? 그러나 방금 말했듯 그런 고래 싸움에 등짝이 터져나가는 백성들이 걱정이고, 진심으로 미안스럽소. 정말 천명을 받은 사람이라면 그들이 아무 걱정 없이 생업에 종사할 수 있게 해주어야 하는데…. 나의 이 모자란 역량으로 과연 한왕조 사백 년과 당왕조 삼백 년의 태평성대를 이룰 주춧돌을 놓을 수가 있겠소? 이 생각만 하면 자다가도 눈이 떠진다오."

그러자 갑자기 조보는 벌떡 일어나더니 조광윤에게 큰절을 했다. 놀라는 황제에게, 그는 이렇게 말했다.

"폐하의 생각이 여기에 미치셨으니, 하늘과 땅에게, 사람과 귀신에게 모두 다행이 아닐 수 없습니다. 제가 감히 그에 대한 대책을 올려도 되겠습니까?"
"… 되다마다! 사실 오늘 그대를 찾은 것은 그 때문이었소. 어서 말씀해 보시오."

그러자 조보는 사람을 불러 지필묵을 가져오게 했다. 그리고 적당히 어두웠던 방안을 훤히 밝힌 다음, 무언가를 써내려가기 시작했다. 그 내용은,

그 특권을 없애고(稍奪其權),
그 재산을 빼앗고(制其錢糧),
그 병권을 거둔다(收其兵權).

이러한 열두 글자였다. 조광윤은 조보가 바친 종이를 들고 한참을 들여다보더니 이맛살을 찌푸렸다.

"과연 『논어』 반쪽이면 천하를 다스릴 수 있다'는 조선생이오. 나의 고민을 잘 짚으셨소…. 하지만 이는 그대로 실행할 수 없소."

"왜? 왜 실행하지 못하시겠다는 겁니까?"

"너무 과격하오. 나를 따르고 나를 믿어서 황제의 자리까지 올려준 사람들에게 할 도리도 아니려니와, 권한을 어느 정도 줄이는 정도가 아니라 이것은 아예 삶의 의의를 말살하겠다는 말인데, 그러면 울분에 차서 발광하지 않겠소?"

"하지만 폐하, 이는 역대 제왕이 사직을 안정시키기 위해 행하던 일이옵니다! 한고조께서도 통일대업의 일등공신인 한신, 팽월, 영포 등을 처내지 않으셨습니까?"

"나도 잘 알고 있소. 그러나 이런 과격한 정책을 시행하면 당연히 반발이 클 게 아니오? 일시에 시행하면 단결하여 일어날 것이고, 그렇다고 천천히 시행하면 먼저 당한 사람을 보고 남은 자들이 일어날 것인즉, 어찌 시행할 수 있겠소?"

"반발을 염려하신다면 아예 단번에 없애버리면 되지 않겠습니까?"

"… 없애버린다?"

"그렇습니다. 저 홍문의 연처럼 하시는 것입니다. 술자리를 핑계로 그들을 한데 모으십시오. 그리고 저 초패왕 항우가 한고조에 대해 계획했다가 실행하지 못한 일을 하시는 것입니다."

"으음…."

"천하를 태평히 다스리려면 때로는 독해지셔야 합니다. 사정에 얽매이지 마시고, 결단을 내리십시오!"

"……."

"권력은 부자 사이에도 나누는 것이 아니며, 신하의 권력이 군주의 권력보다 크면 반드시 탈이 나게 되어 있습니다. 부디 통촉하십시오!"

"……."

'차라리 절도사 시절이 나았다!'

이렇게 해서 술자리가 마련되었다. 근위군을 지휘하는 송왕조 수립의 일등 공신들은 웃는 낯으로 황제를 보며 각자 자리를 잡았다.

"황실 경호의 막중한 책무를 수행하느라 얼마나 노고가 많소? 오늘은 모든 것을 잊고 한 번 즐겨봅시다!"

"황제 폐하, 만세!"

"만세! 만세! 만만세!"

이윽고 술잔이 비워지기 시작했다. 향긋한 산해진미의 냄새가 코를 찔렀다. 한껏 흥청대는 분위기 속에서 저마다 후주 시절 조광윤과 함께 거란족을 무찌르던 이야기, 최근의 반란을 진압하던 무용담 등을 늘어놓으며 와자하게 떠들어댔다.

"아, 그때 우리 형님 폐하께서 이리 소리치시지 않겠나? '나의 명이 여기까지로구나!' 그때 내가 딱! 대도를 비껴들고 말에 박차를 가하며 나섰는데…."

"그런데 그 거란 놈들이 바위 뒤로 물러서더니, 화살을 줄곧 쏘아대는 거야! 나는 이러다가는 우리 병사들 다 죽이겠다고 생각해서, 다른 명령을…."

"이중진이라는 놈은 허우대는 멀쩡한 놈이 싸움질은…."

"우리 송나라는 국방에 더 신경을 써야 해! 북쪽이나 서쪽이나 남쪽에 모두 억센 야만족들이 득시글대니…."

정말 반 과장 반의 무용담도 술잔이 자꾸자꾸 돌면서 앞뒤가 잘 맞지 않는 혀 꼬부라진 넋두리로 바뀌고 있는 걸 본 조광윤. 그때까지 별로 술도 마시지 않고 말도 거의 없던 그가 갑자기 술잔을 든 채 벌떡 일어났다.

"술시중을 드는 태감들은 모두 밖으로 나가라!"

취기가 전혀 없는 황제의 명령에 무슨 시녀처럼 갖은 아양을 떨며 술을 따르던 내시들은 황망히 종종걸음을 쳤고, 장군들은 무슨 일인가 하며 불쾌한 얼굴로 황제를 쳐다보았다.

"뭐, 잡인들은 빼고 우리 형제들끼리 오붓하게 마시자는 것이니 괘념들 마시오. 자! 한 잔씩들 받으시오."

조광윤은 만면에 웃음을 띠고 술병을 집어들고는, 장군들 사이를 돌아다니며 하나하나 직접 술을 따라 주었다. 이미 만취 상태이던 장군들은 기꺼워하며 길게 읍을 하고 술잔을 받았다.

"귀공들, 아니 동생들이 없었다면 어찌 이날이 있겠소? 깊이 감사드리는 바이오!"
"아닙니다, 형님! 아니, 폐하! 오로지 폐하의 크신 덕에 천명이 내리신 결과이

옵니다!"

"부디 만수무강하옵시며, 길이길이 천하만민에게 성덕을 베풀어주소서!"

"고맙소, 고맙소! 그럼 우리 모두 건배를 합시다! 대송大宋의 무궁한 발전을 위하여!"

"무궁한 발전을 위하여!"

모두 우렁차게 외치며, 황제가 내린 술잔을 단숨에 싹 비웠다. 그때였다. 쨍 그랑 소리가 났다. 모두 돌아보니, 조광윤의 술잔이 바닥에 떨어져 깨져 있었다.

"그대들 덕에 절도사에서 천자가 되었으니, 기쁘기 한량없소. 그러나 그대들은 모르리다. 차라리 절도사 시절이 편안했다는 것을! 짐은 요새 잠을 제대로 못 이루고 있소. 그러다 보니 이제는 손까지 떨리는구려."

"아니…. 폐하…!"

" … 대체 폐하께서 왜?"

당황해 하는 장군들의 얼굴을 하나하나 바라보며, 황제는 말을 이었다.

"당연한 일 아니겠소? 내가 일개 무장이었다가 황제가 되었으니, 또 언제 어떤 무장이 내 대신 황제가 될지 모르지 않소. 그 무장이 여러분 중에 나올 수도 있고 말이오. 그러니 잠이 안 올밖에!"

"폐, 폐하, 무, 무슨 말씀을!"

술기운 때문에 여러 장군들이 말을 버벅거리는 가운데, 그날따라 속이 좋지 않아 술을 조금만 마셨던 석수신이 자리에서 일어나 길게 읍한 다음 아뢰었다.

[5-3] 북송 개국공신 금위군(禁衛軍) 장수 석수신(石守愼, 928-984), 출처 바이두 백과

"폐하! 그 무슨 천부당만부당한 말씀이시옵니까? 고생 끝에 폐하의 덕을 입어 오늘에 왔거늘 누가 그런 마음을 품겠습니까? 천명이 폐하께 내렸는데, 어찌 넘보는 자가 있을 수 있습니까?"

그러나 조광윤은 석수신을 가만히 쳐다보며 대답했다.

"말은 그렇게 하지만, 그대가 자는 사이에 주위의 누가 그대에게 황포를 입힌다면 그때는 어찌하시겠소?"

석수신은 그만 말문이 막혀 바닥에 꿇어앉아 머리를 조아렸다. 다른 장군들도 황망히 일어나 바닥에 꿇거나 엎드렸다. 어떤 장군은 만취한 채로 네 발로 기어가, 황제의 발목을 잡고 '폐하, 폐하! 저희를 믿지 못하십니까?' 하고 울며 부르짖었다. 그러자 술이 그리 취하지 않았던 고회덕이 고개를 들고 큰 소리로 아뢰었다.

"그렇습니다. 저희는 한마음으로 폐하를 받들고 있습니다. 저희가 무지한

촌사람에서 금군장령이 되어 부귀를 누리고 있음이 모두 폐하의 은덕이거늘, 어찌 저희 중에 배은망덕한 사람이 나오겠습니까?"

그러나 조광윤은 혀를 차며, 손사래를 쳤다.

"그대들은 모두 짐의 심복이며, 친형제와 같은 정을 나누고 있소. 그대들이 짐에게 황포를 입혀 옥좌에 앉게 했으니, 배은망덕한 쪽은 그대들이 아니라 짐일 것이오. 그러나 사람은 모르는 법이라오. 저 촉한의 유비는 덕망이 하늘을 감동시킬 만한 군자였는데, 어쩌다 보니 유씨 종실인 유장의 기업을 힘으로 빼앗게 되었소. 또 당태종은 천하의 명군이었으나, 자기 형의 피를 손에 묻히고 황제가 되었소. 살다 보면 그런 일은 생기기 마련이오. 그것이 권력의 속성이라오."

"폐하! 폐하! 저희를 죽이시렵니까?"

술자리에서 병권을 빼앗다

"아니오, 아니오! 짐이 어찌 그런 일까지 하겠소? 하지만 방금 고형제가 잘 말했듯, 평생 부귀를 누리고 산다면, 그리고 사람의 정과 의리를 잃지 않는다면 그것으로 족하지 않겠소? 안 그렇소?"

황제가 무슨 말을 하나 싶은 사람들은 엎드린 채 서로 얼굴을 마주보았다. 그러자 황제는 천천히 탁자로 가더니, 털썩 걸터앉았다. 그리고 다른 잔을 들고, 단숨에 마셔버리고는 처연한 어조로 말했다.

"아아! 짐의 나이 이제 마흔을 바라보고 있소. 난세를 헤치고 나온 점을 따지면 적은 나이는 아니지만, 그렇다고 많은 나이라고도 못할 것이오. 그러나 요즘에는 눈이 자주 침침해지는가 하면, 머리와 수염도 희어지기 시작했소. 힘도 눈에 띄게 떨어져서 이제는 몇 년 전처럼 하루 종일 말을 달리거나 밤새 매복을 하기란 어려울 듯하오. 경들은 그렇지 않소?"

형님이라고 하고 있지만, 장군들 중에는 본래 조광윤보다 나이가 위인 사람들도 있었던 만큼 모두들 과연 그렇다는 듯 고개를 끄덕였다. 조광윤은 또 한 잔을 들이키더니 말을 이었다.

"인생이란 한 순간일 뿐이오. 마치 흰 말이 힘껏 달려가듯, 힘찬 젊은이도 어느새 노인이 되어버리는 법이오. 그런 짧은 인생에서 저마다 얻으려는 것이 부귀영화인데, 그것을 애써 찾는 까닭은 사람으로 느낄 수 있는 쾌락을 느끼고 자손들이 남부럽지 않게 살도록 해주고 싶다는 욕망 때문이오. 경들은 어떻소? 공연히 골치만 아픈 높은 벼슬을 하고 복마전이나 다름없는 궁궐을 드나드느니, 먼 곳으로 가서 넓은 땅에서 아름다운 여인들과 평생 호사를 누리며 대대손손 안락하게 사는 쪽이 더 낫다고 여기지 않으시오?"

이제야 무슨 말인지 짐작이 간 장군들은 표정이 굳어졌다. 결국 직위를 반납하고, 시골에 묻혀 살라는 이야기 아닌가? 물론 평생 부귀를 누리는 건 좋다. 시골 생활이 마음도 편할 것이다. 하지만 우리는 개국공신인데…? 우리가 우리 손으로 성취한 이 권력과 영예를 포기해야만 하나? 다만 말 몇 마디로?

이렇게 주저하는 사이, 어색한 침묵이 감돌다가 갑자기 누군가의 울음소리가 터져나왔다.

"아흐흐…! 아흐, 폐…하, 폐하! 그, 그렇게 하겠나이다! 하고, 하고말고요! 형님이 가라시면, 아, 아, 아니 폐하가 명령하시면, 저희, 저희는 뭐든… 뭐든 해야 말고요! 내일 당장 사직서를 올리겠습니다!"

아까 조광윤의 다리를 잡고 늘어지면서 울었던 바로 그 장군이었다. 그의 말과 행동은 술주정에 가까웠다. 다음날 술이 깨고 나면 '내가 언제 그랬느냐'고 당황해할 술주정. 그러나 이제는 답이 없었다. 술이 많이 취했건 덜 취했건, 나머지 장군들도 일제히 머리를 조아리며 '그러겠나이다! 어명을 받잡겠나이다!'면서 맹세를 했다. 어물어물하다가는 자기 혼자 괘씸죄를 뒤집어쓸 상황이었으니까!

"오오! 감사하오! 참으로 감사하오! 이보다 더 기쁜 날은 짐의 평생에 없었소! 이제 우리는 변함 없는 우정과 의리를 종신토록 지키며, 함께 영화를 누릴 수 있게 되었소. 정말 고맙소! 자, 그러면 축배를 듭시다! 궁궐에 있는 술이 모조리 동나기까지 한 번 마셔보는 거요!"

그렇게 다시 거나한 술판이 계속되었다. 황제는 장수들의 머리를 끌어안고 술을 퍼먹이는가 하면, 자기 자신도 숨도 쉬지 않고 거듭거듭 들이켰다. '오늘 취해 쓰러지지 않는 사람은 오늘의 맹세를 지키지 않을 사람이다!'라는 그의 반 진담 반 취담에, 석수신과 고회덕까지 꼭지가 돌도록 마셨다. 역사적인 술자리는 날이 훤해져서야 간신히 끝났다.

몇 시간 뒤, 술이 얼마간 깨고 나서 다시 입궐한 금군장령들은 사직을 청하는 상주서를 받들고 있었다. 그들을 맞이한 송태조 조광윤은 그토록 마셨건만 조금도 취한 기색이 없었고, 햇살처럼 환한 미소로 그들을 맞이했다. 장령들 중에는 '어제는 그만 내가 술이 과해서 어처구니없는 말을 했으니 잊어주기 바란다'는 어명을 은근히 기대한 사람도 있었으나, 가차 없었다. 황제는 그들이 올린 사직 상소를 조금의 주저도 없이 '가납'했다. 이것이 배주석병권의 전말이다.

하지만 사실 이 한 번의 술자리로 모든 것이 마무리된 것은 아니었다. 그 뒤로 여러 가지 조치가 있었고, 술자리도 또 있었다. 송태조는 약속대로 병권을 반납한 장군들에게 많은 토지와 대궐 같은 저택을 하사했다. 또 자신의 여동생 연국장공주를 고회덕에게 시집보내고, 딸인 연경공주는 석수신의 아들과, 소경공주는 왕심기의 아들과 결혼시켜 세 장군들을 외척으로 삼았다. 다른 장군들에게는 '후궁의 미녀들을 마음대로 골라가라'는 말을 전했다.

한편 20만에 달했던, 수도경비와 궁궐경비를 맡았던 송나라의 최대 군사력인 금군을 금군장령들에게서 접수한 다음 후주 시절 자신이 역임했고 그것을 발판으로 역성혁명을 이루었던 금위군 총사령관, 전전도점검殿前都点檢 직위를 폐지한다. 그리고 전전사, 시위마군사, 시위보군사로 금군의 편제를 3분하여 서로 경쟁하고 견제토록 함으로써 금군이 군벌로 발전하지 못하게 쐐기를 박았다.

배주석병권으로 중앙군의 잠재적 위협을 제거했다면, 남은 것은 지방의 절도사들이다. 금군장령이던 공신들도 대체로 절도사의 직위를 받아 지방으로 내려가 있었다. 이들이 연합하거나, 변방의 휘하 병력 많은 절도사가 힘을 길러 모반하면 큰일이다. 그래서 송태조는 여러 해에 걸쳐 조금씩 제도를 바꾸고 조치를 취해 이들의 실권을 빼앗았다. 절도사의 근무지를 수시로 바꾸게 하여 각자의 임지에 자기 세력을 뿌리내리지 못하게 했으며, 문신관료들을 절도사에 임명하거나, 절도사의 지방행정권이나 경제권, 사법권을 깎아내어 해당 지역에서 왕처럼 군림하지 못하게 만들었다. 또 수시로 심복들을 보내 절도사들의 행동을 감시하고, 우수한 인재는 절도사의 밑에서 빼돌려 중앙에서 근무하게 했다.

이것도 모자라서 배주석병권을 단행한 지 8년 뒤인 969년에 또 비슷한 성격의 술자리를 마련했다. 이번에는 절도사들이 손님이었다. 술잔이 몇 번 오가고 조광윤이 또 불만스럽다는 듯 말을 늘어놓기 시작하자, 배석한 절도사들은 무슨 뜻인지 금방 알아차렸다. 그중에는 8년 전 자리에서 금군장령 자리를 내놓았다가 이제는 봉상절도사로 있던 왕언초도 있었다. 그가 앞장서서 '모든 관직에서 물러나 고향에서 한가롭게 지내고 싶다' 하니 모두들 마지못해 뒤를 따랐다. 이제는 전보다 황제의 권한이 한결 강력해져 있어서, 특별한 우대조치가 따르지 않았어도 그들이 뭐라 할 여지가 없었다. 다음 날 아침, 그들은 전원 면직되었다.

역대 왕조의 초창기가 종종 피비린내 나는 배신, 암살, 처형, 내란으로 얼룩졌음을 생각하면 송태조는 믿어지지 않을 만큼 손쉽게 잠재적 위험을 제거하고 왕조의 기반을 다진 것으로 생각할 수 있다. 그러나 이를 결코 긍정적으로만 볼 수 없다는 시각도 있다.

배주석병권은 송나라를 망쳤을까?

첫째, 배주석병권은 조보가 건의한 세 가지 조목 가운데 '병권 회수'만을 실천하고 공신들의 특권이나 재산은 오히려 늘려준 것이라고도 볼 수 있다. 그 결과 이들은 사치향락은 물론 불법과 비리를 멋대로 자행하고도 처벌을 받지 않는 '허가된 탐관오리'가 되고 말았다. 실제로 석수신이나 왕전빈 같은 장군들은 배주석병권 이전에는 스스로 절제하는 모습이었는데, 그 이후로는 돈과 여색에 파묻혀 살았다고 한다. 그런 '초합금 수저'들이 멋대로 날뛰면 고달픈 건 민생이 아닌가? 조정의 기강은 또 어떻게 되는가?

또한 송태조가 반란의 가능성을 지나치게 두려워하여 군부의 힘을 크게 줄이고 절도사의 손발을 묶은 결과, 송왕조는 점차 문약文弱해져 이후 요, 서하, 금, 원 등 북방민족의 노리개감이 되는 결과를 빚었다고도 한다. 사실 지방군 사령관을 문관 출신으로 임명하거나 지방의 인재를 중앙으로 빼돌리는 등의 조치는 북송의 국방력을 크게 좀먹었다. 훗날 명왕조의 멸망을 지켜보았던 명 말청초의 유학자 황종희는 『명이대방록』에서 "절도사의 권한을 축소하고 황제 한 사람에게 권력을 집중시킨 것이 송과 명의 멸망의 근원이다"라고 개탄했다. 북송 시대를 배경으로 지어진 소설 『수호지』에서는 고구, 채경 같은 간신들이 황제를 허수아비로 삼고는 황제의 막강한 권력을 이용해 중앙에서 지방까지 당파 싸움과 부정부패가 날뛰도록 만든다. 그것은 바로 송태조가 세운 체제의 폐단을 그려냈다고 볼 수도 있을 것이다.

그러나 그러지 않았다면? 자칫하면 오대에 이어 육대, 칠대, 팔대나 그 이상까지, 나라 세우고 몇 년 지나면 또 쿠데타가 일어나 왕조가 바뀌는 세상이 이어질 수도 있었다. 단호한 결단으로 그런 흐름에 종지부를 찍은 일은 훌륭하다고 하지 않을 수 없다. 그것도 술자리의 특색을 최대한 살려 피가 튈 수도 있었을 갈등을 담판으로 '훈훈하게' 마무리한 점은 실로 위대한 일이다. 또한 황제권이 강화되었다지만 송태조는 '절대로 선비를 죽이지 말라. 그들의 말에 항상 귀를 기울여라'고 후손들에게 엄히 단속시켰다. 그래서 송왕조는 중국 역사상 가장 지식인들의 기가 살고, 정치개혁과 문화발전이 활발히 이루어진 시대가 되었다.『수호지』의 참담한 상황은 선비들의 언로가 막히면서 빚어졌다고도 할 수 있다. 송태조가 나라를 세우기 바쁘게 금군의 병권을 거두고 절도사의 손발을 묶으면서도 양쯔강 이남의 '십국'을 정벌하여 천하통일을 달성했음을 보면, 송왕조의 문약 역시 말기적인 현상으로 이해할 소지도 없지 않다.

담판에서 술은 어떤 역할을 할 수 있을까. 간단한 반주가 곁들여지는 회담이나 협상 자리는 많다. 그러나 혀가 꼬부라질 정도로 만취한 상태에서의 담판은 아무래도 꺼려질 텐데, 술의 힘 때문에 냉정하게 판단하지 못하고 '취중농담'을 남발하기 쉽기 때문이다. 이튿날 술이 깨고 나면 후회하거나 전면 취소하고 말 결정을 내린대서야 담판의 실익이 없다. 송태조가 성공했던 까닭은, 술이 깨고서도 함부로 말을 번복할 수 없도록 황제의 권위를 내세울 수 있었고, 또한 세밀한 후속 조치를 취했기 때문이다.

그래도 배주석병권의 이야기를 돌이켜 음미하다 보면, 조광윤이라는 사람의 그릇과 성품에 대해 되새기지 않을 수 없게 된다. 그는 같은 결과를 홍문의 연회 방식으로, 처절한 피바람으로 얻을 수도 있었을 것이다. 그러나 '선대의 예를 본받아 비정해질 것인가, 그렇게 하지 않고 사직의 안녕과 천하의 평화를 도모할 것인가, 둘 중에서 선택하십시오!' 하는 조모의 외침에, 그는 마음속으로 치열한 담판을 벌였다. 그리고 두 가지 선택지 모두를 버리면서도 모두를 버리지 않는 타협안을 이끌어낸 것이다. 오늘을 사는 우리에게, 필요한 지혜와 자세는 의외로 그런 제3의 길에 있을지도 모른다.

제6장

예루살렘 담판의 두 주역, 살라딘과 발리앙

그 도시가 정확히 얼마나 오래되었는지 아는 사람은 없다.

'루살림'이라는 이름은 까마득히 먼 옛날, 중왕국 시대였던 기원전 19세기의 이집트 문서에 나타난다. 모세가 이집트에서 이끌고 간 히브리인들이 그 도시를 세웠다지만, '우루살림'은 모세가 태어나기 백 년 전에(모세가 실존 인물이 맞다는 전제 아래)도 버젓이 존재했다고 한다.

그 이름은 '평화의 보금자리(예루는 보금자리, 살렘은 평화를 의미한다)'라는 뜻을 품었으나, 이 도시는 수천 년 동안 끝없는 전란과 분쟁의 표적이 되어왔다. 기원전 6세기부터 서기 11세기까지, 이 도시는 세 차례 철저히 파괴되었으며 최소 20번의 대학살을 겪었다(소소한 규모의 전란과 살육은 이루 셀 수도 없다). 결코 어떤 대제국의 수도나 상업적인 중심지가 된 적이 없는데도, 이집트와 아시아를 잇는 요충지인 팔레스타인 땅에 있음으로 해서, 그리고 나중에는 여러 세계 종교에서 중시하는 도시가 됨으로 해서 그토록 많은 피와 눈물이 이 도시의 성벽에 뿌려졌던 것이다.

다윗과 솔로몬의 시대에 풍요와 번영을 누렸던 예루살렘은 기원전 586년경 바빌로니아의 네부카드네자르 2세에 의해 함락된 다음 폐허가 되며, 유대인들은 70년 동안 바빌로니아에게 잡혀가 사는 '바벨론 유수'를 겪는다. 이후 페르시아가 오리엔트를 통일하자 키루스의 허락에 따라 유대인들은 예루살렘으로 돌아가고, 성전과 도시는 재건되지만 다시 헬레니즘 시대가 되자 알렉산드로스의 부관 출신인 프톨레마이오스, 안티오코스의 침략을 받는다. 그들은 최소한 수천의 예루살렘 주민을 학살하고, 보다 많은 주민을 노예로 팔아버렸다. 그리고 예수가 탄생하기 얼마 전 로마의 손에 들어간 예루살렘은 그의 십자가형과 기독교 탄생과는 별개로 로마에 저항했으나, 기원후 70년, 굶주림을 못 이겨 자식까지 잡아먹는 참상 끝에 훗날 로마 황제가 되는 티투스에게 함락된다. 티투스는 네부카드네자르 이상의 잔혹함을 발휘해, 유대인들을 예루살렘에서 추방하고는 헤롯왕이 재건한 성전을 비롯한 건축물들을 모조리 파괴해버렸다. 기독교인들은 일찍이 유대인들의 타락상을 꾸짖으며 예수가 외친 "돌 하나도 돌 위에 남지 않게 되리라"는 예언이 실현된 것이라고 했다(벽 하나는 고스란히 남아서, 오늘날까지 '통곡의 벽'이라는 이름으로 유대인들의 순례처가 되고 있지만).

그 뒤 로마의 땅이 된 예루살렘은 로마의 기독교화에 따라 기독교 도시가 되고, 다윗의 도읍이자 예수의 희생지로 성도의 광휘를 발하며 조금씩 평화와 영광을 되찾는다. 그러나 서로마의 멸망 후 오리엔트의 패권을 두고 동로마와 사산조 페르시아가 양보 없는 대결을 펼칠 때 또 한 번 참극을 겪어야 했다. 614년, 사산조 페르시아가 이 도시를 포위했을 때, 함락 직전에 "유대인 배신자들을 처단하자"는 선동 때문에 기독교인 주민들이 유대인들을 집단 학살했다. 그리고 마침내 페르시아 군이 성을 점령하자, 이번에는 그 복수로 기독교인 9만 명이 유대인들의 손에 살해되었다. 하지만 동로마는 도시를 다시 빼앗았고, 이번에는 유대인들이 또 당할 차례였다.

이런 복수의 악순환은 동로마도 페르시아도 아닌 제3세력, 이슬람이 638년에 이 도시를 점령했을 때 재현되지 않을까 우려되었다. 그러나 그들에게도 성스러운 도시였던(무함마드가 꿈속에서 예루살렘으로 날아가, 그곳에서 승천해 천국을 여행하고 내려왔다는 이야기가 있다. 사실 이슬람 초기에는 메카보다 예루살렘이 이슬람 신앙에서 가장 중요한 도시였다) 예루살렘을 친히 방문한 제2대 정통 칼리프, 우마르는 소프로니우스 대주교와의 회견에서 "정해진 세금만 낸다면 신앙의 자유를 보장한다. 일체의 가해 행위는 없을 것이다"는 약속을 했다. 그리고 무함마드가 천마를 타고 하늘로 올라갔다는 바위를 살펴보았는데, 이를 기념하기 위해 바위 근처에 조촐한 예배당을 짓기로 한 것이 이슬람 최초의 모스크(예배당)인 알 아크사 모스크이다. 역대 칼리프는 알 아크사 모스크를 더 크고 화려하게 꾸미고, 더불어 바위를 빙 둘러싸는 건물을 지어 '바위의 돔'이라고 불렀다.

이렇게 예루살렘이 이슬람의 도시가 된 지 또 460년, 그 사이에 정통 칼리프 시대, 우마이야 왕조, 아바스 왕조, 그리고 파티마 왕조를 거치며 예루살렘의 주인은 여러 차례 바뀌었다. 때로 이슬람교도와 기독교도 사이에, 또 가끔은 셀주크투르크와 같은 침략자에 의해 유혈사태가 빚어졌으나, 이전의 시대에 비하면 재앙이라고 할 만한 일은 별로 없었다. 그러다가 1099년 6월, 예루살렘의 성벽 앞에 십자가 깃발을 치켜든 기사들의 대열이 늘어섰다. 성도 탈환을 목표로 내건 제1차 십자군이었다. 한 달 정도 계속된 공방전 끝에 7월 15일 함락된 예루살렘, 기독교 전사들은 세계사적으로도 잔혹무비한 학살을 자행했다. 남녀노소도 문제가 아니었다. 무슬림이든 유대인이든 가리지 않았다. 비무장 민간인들이 알 아크사 모스크로 뛰어들어 신과 기독교인들에게 자비를 갈구했지만, 십자군은 모스크 전체에 피칠갑을 하며 잔혹의 끝을 보여주었다. 시나고그로 피신한 유대인들도 예배당과 함께 산 채로 불에 타야 했다. 전근대 사회에서 점령한 도시민을 상대로 학살을 자행하는 일은 비교적 흔했다. 그러나 그것은 본보기를 위해, 약탈을 위해 벌이는 경우가 대부분이었고 살육의 대상은 남자뿐, 노약자들은 자비 또는 노예로 팔기 위한 속셈에 따라 건드리지 않는 게 보통이었다. 그러나 1099년 7월의 작열하는 태양 아래, 십자군은 신의 이름으로 전근대에서도 보기 드문 대학살을 벌였던 것이다. 그것은 오히려 '인종 청소'라는 구역질나는 용어가 등장하는 현대에 더 걸맞은 사건이었다.

살라딘의 검, 예루살렘을 겨누다

이로써 유럽 기사들은 예루살렘을 중심으로 팔레스타인 일대를 점령하고 왕국을 건설했으며, 이슬람의 바다에 솟아오른 섬과 같은 그 나라는 '우트르메르(바다 저편의 땅)'라고 불렸다. 그처럼 먼 곳에서 온 소수의 세력이 왕국을 이루고 버틸 수 있었던 까닭은 기본적으로 이슬람 세계가 분열해 있었기 때문이었다. 그러나 작용에는 반작용이 따른다. 예루살렘의 처참한 학살극은 이슬람 세계에 충격을 주었으며, "십자군에 맞서 우리도 지하드(성전)를 벌여야 한다"는 인식이 퍼져나가게 된다. 그 사명을 띤 이슬람의 구원자이자 통일 영웅으로 자칭하는 사람들이 잇달아 나타나며 주목을 끌었다. 그러나 명실상부 그 역할에 어울렸던 사람은 바로 살라흐 앗 딘, 흔히 불리는 이름으로 살라딘이었다.

쿠르드족 출신의 살라딘은 통일 영웅이자 구원자 후보의 하나로 불리던 시리아 군벌, 누르 알 딘의 휘하에서 경력을 쌓은 사람이었다. 파티마 왕조의 와지르(재상)가 되어 이집트의 실권을 쥐었다가 파티마 왕조를 폐하고 아이유브

왕조를 세웠으며, 다시 누르 알 딘이 죽자 시리아와 이라크를 병합하여 중동을 제패했다.

이처럼 이슬람이 단합하던 때에 기독교계는 분열과 혼란에 휩싸였다. 앞서 십자군이 이슬람의 천하에 발을 디딜 때와는 정반대 모습이었다. 1176년에는 동로마가 셀주크투르크와의 미리오케팔론 전투에서 대패하면서 우트르메르에 개입할 힘을 잃었고, 예루살렘에서는 왕위 계승 문제로 다툼이 끊이지 않았다. 살라딘은 1187년 초에 자신의 누이까지 포함된 대상隊商이 기독교인들에게 약탈되는 일을 계기로 우트르메르에 대해 지하드를 선언한다. 그리고 그해 여름, '하틴의 뿔'이라는 지역으로 십자군을 유인해 섬멸한다. 예루살렘 왕 기드 뤼지냥이 직접 지휘했던 십자군은 무더위와 살라딘 군의 교묘한 매복에 걸려 제대로 싸우지도 못하고 무너져, 왕부터 포로가 되는 수모를 당했다. 이 한 번의 전투로 우트르메르의 전력은 거의 소진되었으며, 살라딘은 여유 있게 그 도시들을 손에 넣기 시작했다. 시돈, 자파, 아크레가 맥없이 떨어졌다. 티레만은 공략이 쉽지 않아 일단 내버려두고 지중해의 항구도시 아스켈론을 공격해 항복을 받아냈다. 아스켈론은 바다를 건너오는 선단의 주 도착지였으므로 당분간은 서유럽이나 동로마에서 지원군이 오는 것을 차단할 수 있었다.

이제 살라딘은 여유로운 자세로 예루살렘을 바라보았다. 손에 넣은 것이나 다름없는 성도聖都, 우트르메르의 수도! 그는 적어도 두 가지 이유에서 이 도시를 반드시 차지해야 했다. 첫째로는 십자군에 맞선 지하드의 영웅으로서 성지를 탈환해야 했으며, 다음으로는 자신의 본거지인 이집트와 누르 알 딘의 본거지인 시리아를 연결하는 지점에 있는 예루살렘을 확보하여 왕국의 통일성을 유지해야 했다. 사실은 당시 한 가지 이유가 더 있었지만… 그래도 그는 서

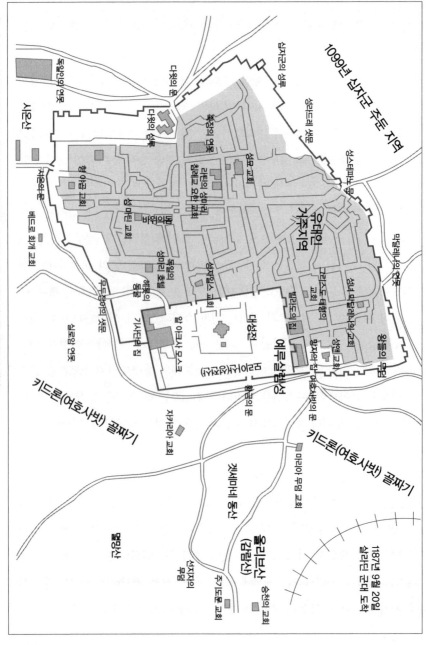

[6-1] 1187년 살라딘 점령 당시, 함부 직전의 예루살렘. 미 텍사스대 소장된 지도를 바탕으로 작성.

두르지 않았으며, 특유의 관대함을 한껏 발휘해 예루살렘 대표들에게 믿기 힘들 정도의 제안을 내놓았다.

"내년 오순절까지 예루살렘을 접수하지 않겠소. 그 사이에 구원병이 도착하면 함께 방어전을 전개해도 좋소. 단 오순절이 지났는데도 구원병이 없다면 항복하셔야 하오."

대략 일 년의 여유를 준 셈이라, 관대하다 못해 바보스러울 정도라는 평가가 나왔을 정도의 파격적 제안이었다. 그러나 속내를 들여다보면 꼭 그렇지만도 않았는데, 해로를 막은 참에 일 년이라 해도 전세를 뒤집을 만한 원군이 올 가능성은 적었다. 그리고 살라딘은 되도록 이 성도를 힘으로 제압하고 싶지는 않았다. 항복을 받는 방법을 선호할 입장이었던 것이다.

그러나 왕이 없는 사이 예루살렘의 대표를 맡고 있던 헤라클리우스Heraclius 총주교는 이 파격적 제안을 거부했다. 그 이유는 알 수가 없는데, 훗날의 행적으로 보면 순전한 용기에서 비롯된 결정 같지는 않다. 아무튼 살라딘도 화가 났으며, 칼을 뽑으며 맹세했다.

"예루살렘은 이 검으로 탈취할 것이다!"

협상이 결렬된 이상 싸울 준비를 해야 했다. 그 준비의 책임자로는 이벨린의 발리앙(Balian of Ibelin)이 지목되었다. 그는 이탈리아 북부에서 예루살렘에 온 십자군 아버지의 막내아들로, 전 왕의 과부인 마리아 콤네나(Maria Comnena)와 결혼했으며 그의 처형뻘이 되는 예루살렘 여왕 시빌라(Queen

Sibylla)의 남편인 기 드 뤼지냥이 왕위에 오르는 것을 반대했던 기사였다. 이슬람 연대기 작가 이븐 알아티르의 지적처럼 그 지위가 "왕보다 더하지도 덜하지도 않고, 동일한 정도"였기 때문에 예루살렘이 발리앙에게 기대하는 것은 당연했다.

그 전에 발리앙은 하틴 전투에 종군했다가 살라딘에게 사로잡혀 몸값을 내고 풀려나 티레에 머문 적이 있었다. 그러다가 살라딘에게 "예루살렘에 있는 아내와 아이들을 구하고 싶다. 그들을 데리고 금방 나올 테니 길을 비켜달라"고 간곡히 요청했고, 살라딘은 자신의 군대에 적대하지 않는다는 조건 아래 허락했다. 이로써 두 사람의 기묘한 인연이 시작된 듯하다. 그러나 발리앙이 예루살렘에 들어오자 헤라클리우스와 시빌라는 "당신이 수비군을 지휘해주어야 한다"고 막무가내로 매달렸다. 살라딘과 약속했다며 아무리 거절해도 "그까짓 이교도 괴수와의 약속이 무슨 대수냐"며 듣지 않았고, 마침내 "고난에 처한 기독교 동포들을 버리고 떠난다면, 신의 저주가 내릴 것이다!"라는 총주교의 위협에 못 이겨 수비군 사령관직을 수락한다.

수비대장에서 협상대표로

"좋습니다. 그러면 우리가 동원할 수 있는 병력은 얼마나 됩니까?"

"벼, 병력이요?"

"지금 싸울 수 있는 기사가 몇이냐고요?"

"둘이오."

"뭐라고요?"

"둘이란 말이오. 지금 예루살렘에는 당신 말고 기사라고는 두 명밖에 없소. 저 망할 기 드 뤼지냥이 모조리 사막으로 끌고 가버렸으니!"

기가 막혔다. 분노와 절망이 교차하는 발리앙이었으나, 그래도 어떻게든 해보려고 성 안을 이리저리 뛰어다녔다. 그랬지만, 대부분 공포와 절망의, 간혹 기대의 눈빛으로 자신을 바라보는 눈들이 대부분 여자와 아이들의 눈임을 보니 미쳐버릴 것 같았다. 성 안에는 기사는 고사하고 성인 남성도 얼마 없었던 것이다. 이래 놓고 나더러 수비대장을 하라고? 궁여지책으로 그는 어찌됐든 성별이 남성인 16세 이상의 젊은이들 60명을 추려내어 멋대로 기사 작위를 주고는, "성벽으로 가라!"고 떠밀었다. 귀족의 자제가 많았으나, 농민이나 장사치의 아들도 있었고 대부분 전투라고는 한 번도 안 해본 풋내기였다. 그리고 사방으로 전갈을 보내 성도를 지키는 성스러운 싸움에 힘을 보태달라고 호소하는 한편, 헤라클리우스를 설득해 성내의 기금을 털어 수비대원을 모집한 결과, 그럭저럭 성벽에 세워둘 정도의 인원은 확보할 수 있었다.

그래도 살라딘에 맞서서 끝까지 예루살렘을 지킬 가능성은 없다고 여긴 발리앙은, 다시 한 번 '뻔뻔함'을 보였다. 살라딘에 보낸 편지에서 자신이 맹세를 깨고 그에게 적대하게 된 점을 백배 사죄하고, "약속을 어긴 죄는 지금의 조건에서 당신께 전력으로 대항함으로써 갚겠다. 다만 내 아내와 아이는 트리폴리로 피신시키고 싶으니, 부디 다시 한 번 길을 열어달라"고 청했다. 살라딘은 말없이 그 청을 들어주었다. 그리고 바위로 계란을 치기 위해 출발했다.

1187년 9월 20일, 살라딘 군대가 예루살렘 성벽 앞에 도착한 날은 마침 일요일이었다. 예루살렘 주민들은 교회로 가는 길에 성 주변을 조용히, 그러나 물샐틈없이 에워싸고 있는 이슬람 군대를 보며 두려움에 몸서리쳤다. 하지만 살라딘도 놀랐는데, 성벽 위에 올라선 병사의 수가 생각보다 훨씬 많아 보였기 때문이다. 물론 실속은 없었지만 말이다. 정확히는 막 티레에서 전투를 치르고 온 술탄의 정예병 2만 명과 예루살렘 신병 4~6천 명의 대결이었다. 그래도 그 실속 없는 수비병들은 발리앙의 지휘 아래 놀랄 만큼 잘 싸웠다. 동로마에서 받은 '그리스인의 불'도 활약했다. 생각보다 저항이 완강하자 살라딘은 9월 29일에는 공성 지점을 바꿔서, 성벽 수비대의 악착같은 저항을 무릅쓰며 성벽을 부수기 시작했다. 필사적인 저지 노력도 아랑곳없이, 결국 예루살렘 성벽에는 구멍이 났으며 한 번 뚫린 구멍은 시시각각 커져갔다. 성은 절망의 도가니가 되었다. 교회로 몰려가 자기 몸을 때리며 기도를 올리는 사람들, 아녀자들을 죽이고 최후의 돌격으로 다 같이 장렬히 죽자는 사람들, 이건 다 귀족들이 잘못해서 벌어진 일이라며 처단을 요구하는 사람들이 한데 뒤엉켜 이수라장이었다.

'6일 전쟁' 끝에 이제 입성만 하면 되게끔 성벽의 구멍이 크게 뚫리자, 헤라클리우스와 시빌라는 다시 한 번 발리앙의 등을 밀었다. 이번에는 살라딘과 협상해보라는 것이었다. 이 마당에 무슨 협상이 가능하겠는가? 발리앙은 다시 한 번 기가 막혔으나, 결국 말에 올랐다. 그리고 무거운 마음으로 당장이라도 성에 돌입할 준비를 하고 있던 살라딘 진영으로 갔다.

"오랜만이오, 발리앙! 이번에는 또 무슨 요청을 하시려고 오셨소?"

살라딘은 인자해 보이는 미소를 띠고, 그러나 차가운 눈빛으로 그를 맞이했다.

"요청이 아니라 제안을 드리려 왔습니다."
"제안이라?"
"네, 저희 예루살렘 시민은 전하에게 항복하려 합니다. 물론 일정한 조건을 보장해주신다면 말입니다."

"하, 하, 하!"

별 우스운 말도 다 들어본다는 듯, 살라딘은 몸을 흔들며 웃었다.

"눈이 있으면 보시오. 당신네의 저 성벽. 지금 아주 보기 좋게 구멍이 뚫어져 마차도 드나들 지경이오. 그 주변 외성벽에는 이미 우리 깃발이 나부끼고 있지 않소? 이제 내가 손짓 한 번만 하면 끝나는 일인데, 무슨 항복이란 말이오? 기회는 이미 주었소. 평화를 바라고 내미는 손을 물어뜯어 놓고서, 이제는 항복하겠다는 거요?"

지극히 맞는 말이었으나 발리앙은 눈 하나 깜짝하지 않고 맞받았다.

"하지만 우리는 모두 결사의 각오를 하고 있습니다. 전하의 병사들이 돌입하면 상당한 희생을 치를 수밖에 없을 겁니다."

"그 정도는 당연하다고 생각하오. 전쟁에서는 불가피한 희생 아니오?"

" ……"

"당신도 편지에서 밝힌 대로, 나와의 약속을 어긴 대가를 치러야 할 거요."

"좋습니다. 우리에게 당신께 대항할 힘은 없습니다. 하지만 예루살렘은 성도 아닙니까? 우리뿐 아니라 당신들의 종교에서도 성도잖습니까? 관용을 베풀 마음은 없으신가요?"

"답답하구려. 저기 저쪽에서 끙끙 신음하는 소리 안 들리시오?"

"네, 뭔가 영내에서 동물이라도 키우시나 생각했습니다만, 부상자의 신음이었군요."

"당신네가 며칠 동안 우리에게 퍼부어댄 그리스의 불인가 뭔가 하는 것에 화상을 입은 우리 병사들의 신음이오. 어떤 친구들은 타버린 팔다리를 잘라 내야 했소. 물론 죽은 사람도 있고."

"……."

"저들의 신음 소리 때문에라도, 당신들은 대가를 치러야 하오."

"그 일은 유감입니다만, 말씀하신 대로 전쟁에서는 불가피한 희생 아닙니까? 대체 저희를 어떻게 하시겠다는 겁니까?"

"받은 대로."

"네?"

"받은 대로 돌려줄 것이오. 88년 전, 당신들이 바다를 건너와서 저 도시를 우리에게서 빼앗았소. 그것만이라면 역시 전쟁에서는 불가피하다 뭐다 할 수 있겠지. 그러나 당신들은 불가피하지 않은 학살을 했소. 자기 몸을 지킬 수 없는 사람들까지도. 거룩한 곳으로 피한 사람들도 용서하지 않았소. 나는 어머니의 무릎에 앉아 그 이야기를 몇 번이나 들었다오. '그들은 수십 명의 남자들은 살려두었단다. 그들에게 창을 겨누고 동포들을 묻을 거대한 구덩이를 파도록 했지. 수만이나 되는 시체를 남김없이 날라다 구덩이에 던지자, 그들은 일제히 그 남자들의 등을 찔러 시체 위에 고꾸라지게 했단다'라는."

"저도 그 이야기를 들었습니다. 그렇게 자세히는 아니지만요. 잔인하고 불경한 일이라고 생각했고, 그런 일이 다시는 이 성도에서 되풀이되지 말아야 한다고 생각했습니다."

"그 결정을 하는 사람은 당신이 아니오."

발리앙은 계속해서 살라딘의 인정에 호소했으나 그는 이미 마음을 굳게 먹은 듯했다. 마침내 발리앙은 벌떡 일어서서 외쳤다.

"그러면 우리는 최후의 한 사람까지 싸울 수밖에 없습니다!"
"그러시오."

아무 표정의 변화가 없는 살라딘. 애가 탔던 발리앙은 함락되기 전에 전원이 자살하겠다고 했으나, 역시 무표정한 살라딘은 '우리가 할 일을 대신 해주겠다니 고마운 일'이라고 대답할 뿐이었다. 발리앙은 고개를 푹 숙인 채 잠시 생각했다. 그리고 천천히 고개를 들더니, 살라딘에 대항할 수 있는 유일한 무기를 들이댔다.

예루살렘 최후의 무기
"우리에게는 아직도 무기가 있어요. 그리스의 불보다 강력한 무기가!"
"무슨 말이오? 설마, 기도의 힘을 빌리겠다는 거요?"
"그럴지도요. 사실 기도는 당신네가 먼지를 일으키며 들이닥치기 전부터 간절하게 하고 있었죠. 의로운 자는 오직 믿음을 말미암아 산다고도 했죠. 하지만 제가 말한 무기란 그게 아닙니다."
"그럼 뭐요?"
"들었습니다. 당신들의 예언자가 이곳의 큰 바위에서 기도하다가 하늘에 올라갔다 왔다고요? 그 일을 기념해 당신네의 첫 예배당을 이곳에 세웠다고요…. 우리가 이곳을 지배한 지 제법 되었습니다만, 그 바위와 예배당은 건드리지 않았답니다."

"음, 이제 보니 당신은…."

"저도 몇 번 봤습니다만, 바위를 둘러싼 가림막이라고 해야 하나, 그게 정말 아름답더군요. 뭐, 우리는 그 가림막 위의 돔에서 금박은 벗겨내 썼고, 위에는 초승달 대신 십자가를 올렸습니다만, 가림막 자체는 그대로 두었어요. 당신네가 이곳을 지배할 때와 거의 똑같습니다. 그러나 당신네가 끝내 관용을 베풀지 않겠다면, 그때는 그걸 산산이 부수겠습니다. 바위도 가루로 만들 겁니다. 예배당도 '돌 위에 돌 하나도 남겨두지 않을' 겁니다!"

"으음…!"

이제는 살라딘의 표정이 어두워졌다. 발리앙은 그뿐 아니라 성내에 잡혀 있

[6-2] 바위의 돔(Dome of the Rock). 예루살렘의 성전산에 있으며 691년에 완공된 이슬람 최고(最古) 성지. 발리앙이 살라딘의 공격으로부터 예루살렘 주민들을 지켜내는 결정적인 근거가 되었다. 출처 위키미디아

던 이슬람교도 수천 명(대부분 기독교 귀족들의 하인이었다)도 남김없이 죽일 거라고 덧붙였다. 살라딘으로서 그것은 큰 문제가 아니었다. 예루살렘을 포위했을 때부터 각오한 일이었으니까. 그러나 알 아크사 모스크와 바위의 돔을 파괴하겠다고? 그것은 살라딘의 지하드에 오점으로 남을 것이다. 개인적으로는 평생, 역사적으로는 영원히 지워지지 않을 오점으로!

살라딘은 예루살렘을 약탈하고, 그 과정에서 십자군이 그랬듯 잔혹무도하지는 않더라도 어느 정도 살육을 행할 필요성이 있었다. 더불어 부하들의 욕망을 채워줄 필요성도 있었다. 무함마드와 마찬가지로, 살라딘도 단지 신앙의 열정과 대의명분만으로는 사람을 움직이기에 한계가 있음을 꿰뚫고 있었다. 그래서 군사행동을 할 때마다 특별히 병사들이 이익을 챙길 기회를 많이 마련하고, 약탈로 부족해 보이면 사재를 털어서라도 물욕을 채워주곤 했다.

그런데 이번 전역戰域에서는 기독교인들을 빠르게 몰아쳐야 할 필요성 때문에 그걸 잘 챙겨줄 틈이 없었다. 티레의 점령이 쉬울 것 같지 않자 포기하고 우회했으며, 아스칼론은 수비군을 설득해서 그들이 무사히 떠나도록 허용하는 조건으로 항복을 받았으니 병사들은 별 소득이 없었던 것이다. 따라서 이 예루살렘에서 미뤄둔 병사들의 욕구를 채우게 해줘야 불만이 터져 나오지 않을 것이다. 앞서 헤라클리우스에게 내건 관대한 항복 조건이 수용되었다면, 주변을 슬슬 약탈하며 불만을 대략 추스를 수 있었겠지만….

결국 예루살렘은 살라딘에게 삼중으로 중요한 의미를 가졌던 목표였다. 성도의 탈환, 지리적 요충지 확보, 그리고 군심을 어루만질 재원 확보. 그런데 이제 첫 번째 목표를 온전히 이루기 위해 세 번째 목표를 포기한다? 반드시 그럴 것도 없다. 자신은 부드럽게 하려고 노력했지만 이교도들이 듣지 않고 만행을 저질렀다고, 어쩔 수 없는 일이었다고 변명하면 된다. 이미 예루살렘을 칼로 탈취하겠다고 개인적인 맹세도 했다. 그리고 '양쪽을 다 잡는' 방법이 불가능한 것도 아니다. 발리앙을 붙잡아놓고, 그의 귀환만 눈이 빠지게 기다리고 있을 예루살렘을 급습한다. 바위의 돔은 몰라도 성스러운 바위와 모스크 건물은 쉽게 부술 수 있는 것이 아니다. 인원이 워낙 모자라 방어도 포기한 상태이니 더욱 힘들 터. 아마 전부 부수기 전에 성을 장악할 수 있을 것이다. 하지만….

하지만…, 그 계산이 조금이라도 빗나간다면 예루살렘에서 가장 중요한 성소가, 이슬람교 전체적으로도 카바 신전 다음으로 성스럽고 유서 깊은 유적이 파괴된다. 그것은 일찍이 우마이야 왕조의 제2대 칼리프인 야지드 치하에 예언자의 혈손인 후세인이 카르발라에서 암살된 일로 인해 대대로 오명을 뒤집어쓴 일에 버금가지 않을까. 당시 야지드는 그의 암살에 직접적인 관련이 없었는데도….

평화와 자비

"취소하겠소."

"네, 네…?"

"취소한단 말이오. 저 도시를 칼로 탈취하겠노라는 나의 맹세를."

"아, 그, 그렇다면…!"

살라딘은 결국 예루살렘이 갖는 상징적인 의미에 전부 걸기로 했다. 입김만 불면 쓰러질 지경인 수비대에 대한 공격을 멈추고, 항복을 받아들인다. 그러나 완전한 '공짜'는 아니었다.

"한 사람 당 10디나르씩, 몸값을 내면 방면해주겠소. 교회도 유지할 수 있소. 아, 당신들이 멋대로 성당으로 만든 알 아크사 모스크는 원상복구하겠지만."

"저기, 방면이라 하시면?"

"말 그대로 붙잡아두지 않겠다는 뜻이오. 다른 곳으로 떠나도 되고, 예루살렘에 남아도 되오."

"그렇군요. 그러면 몸값을 지불할 수 없는 사람은 어떻게 됩니까?"

"노예로 팔려야겠지."

"그건 좀 그렇습니다. 항복하지 않았습니까? 항복한 사람들에게 그런 처우는…."

"말을 반복하게 하지 마시오. 항복 대우를 받을 만한 상황이 아니지 않소?"

"……."

할 수 없이 발리앙은 그 조건을 받아들이고, 말을 달려 예루살렘으로 돌아갔다. 설명을 들은 주민들은 안도하면서도 슬픔과 근심에 잠길 수밖에 없었다. 40일의 유예기간 동안, 대부분의 사람들은 짐보따리를 싸면서, 정든 고장을 떠나야 하는 아쉬움과 함께 혹시 뒤탈이 없을까 하는 걱정으로 안절부절못했다. 항복한 다음 무방비로 떠나는 도시 주민들을 쫓아 학살을 벌인 사례가 없지 않았기 때문이다.

몸값과 노예 대금으로 살라딘은 부하들의 불만을 간신히 달랠 수 있었다. 자신들의 기대에는 한참 못 미치는 수확이었지만, 부하들은 기적을 성취해낸 지도자에 대한 존경심으로 욕망을 억누를 수 있었다. 10월 2일에 예루살렘에 입성한 살라딘은 너무 가난해서 몸값은커녕 먹을 것도 마련하기 힘든 처지의 사람들 수천 명과 전쟁에서 남편 또는 부친을 잃은 여성들을 무료로 방면해주었다. 또 여유가 있는 주민들에게서 성금을 모아 그래도 노예가 될 수밖에 없는 사람들을 하나라도 구하려고도 했다. 놀랍게도 살라딘군의 병사들 일부가 이 모금에 자원하여, 통역을 맡은 상인들과 함께 성 안을 여기저기 돌아다니며 '기독교 동포의 자유를 위해 한 푼만 보태달라'고 했다. 88년 전의 야만적인 살육과는 달라도 너무 다른 광경이었다. 그 광경을 보고 마음이 가라앉아, 예루살렘에 남아 살라딘의 신민이 되기로 결정하는 사람들도 많이 나왔다.

헤라클리우스 총주교는 남아서 교회를 지켜달라는 신자들의 청을 뿌리친 채 몸값을 내고는 티레로 갔다. 게다가 교회의 성물과 금은제 제기들도 빠짐없이 싸들고! 발리앙도 예루살렘을 떠나는 마지막 피난민을 인솔하여 떠났으며, 11월에 트리폴리에 도착해 앞서 보냈던 가족과 만났다.

그로부터 2년 뒤인 1189년 예루살렘 탈환을 목표로 제3차 십자군이 일어나자 발리앙은 다시 참전했고, 자파 전투 뒤에 영국의 리처드 1세와 살라딘 사이에서 평화협정이 맺어지게끔 중재역을 맡았다. 협정 체결 뒤, 살라딘은 감사의 표시로 발리앙에게 아크레 근처의 캐몽 성을 포함한 자신의 영지를 선물했다. 1193년, 같은 해에 살라딘은 56세, 발리앙은 50세의 나이로 숨을 거뒀다.

길이 남은 명예

살라딘은 서구에서 가장 존경받아온 이슬람 지도자이다. 단테는 『신곡』에서 그를 차마 천국에는 넣을 수 없었으나, 지옥 가운데 가장 편안하고 고통이 없는 림보에, 소크라테스, 호메로스, 아르키메데스 등 '예수 이전에 태어나 구원받을 기회가 없었던' 위대한 인물들과 함께 배치했다. 볼테르는 "살라딘은 훌륭한 인간이었고 영웅이었으며 철학자였다"라고 썼다. 『로마제국 쇠망사』를 쓴 에드워드 기번은 "광란의 시대에 기독교도의 진심어린 존경을 얻을 수 있던 미덕의 소유자였다"라고 평가했다. 버나드 몽고메리는 『전쟁의 역사』에서 "살라딘은 더없이 유능한 지배자였고, 헌신적인 이슬람교도였으며, 훌륭한 전략가였다"라고 썼다.

살라딘은 마냥 관대하기만 한 사람은 아니었다. 예루살렘 전투 전후에 포로들을 집단으로 살육한 일도 있었고, 사로잡힌 적장의 불손함에 분격하여 직접 그 머리를 칼로 날려버린 일도 있었다. 그는 온화하기보다는 오히려 다혈질이었고, 대열의 선두에 서서 불꽃처럼 내달리는 리더십으로 부하들을 사로잡았다. 그러나 살라딘의 평전을 쓴 스탠리 레인 풀은 힘주어 말한다. "예루살렘 점령이 살라딘에 관해 알려

[6-3] 전투를 지휘하는 살라딘. 귀스타브 도레 (Gustave Doré) 판화. 출처 위키피디아

진 유일한 사실이라 해도, 그 하나만으로도 그는 이미 당대의 그리고 아마도 모든 시대의 가장 기사도적이고 고결한 정복자가 되기에 충분했다."

그는 평범한 정복자가 될 뻔도 했다. 그러나 이슬람 성소를 파괴하겠다는 발리앙의 위협, 사실 그다지 실속이 없던 위협을 중시하여 네부카드네자르나 티투스, 그리고 초대 예루살렘 왕인 고드프루아의 뒤를 따르는 대신 이슬람의 선배 정복자, 우마르 1세의 뒤를 따르기로 결정함으로써, 그는 전설이 되었다. 그리고 끝없는 싸움과 기독교 지도자들의 무능, 부패에 지치고 환멸에 빠

졌던 예루살렘 주민에게 희망의 빛을 주었다. 그럼으로써 이슬람은 십자군을 마침내 우트르메르에서 내몰고, 이어지는 십자군 원정도 견뎌내며 20세기에 이르기까지 성지를 온전히 지켜낼 수 있었다.

온유한 자는 복이 있나니
그들이 땅을 차지할 것이다.(「마태복음」 5장 5절)

한편, 살라딘의 광휘에 가려져 있는 발리앙의 가치도 평가해야 한다. 그는 무엇보다 용감했다. 말도 안 되는 등 떠밀기를 연거푸 당했으나, 도망가지도 숨지도 않았다. 그런 용감함 덕분에 살라딘이 그의 말에 귀를 기울였으리라. 헤라클리우스나 기 드 뤼지냥이었으면 최후의 최후에 협상 테이블에 마주앉는 일조차 피했을 것이다. 그리고 유능한 담판가답게, 그는 상대의 속셈을 정확히 간파했다. 예루살렘의 보이는 가치보다 보이지 않는 가치를 중시하는 살라딘의 입장을 꿰뚫고, 성소 파괴가 가장 강력한 무기가 될 수 있음을 알았다. 마지막으로, 그는 할 말을 빠트리지 않았다. 무례가 되지 않는 적절한 선의 뻔뻔함으로, 살라딘에게 세 번이나 양보를 받아냈다.

협상의 상황에서, 상황이 어쩔 수 없을 정도로 절망적이다 싶으면 하고 싶은 말도 감추고, 상대의 호의에만 기대는 경우가 있다. 웃음거리가 되고 싶지 않다는 마지막 자존심 때문이다. 그러나 그런 자존심은 한 푼의 가치도 없다. 절체절명의 협상에 임해서는 억지나 사기가 아닌 이상 할 수 있는 말은 모두 하고 끝내야 한다. 그래야만 비로소 행운도 미소를 보내 주는 것이다. 이벨린의 발리앙, 그는 영화 「킹덤 오브 헤븐」에서 과장되고 미화된 것처럼 위대한 영웅은 아니었지만, 살라딘과 더불어 기억될 만한 가치가 충분한 사람이다.

[6-4] 1187년 7월 4일, 십자군 원정사에 재앙으로 기록된 하틴 전투를 묘사한 영화 「킹덤 오브 헤븐」의 한 장면. 살라딘은 이 전투에서 십자군 부대를 괴멸시키고 이어 예루살렘으로 진군하여 성을 함락시킨다. 출처 Cross and Cresent: The Crusades (crossandcresent.blogspot.kr).

제7장

여인들의 평화,
캉브레 회담

"당신네 잘난 아드님이 되지도 않을 욕심을 부려서, 이 꼴이 뭔가요?"

"뭐? 말 다했어요? 그런 소리는 당신네 깡패 조카님에게나 하시죠!"

"이 할망구가? 뭐, 깡패라고? 그따위 쌍소리를 입에 담다니?"

"쌍소리는 그쪽 먼저 아니었나? 교황님도 몰라보고 성도聖都를 야만스럽게 유린하는 게 깡패지 뭐야 그럼? 그리고 뭐 할망구라고 했어? 늙기는 그쪽이 더 팍삭 늙어 보이는데? 북쪽 야만인들은 화장술도 모르나봐?"

"뭐가 어째? 오늘 폐하를 대신해서 내게 혼 좀 나 보겠다, 이건가?"

"얼씨구! 그래, 한 번 혼내 봐, 혼내 보라고! 깡패 조카의 깡패 고모야!"

말로 서로를 공격하던 끝에, 두 여성은 끝내 자리에서 벌떡 일어나 서로에게 덤벼들었다. 때리고, 잡아당기고, 할퀴고, 밀치고, 침을 뱉고! 고급 요리를 차려놓았던 테이블이 우당탕 넘어지고! 보석과 공단으로 수놓은 화려한 드레스가 찌익찍 찢겨나가는 것도 아랑곳없이! 두 귀부인은 일어났다 자빠졌다, 방 안을 굴러다니다 하며 요란하게도 몸싸움을 했다. 옆에서 엄숙하게 지켜보던 두 사람의 배석자들은 상상도 못 해본 광경에 얼이 빠지고, 어쩔 줄을 몰라들 했다. 이걸 말려? 그래, 말려야지! 그러나 그 누구도 그녀들에게 감히 손을 댈 수가 없었다. 그러기에는 너무도 고귀한 신분의 그녀들이었기에. 비록 지금은 시골 아낙네들 싸움보다 더 거칠고 추잡하게들 싸우고들 있었지만.

왕관 뺏기 싸움

그녀들은 왜 그렇게 싸웠을까? 많은 경우가 그렇듯, 원인은 그 자리에 없는 남자들이었다. 그러나 그들이 그녀들의 연인이라서가 아니었다. 그녀들의 아들과 조카였기에, 이 세계사에 보기 드문 '귀부인들의 싸움'이 벌어지게 되었다.

그 아들과 조카란 누구였을까? 16세기 초반, 유럽의 두 맞수를 꼽는다면 독일(신성로마제국)의 칼 5세와 프랑스의 프랑수아 1세를 꼽을 수 있었다. 그들은 처음에 신성로마 황제 자리를 놓고 싸웠고, 다음에는 유럽의 여러 나라를 각자의 편에 끌어들여서는 '진짜 유럽의 패왕'자리를 두고 자웅을 겨루었다.

[7-1] 캉브레 담판의 두 주역, 오스트리아의 마르가레트(왼편, Margaret of Austria, 1480-1530)와 사보아의 루이스(오른편, Louise of Savoy, 1476-1531). 출처 위키피디아

16세기는 이른바 르네상스 시대로, 유럽은 이미 중세의 그림자에서 대부분 벗어나 있었다. 그럼에도 왕위 계승을 둘러싸고 논쟁이, 나아가 전쟁이 벌어지며, 그것을 조약으로 마무리 짓는 유럽 국제정치의 기본 패턴은 수백 년 전과 크게 다르지 않았다. 국내에서 왕실의 배우자를 찾는 조선이나 중국, 튀르크 등과는 달리 유럽은 여러 왕실끼리 결혼했으며, 현재 왕의 혈연상 친소관계에 따라 왕위계승권을 정하였기에 외국의 왕이 한 번 가본 적도 없는 나라의 왕을 하루아침에 겸하거나, 한 나라가 여러 왕에게 쪼개져 계승되거나 하는 경우가 흔했다. 그러나 그 왕위계승권을 정하는 세부 방식이 나라마다 조금씩 달랐으므로,

'아들 하나도 없이 왕이 죽었으니 다음 왕은 조카뻘인 내가 해야 한다!'
'무슨 말이냐? 공주님이 어엿이 계신다!'
'프랑크 제국 이래의 살리카 법에 따르면 여자는 왕위를 이을 수 없다!'
'우리나라 법도에는 그따위 살리카 법은 인정하지 않는다!'

이런 식으로 논쟁이 벌어지고, 마침내 전쟁까지 가는 경우가 역시 흔했다. 두 국가끼리로는 사상 최장의 전쟁이라는 백년 전쟁도 영국 왕이 프랑스 왕위를 요구했기 때문에 일어난 것이었다.

16세기 전반기 유럽을 창칼 부딪치는 소리와 포연으로 가득 채웠던 것이 그런 식의 왕위 계승 전쟁 중 하나였던 '이탈리아 전쟁'이다. 그 시작은 프랑스의 샤를 8세가 나폴리의 왕위를 요구한 1494년이었다. 그는 2만 5천의 병력을 이끌고 이탈리아를 침공했다. 그 무시무시한 군세에 한동안은 무인지경으로 이탈리아 반도를 종주하다시피 했으나, 나폴리 왕국의 경계로 들어가 몬테산지

오반니 시에 항복을 권하자 완강히 거부하며 사절을 살해하는 태도에 분노, 그 도시를 철저히 유린하고 남녀노소를 몰살시키고 만다. 이를 계기로 숨죽이고 있던 이탈리아 도시들도 프랑스군에 덤비기 시작하면서 전쟁이 본격화된다.

베네치아, 밀라노, 피렌체, 만투아, 교황령에 에스파냐와 신성로마제국이 합세해 이루어진 '베네치아 동맹'은 나폴리에 꼭두각시 왕을 앉히고 귀환하는 샤를을 막아섰으나, 프랑스군에게 큰 피해를 입고 물러난다. 그러나 샤를이 프랑스로 돌아가자 나폴리는 달아났던 알폰소의 후계자, 페르디난트 2세의 손에 들어가버렸다. 그리고 1498년에 샤를이 사고로 죽자, 전쟁의 지휘봉은 그의 후계자인 루이 12세에게 넘어갔다. 그는 1499년에 이탈리아를 침공하여 밀라노를 점령했다. 그의 할아버지 때에 밀라노 공위에 대한 계승권을 획득했다는 게 명분이었다. 그리고 에스파냐(아라곤)의 페르난도 2세와 손을 잡고 나폴리를 무너뜨렸다. 그러나 그 다음은 페르난도와의 대결이 이어졌고, 1503년에 패배하여 물러나게 된다.

이처럼 프랑스, 에스파냐, 독일 등이 제각기 이탈리아 도시들에 눈독을 들이며 수시로 개입했을 뿐 아니라, 밀라노와 나폴리, 피렌체와 피사 같은 전통적 앙숙들의 대결, 그리고 알렉산드르 6세(및 그의 아들, 체사레 보르자)에서 율리우스 2세로 이어지는 야심적인 교황들의 세력 확장기도 등이 얽히고설켜 16세기 전반의 이탈리아는 바람 잘 날이 없었다. 1494년에 프랑스에 맞서 베네치아 동맹이 맺어졌다면, 1508년에는 베네치아에 맞서 프랑스, 신성로마제국, 에스파냐, 교황령이 캉브레 동맹을 맺었다. 그리고 1510년에는 다시 프랑스를 상대하기 위해 베네치아와 교황령이 손을 잡았다. 한 해 뒤에는 막강한 프랑스를 저지하고자 신성로마와 에스파냐, 그리고 잉글랜드까지 그들 편에 섰다. 그리하여 모두 힘을 합쳐 마침내 프랑스를 몰아내자, 이번에는 논공행상을 두고 싸움질이 벌어졌으며 분노한 베네치아가 다시 프랑스와 손잡고 어제의 전우들에 대항했다. 이런 와중에 밀라노와 나폴리는 몇 차례나 주인이 바뀌었다.

1521년부터는 엉뚱하게 독일, 즉 신성로마제국 황제 자리가 이탈리아 전쟁의 빌미가 된다. 왕이 아닌 교황을 논외로 하면, 당시 유럽에서 유일하게 혈연이 아니라 선거로 결정되는 왕위였던 황제 자리를 놓고 두 사람의 후보가 경합을 벌인 것이다. 이때 등장하는 두 남자가 바로 프랑스의 프랑수아 1세(1494년생)와 에스파냐의 카를로스 1세(1500년생)였다.

[7-2] 스페인 국왕 카를로스 1세(1500-1558)이자 합스부르크 공국과 신성로마 제국 황제 칼 5세(Charles V, 재위 기간 1519-1556). 스페인 마드리드 엘 에스코리알(El Escorial) 수도원 소장

[7-3] 프랑스 국왕 프랑수아 1세(Francis I of Angoulême 1494-1547). 1530년경 장 클루에(Jean Clouet) 작품. 루브르 미술관 소장

프랑수아는 앙굴렘 백작의 아들이었으나 루이 12세가 자식을 남기지 못하고 죽자 그의 사위 자격으로 프랑스 왕위를 계승했다. 그는 화가 레오나르도 다빈치의 후원자로, 『모나리자』를 프랑스 땅에 있게끔 한 장본인으로 명성을 남기고 있다. 그런 그의 이탈리아 르네상스 예술에 대한 열정보다 더 컸던 것

이 이탈리아 영토에 대한 열망이었다. 1515년에 즉위하자마자 밀라노로 쳐들어가서, 교황과 협상하여 나폴리까지 손에 넣는 원정을 단념하는 대신 르네상스의 여러 걸작품을, 그리고 다빈치와의 만남 기회를 얻었다.

카를로스는 아라곤의 페르난도 2세의 외손자로, 페르난도의 계승자였던 부왕 펠리페 1세가 급서함에 따라 여섯 살의 나이로 왕위를 이어받았다가, 장성한 다음 아라곤의, 그리고 카스티야의 왕위를 가진 채로 친할아버지인 막시밀리안 황제의 계승자를 자처해 황제위에 도전했다.

잉글랜드와 작센의 대표가 일찍 기권한 뒤, 이들은 치열한 경합을 벌였다. 오늘날의 시각에서 보면 '독일의 남편이 되려고 프랑스와 에스파냐가 경쟁을 벌이는' 모양인 셈이었다. 선거 초반에는 프랑수아 1세가 유리해 보였다. 그러나 합스부르크 가문의 후광에, 그리고 '세계 최초의 다국적기업'이자 당대 최고의 금융그룹이었던 푸거 가에서 빌린 85만 플로린으로 마구 퍼붓다시피 한 가공할 뇌물에 힘입은 카를로스가 결국 당선, 1519년 6월에 칼 5세로 즉위한다.

두 사나이의 비열한 싸움
"돈으로 황제의 옥좌를 사다니, 파렴치한 놈!"

프랑수아 1세는 화가 머리끝까지 났다. 프랑스 왕인 자신이 독일-신성로마 황제를 겸함으로써 프랑스, 독일, 나아가 이탈리아까지 하나의 영토로 묶어 '샤를마뉴의 프랑크 제국'을 재현하려던 꿈이 산산조각 났을뿐더러, 거꾸로 프랑스가 독일, 에스파냐에 의해 앞뒤로 포위되게끔 되었으니 억울하고 불안할 수밖에 없었다. 결국 그는 황금으로 잃은 옥좌를 칼로 빼앗아오자는 생각을 하게 된다. 그리하여 이탈리아가 다시금 전화에 휩싸였다. 이후 두 사람은 19년 동안 줄기차게 싸우면서 유럽과 유럽인들의 골칫거리가 된다.

프랑수아는 다시 베네치아를 끌어들이고, 칼은 잉글랜드, 교황령과 손잡고 전쟁을 벌인 결과 황제-교황 팀에게 대체로 유리하게 전개되었으나, 다급해진 프랑수아가 놀랍게도 이교도인 오스만투르크와 동맹을 맺음으로써 술레이만 대제의 동유럽 침공에 빌미를 제공하기도 했다.

그러나 프랑수아는 라이벌에게 다시 말 못할 치욕을 당해야 했다. 1525년의 파비아 전투에서 프랑스군이 에스파냐의 아르크뷔지에(화승총 부대)의 급습에 패배하는데, 당시 프랑스군은 놀고먹느라 기강이 해이해져 있었고 에스파냐군은 정반대였으므로 '헝그리 정신의 승리'라고들 했다. 아무튼 이 전투에서 프랑스군과 프랑수아를 따르던 귀족이 전멸했을 뿐만 아니라, 프랑수아 1세 스스로가 두 아들과 함께 포로가 되고 만다. 마드리드로 호송되어 감옥에 갇힌 프랑수아가 병에 걸리자, 놀랍게도 칼 5세가 직접 감옥으로 찾아와 문병했다. 철천지원수였던 두 사람은 마치 마음의 벗인 양 서로를 껴안았으며, 이런 대화를 나누었다고 한다.

"저는 당신의 포로입니다. 그리고 노예입니다. 뭐든 당신의 뜻대로 하십시오."

"그대는 나의 벗, 나의 형제요. 곧 당신은 자유롭게 될 것이오. 그때까지 부디 건강하시기 바라오. 건강하기만 한다면 뭐든 할 수 있는 게 아니겠소."

"그러겠습니다. 뭐든 분부만 하십시오."

그러나 이런 알량한 대화와는 달리, 건강이 회복된 프랑수아를 칼은 사정없이 압박하여 '자유의 대가'를 비싸게 받아내려 했다. 결국 1523년, 프랑수아는 이탈리아에 대한 권리를 일체 포기하며, 그 담보로써 두 아들을 마드리드에 남겨둘 뿐 아니라 칼 5세의 여동생 엘레오노르와 결혼까지 하기로(그를 프랑스 왕의 지위에 올려준 루이 12세의 외동딸 클로드는 이때 사망한 뒤였다) 신의 이름으로 엄숙히 약속했다. 그렇지만 그는 혈혈단신으로 프랑스에 돌아가자마자 그 약속을 뒤집어버리고, 칼에게 복수할 준비로 절치부심했다.

그리고 1526년, 간에 붙고 쓸개에 붙는 일이 비일비재하던 당시의 전황은 이번에는 교황과 황제가 다른 팀에서 뛰도록 했다. 프랑스와의 전쟁 과정에서 북이탈리아에 대한 지배권을 강화한 칼 5세를 못마땅하게 여기고 있던 교황 클레멘스 7세에게 프랑수아가 접근했고, 결국 프랑스, 교황령, 베네치아, 밀라노, 피렌체가 함께 독일에 맞서는 코냑 동맹이 체결된 것이다. 코냑 동맹군은 북이탈리아를 선제공격했다. 프랑수아는 전과 달리 이탈리아 중부의 강국들이 대부분 자기 편이며, 교황을 등에 업음으로써 기독교 세계에서 통하는 그의 영향력도 얻었다는 생각에 자신만만했다.

그러나 칼 5세는 "지금의 교황은 선한 목자가 아니며, 늑대에 불과하다"고 극언하고는 제국의 힘을 기울여 매서운 반격에 나섰다(그 사령관이 앞서의 전쟁에서 프랑수아 1세와의 반목 끝에 독일로 도망친 프랑스의 반역자이자, 훗날 프랑수아의 발로아 왕가를 대신해 프랑스를 다스릴 부르봉 가문의 당주, 샤를 부르봉이었음은 아이러니를 더했다). 코냑 동맹이 완전한 힘을 발휘하면 형세가 불리해질 것이 분명했기에, 제국군은 프랑스와 정면대결하는 대신 무시무시한 돌파력을 과시하며 동맹의 구심점인 로마로 진격, 또 진격해 들어갔다. 그 기세로 1527년에 밀라노에서 다시 한 번 스포르차를 몰아내고, 곧바로 로마에 쇄도했다.

에스파냐군 6,000명과 독일 용병단 1만 6,000여명으로 구성된 제국군에 비해 교황의 병력은 5,000명에도 못 미쳤다. 클레멘스 7세는 비밀 통로로 허겁지겁 빠져나가 산탄젤로 성에 숨었다가 상인으로 변장해 로마를 탈출, 겨우 목숨을 건졌다. 가망 없는 패배의 와중에서도 스위스 용병들은 최후의 한 사람까지 맞서 싸우며 교황의 바티칸을 지켜내, 불후의 명성을 남겼다. '로마의 약탈'이라 불리는 이 사건에서 제국 군대는 기독교의 총본산과 같은 이 도시, 한니발이 끝내 쳐들어가지 못하고, 레오 1세가 담판으로 지켜냈던 이 '영원의 도시'를 야만적으로 불태우고, 부수고, 살육과 강간을 수도 없이 저질렀다. 르네상스 전성기의 걸작들도 숱하게 도둑맞거나 부서지거나 불타 없어졌다. '신성 로마'라는 이름이 붙은, 교회의 수호자여야 할 황제의 군대가 저지른 짓이었다 (사실 그것이 칼 5세의 뜻은 아니었으며, 다수가 교황에 반대하는 루터교도인데다 샤를 드 부르봉의 전사로 지휘관의 통제에서도 벗어나면서 제어장치를 잃어버린 용병 부대의 만행이었다고 한다. 칼 5세는 이를 자기 인생의 최대 오점이라고 여길 정도로 한탄했다고도 한다)! 그리고 세속의 권력을 다투다가 패전지장이 되고, 그것도 모자라 자기 혼자 살겠다고 로마를 버리고 달아난 교황! 이제 그에게 레오 1세의 계승자, 로마의 수호자로서의 광영은 다시 없을 것이었다.

이 사건으로 교황이 전선에서 물러나자, 프랑수아는 잉글랜드의 헨리 8세를 설득해 한편으로 끌어들였다. 그리하여 이탈리아를 전장으로 서유럽 3대 국이 자웅을 겨루는 국면이 되었다. 에스파냐를 제외하고 투르크까지 포함한 거의 모든 유럽 국가가 한때 그와 한편이 되었으니, 프랑수아의 외교력은 정말 유럽 최고였던 것 같다. 그러나 그만큼의 군사 지휘력은 없었던지, 승세는 꾸준히 독일 쪽에 있었다. 부르고뉴나 플랑드르 등 프랑스의 상당 지역이 제국 군대에 점령된 처지에 남부 이탈리아(나폴리 왕국)에 대한 프랑스의 회심의 일격, 그 뒤를 이어 북부 밀라노 공략이 모두 수포로 돌아가자, 프랑수아는 전쟁을 계속할 의지를 잃었다.

이에 캉브레에서 1529년 7월에 평화협상이 열리는데, 묘하게도 협상 테이블에 마주앉은 양 진영의 대표는 국왕들도, 대사들도 아닌 여인들이었다. 프랑스 쪽에서는 프랑수아 1세의 모후인 루이스 드 사보아(사보이의 루이스)가, 독일 쪽에서는 칼 5세의 고모인 마르가레트 폰 아우스트리아(오스트리아의 마르가레트)가 나온 것이다. 루이스는 프랑수아 1세가 부재중 국왕 대리를 하는 역할을 맡고 있었고, 마르가레트는 칼 5세가 어린 나이로 아라곤 왕이 된 뒤 성년이 되기까지 섭정을 했었다. 즉, 두 여성 모두 국왕의 대리자이자 중요한 측근이었기 때문에 이 중요한 회담에 양측 대표로 나올 수 있었는데, 숨겨진 또하나의 이유는 두 여성이 어릴 적 친구였고, 따라서 싸움과 배신을 반복하며 서로에게 정나미가 떨어질 대로 떨어진 두 군주보다 협상을 매끄럽게 잘 하지 않겠느냐는 기대감이었다.

여자들의 싸움, 그리고 담판

당시 루이스는 53세, 마르가레트는 49세로 당시로는 노년에 속하는 나이(실제로 루이스는 조약 체결 뒤 2년, 마르가레트는 1년 뒤에 세상을 떠난다)로 처음에는 차분하고 고상한 태도로 협상을 해나갔다.

그러나 점점 언성이 높아지고 얼굴이 붉어지더니, 급기야 목불인견의 싸움이 벌어졌다. 배석 인사들이 이 고귀한 여성들을 힘으로 떼어놓을 수도 없어 입으로만 말리다 보니 싸움은 그칠 줄 몰라, 한동안 회담장은 악다구니 소리와 우당탕 소리로 뒤덮였다.

그러다가 한참이나 지나, 두 여성은 마침내 싸움에 지쳤다. 각자 기다시피

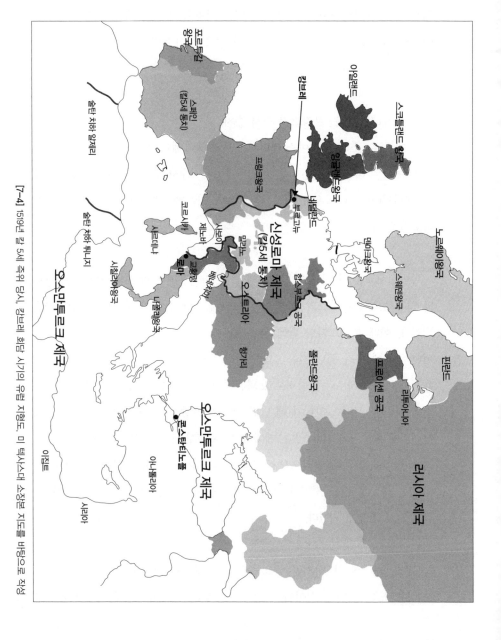

[7-4] 1519년 칼 5세 즉위 당시, 캉브레 회담 시기의 유럽 지형도. 미 텍사스대 소장본 지도를 바탕으로 작성

해서 자기 자리로 돌아와, 나자빠져 있는 의자를 일으켜, 측근의 부축에 힘입어 간신히 자리에 앉았다. 그리고 거친 숨을 몰아쉬며 서로를 쩨려보고만 있다가, 마침내 루이스가 먼저 입을 열었다.

"마르가레트, 너는 프랑스가 져서 좋지?"
"그게 무슨 소리야, 루이스 언니? 내가 왜 좋아해야 하지?"
"너는 전부터 프랑스를 아주 미워했잖아? 그래서 우리 아들이 자기 아들까지 팽개쳐버린 채 싸우고 싸운 끝에 쫄딱 망하게 되었으니, 절로 막 웃음이 나오지 않아?"

독일에서 태어난 마르가레트는 세 살이 되던 1483년에 프랑스의 샤를 왕자와 약혼했으며, 프랑스의 법도에 따라 그 궁정에서 살며 장성한 뒤 결혼하게 되었다. 이때 루이스와도 함께 지내면서 친분을 맺은 것이다. 그런데 1491년, 이미 왕위에 올라 있던 샤를 8세가 마침 사망한 브르타뉴 공의 영토를 얻을 욕심에 마르가레트와 일방적으로 파혼하고, 브르타뉴 공의 무남독녀 안과 결혼해 버린다. 프랑스 왕비가 될 날만 꿈꾸며 프랑스에서 8년여를 살아온 마르가레트에게는 청천벽력이었다. 게다가 안은 본래 마르가레트의 아버지, 막시밀리안 황제와 약혼해 있었으므로, 그녀의 약혼자는 예비 장인까지 모욕한 셈이었다. 분노로 치를 떨면서 그녀는 파리를 떠났으며, 이후 프랑스에 대해 악감정을 갖고 살게 되었다.

"그렇기는 그렇지. 하지만 죽고 죽이고 불태우고 강간하고 하는 전쟁은 뭐든 나쁘다고 봐. 아주 싫어해! 자랑스러운 우리 조카이지만, 황제께서 교황님의 로마에까지 그런 짓을 허용하신 일은 정말 안타깝고, 수치스럽게 생각해."

"그랬구나! 나도 우리 아들이 마드리드에서 돌아왔을 때는 기쁘기만 했어. 그렇지만 엄숙한 맹세를 해서 풀려나놓고 파리에 입성하자마자 '저 가증스러운 샤를(칼 5세)! 반드시 복수하고 말리라!' 하고 미친 사람처럼 외치는 걸 보고서는 이해가 안 되더라. 왜 그렇게까지 해야 하지?"

"맹세를 헌신짝 취급하는 건 혈통 아냐? 나에게 있어서의 '저 가증스러운 샤를'도 그랬잖아."

"그럴 리가. 우리 아들은 샤를 8세의 적통이 아닌걸."

두 여성은 웃음을 터뜨렸다. 조마조마하게 보고 있던 양측의 배석자들은 그제야 가슴을 쓸어내렸다.

"아무튼 남자들은 이해가 안 돼. 아주 미쳤나봐. 이미 넓은 땅을 지배하고, 부족한 것 없이 다 누리고 살면서 왜 더, 더, 더 많은 땅을 가지려고만 하지?"

"그 땅을 가지려는 욕심에 다른 귀중한 것들을 헌신짝 버리듯 하고 말이야. 신앙이고, 사랑이고, 국민의 목숨이고."

"내 생각도 같아…! 정말 오랜만에 우리가 이렇게 이야기를 나누니까 정말 좋다."

"방금 전에 한바탕 스트레스도 풀었고…"

"후후후."

"호호호."

"그러면 사적인 정담은 이따가 하기로 하고, 지금은 이 자리에 우리를 떠밀어낸 저 남자들의 입장을 대표해서, 공적 협상을 시작해볼까?"

이렇게 그녀들은 협상에 들어갔다. 중간 중간에 법적인 문제 등등을 주위의 배석자들이 자문해주었다. 아무래도 프랑스가 크게 불리한 입장이었으므로 큰 손해를 각오해야 했다. 따라서 지기 싫어하는 프랑수아가 협상장에 나왔다면 며칠 밤을 새도 끝나지 않았겠지만, 두 여성은 오랜 친구였다. 게다가 사내들의 영토 욕심도 공유하지 않았으며, 많은 세월을 살며 인생의 쓴맛과 단맛을 알고 있는. 아니 같은 나이의 남자들보다도, 더 잘 이해하고 있었다. 그리하여 협상은 물 흐르듯 진행되었으며, 다음과 같은 원칙이 합의되었다.

첫째, 프랑스는 신성로마제국의 이탈리아에서의 우위를 인정한다.
프랑스는 플랑드르, 아루투아, 투르네를 독일에 할양하며, 프랑수아의 왕자들의 몸값으로 2백만 에퀴의 배상금을 낸다.
둘째, 독일은 몸값을 받고 프랑수아의 왕자들을 송환하며, 부르고뉴를 비롯한 프랑스 점령지에서 물러난다.
이 합의를 공고히 하기 위해, 프랑수아 1세와 칼 5세의 여동생 엘레오노르가, 그리고 사보이의 루이스의 딸인 마르그리트 드 나바르와 칼 5세가 결혼하도록 한다.

이런 원칙을 바탕으로 뒤에 도착한 국왕들과 대신들이 8월 3일에 최종 체결한 것이 캉브레 조약이다. 두 여성의 현명한 판단으로 이루어진 조약이라 하여, 이를 '귀부인들의 평화(Paix des Dames)'라고 부르기도 한다. 비록 그 서막은 '귀부인들의 싸움'이었으나…. 적의를 심장 깊숙이 감춘 채 입으로는 '나의 주인' '나의 형제'를 연발하며 위선을 떨었던 프랑수아와 칼보다 적대감과 스트레스를 한바탕 몸싸움으로 풀어버린 마르가레트, 루이스가 더 솔직했으며, 의미 있는 담판을 지은 셈이 아닐까?

전쟁은 이후에도 두어 차례 더 일어났으나, 캉브레 조약 이전처럼 대규모이자 격렬한 방식은 아니었다. 정략결혼의 당사자로 '필생의 라이벌' 집안으로 시집 간 엘레오노르와 마르그리트도 툭하면 싸움에 나서려는 배우자들을 잘 설득하고 무마시켰다. 결국 자존심과 야심에 눈이 어두워, 진리도 신의도 팽개친 채 진흙탕 싸움을 거듭해온 남자들을 보다 못한 여자들이 나서서 뒷수습을 해준 셈이었다. 그리고 오늘을 사는 우리가 배울 만한 점은, 협상이란 때로는 본심을 아주 적나라하게 털어놓고 시작하는 게 도움이 될 수도 있다는 점이다. 상당히 드문 경우라고 하겠지만.

제8장

이탈리아 통일을 위하여,
테아노 회담과 플롱비에르 밀약

햇빛이 눈부시게 쏟아지는 어느 가을날,

말을 탄 두 사람이 서로를 향해 나아가고 있었다. 한 사람은 말끔한 제복 정장에 금빛 찬란한 훈장을 주렁주렁 매달았고, 흰 얼굴은 도도하면서도 다소 긴장된 표정이었다. 다른 사람은 검게 그을린 얼굴빛에 표정은 담담했고, 낡고 초라한 군복 안쪽에 붉은 셔츠가 내비쳤다. 그들을 태운 말들의 발걸음은 마치 이런 장면을 여러 차례 연습했다는 듯, 다그닥다그닥, 느리지도 빠르지도 않게 일직선으로 다가들었다.

마침내 두 마리의 말이 서로를 교차해 지나갈 때, 두 승마자는 동시에 말고삐를 쥐었다. 말이 그 자리에 서고, 두 사람이 말 등 위에서 서로 마주 보게 되자, 순간 세계가 숨을 멈춘 듯했다. 사실은 양 진영에서 그들을 눈이 빠지도록 보고 있던 사람들의 숨이었다. 그들은 군복을 입은 남자가 모자를 천천히 벗어 가슴에 대는 모습을 보았다.

"폐하, 여기서 폐하를 오래 기다렸습니다."

무표정한 듯해도 긴장이 역력했던 제복의 남자. 그의 표정이 순식간에 풀어졌다. 그리고 팔이 뻗어 나와, 군복 남자의 어깨를 잡았다.

"그대의 노고에 이루 말할 수 없이 감사하오."

그리고 악수. 얼굴에는 미소.

잠시 뒤, 두 사람의 말머리는 나란해졌다. 이제 두 마리의 말은 나직한 소리로 담소를 나누는 주인들을 태운 채, 역시 느리지도 빠르지도 않게 군복 남자가 말을 타고 온 쪽으로 걸음을 내디뎠다. 그리고 양쪽 진영에서 지르는 환호 소리가, 1860년 10월 26일, 이탈리아 남부의 작은 도시인 테아노의 푸른 하늘을 뒤흔들었다.

이탈리아라고? 그게 뭔데?

'천인대'의 대장, 주세페 가리발디와 사르디니아-피에몬테 왕국의 왕, 비토리오 에마누엘레 2세의 '테아노 회동'은 근대 이탈리아 통일사에서 하이라이트라고 할 수 있는 극적 장면이다. 그래서 이를 그린 화가들의 그림은 숱하게 남아있다. 가리발디가 모자를 있는 힘껏 치켜들며 비토리오 에마누엘레를 마치 '오빠부대'처럼 열렬히 환영하는 듯한 그림도 있고, 반대로 왕이 가리발디를 존경의 눈으로 바라보며 경례를 붙이고 있는 그림도 있다. 두 사람이 음모라도 꾸미듯 손을 맞잡은 채 서로를 향해 고개를 숙이고 뭐라고 이야기하는 듯한 그림도 있다.

아무튼 실제로 두 사람은 말 위에서 인사를 나눴고, 함께 말을 타고 테아노의 천인대 본영으로 들어가는 동안 이런저런 이야기를 나누었다. 그 이야기가 구체적으로 어떠했는지는 잘 알려져 있지 않다. 그러나 분명, 마냥 화기애애한 환담만은 아니었을 것이다. 가리발디의 입장에서 볼 때 그는 그 순간까지 여러 차례 큰 양보를 해왔는데, 비토리오 에마누엘레는 그에게 다시 한 번 양보하라는 말을 품은 채 테아노로 왔기 때문이다.

[8-1] 1866년 무렵의 주세페 가리발디(Giuseppe Garibaldi, 1807–1882). 출처 위키미디어

가리발디는 천인대와 함께 지난 석 달 동안 이탈리아 남부를 휘젓고 다녔다. 그래서 많은 사람들의 예상을 뒤엎고, 그 지역을 평정하여 '임시' 독재관으로 통치하고 있었다. 일단 그의 '주군'인 비토리오 에마누엘레는 이탈리아 북서부의 사르디니아-피에몬테의 세습 군주였는데, 물려받은 땅에만 만족하지 않고 주변의 공국들을 차례로 병합하여 북부 이탈리아 전역에 군림하고자 했다.

그들의 뜻과 성격과 행동방식은 차이점이 많았다. 그러나 일치하는 것이 있다면 그것은 꿈. 실로 오랫동안 갈라져 지내온 이탈리아, 워낙 오래 갈라져 있어서 일반 대중은 '이탈리아? 그게 뭐지?' 하고 묻는 게 흔할 정도였던 이탈리아를 하나의 나라로 묶는다는 꿈이었다.

이탈리아, 그게 무엇일까? 사실 뭐라고 이야기하기 힘들었다. 고대 로마가 이탈리아 반도를 통일했으나, 곧바로 다른 지역으로도 손을 뻗쳤다. 서로마 멸망 뒤로는 역대 교황이 수백 년 동안 '이탈리아 출신'으로 한정되고, 프랑크 제국이 베르됭 조약으로 삼분된 직후 이탈리아 반도에 해당되는 땅이 한동안 하나로 묶이기는 했지만 결정적인 국가적 정체성을 뒷받침하지는 못했다. 오랜 세월 동안 북부 이탈리아는 프랑스와 독일의 침략과 지배를 겪고, 중부는 교황령으로 묶이고, 남부는 동로마, 노르만, 아랍, 프랑스, 에스파냐, 영국 출신의 지배자들이 뻔질나게 드나들었다. 외세의 지배가 없어도 이탈리아 반도 위의 수십 개 도시국가들은 각자의 번영만 추구하며 춘추전국시대를 이루어, 앞서의 이야기에서처럼 베네치아가 프랑스와 손잡고 교황령과 싸우거나, 페라라를 지배하고자 밀라노와 제노바가 겨루는 등의 일이 흔해 '하나의 이탈리아'라는 개념은 좀처럼 갖기 어려웠다. 1527년의 '로마 약탈'만 해도, 야만적인 만행을 저지른 독일 용병대의 태반은 이탈리아 출신이었다.

그러나 언어, 관습, 인종상의 공통점. 그리고 통일된 대국을 이루지 못한 탓에 오랫동안 겪어야 했던 침략과 혼란에 대한 넌덜머리가 사람들의 가슴 한편에 통일 이탈리아에 대한 꿈을 키워나갔다. 1513년에 나온 마키아벨리의 『군주론』은 다음과 같이 이탈리아를 하나로 만들 지도자에의 열망을 그리면서 끝난다.

"이탈리아가 그토록 오랫동안 갈망해온 구원자를 만나려면, 이 기회는 반드시 놓쳐서 안 됩니다. 저는 그만 벅찬 가슴을 억누를 수 없습니다. 그날이 오면, 이 땅을 마음대로 유린해온 이방인들에게 갖은 고초를 겪어온 이탈리아의 곳곳에서, 사람들은 얼마나 큰 흠모의 정으로, 얼마나 큰 복수의 열망으로, 얼마나 강건한 믿음으로, 얼마나 큰 충성심, 얼마나 많이 넘쳐흐르는 눈물로, 구원자를 맞이할까요!"

메디치 가문에 걸었던 마키아벨리의 그런 기대는 허무하게 무산되었으나, 꿈은 사라지지 않았다. 특히 18세기 말, 이웃 프랑스에서 혁명이 일어나고, "군주나 귀족이 아니라 이 땅에 사는 모두의, 결코 나뉠 수 없는 공화국"이라는 구호 아래 새로운 애국주의-민족주의가 일어나자 알프스 남쪽의 반도 땅에서도 가슴이 뜨거워지는 사람들이 많이 나타났다.

이어서 나폴레옹이 등장했다. 사실 코르시카 섬 출신 이탈리아계였던 그는 알프스를 넘어 이탈리아에 원정, 롬바르디아를 지배하고 있던 오스트리아를 물리치고 치살피나(알프스 남쪽)라는 공화국을 세움으로서 '이탈리아의 해방자'라는 칭송을 들었다. 그러나 그는 베네치아를 점령하고 오스트리아와의 거래를 통해 이 유서 깊은 공화국을 베네치아에 넘겨줌으로써 이탈리아 민족주의자들에게 큰 실망을 안기기도 했다. 그러나 나폴레옹은 치살피나를 '이탈리아 왕국'으로 개명해 프랑스의 위성국 가처럼 만들고, 나폴리는 자신의 형에게, 나중에는 처남에게 주었으며, 어렵사리 얻은 아들에게는 '로마 왕'이라는 칭호를 부여하는 등 '이탈리아는 나폴레옹의 땅이며, 하나의 땅'이라는 개념을 실현하려는 집착을 보였다. 그의 권좌가 오래 지나지 않아 허물어짐으로써 이는 다 헛꿈이 되었으나, 어쨌든 지 이는 마키아벨리의 생각처럼 '하나의 군주 아래 통일된 이탈리아'가 실현될 가능성을 보여준 셈이었다.

[8-2] 플롱비에르 밀약 당시 나폴레옹 3세. 1863년 프란츠 자베르 빈터할터(Franz Xaver Winterhalter) 작품. 출처 위키미디아

통일 이탈리아의 가능성에 고무된 사람들이 하나의 집단을 이루어 행동에 나섰으니 '카르보나리 당'이 그것이다. 1806년 시작된 이 단체는 1820년, 나폴레옹 세력이 제거된 뒤 '반혁명과 구질서 복원'이라는 구호 아래 나폴리에 부르봉 왕가를 복원한 빈 체제에 대항하여 '나폴리 혁명'을 일으킨다. 이 혁명은 한때 성공하여 입헌주의 체제가 세워졌지만 오스트리아군에 의해 분쇄되고, 이어 1821년 일어난 사르디니아-피에몬테의 혁명도 오스트리아군의 장화에 짓밟힌다. 카르보나리 당 자체가 대중에 확실히 뿌리내리지 못한데다 이탈리아 통일방안도 연방제와 중앙집권제로 나뉘고, 정부형태도 공화제와 입헌군주제 사이에서 오락가락하는 등 새로운 시대를 열어갈 주체로서 결집력이 부족했기 때문이다. 그러나 이 19세기 초의 카르보나리 운동 가운데서 19세기 중반 이후 이탈리아의 부흥-통일 운동 즉 '리소르지멘토'를 이끌어갈 씨앗이 뿌려진다. 그로부터 '이탈리아는 통일되는 게 옳으며, 그 최대의 걸림돌은 오스트리아다'라는 인식, 피에몬테 혁명의 영웅이자 희생자였던 카를로 알베르토 왕 덕분에 생긴 사르디니아-피에몬테의 역할에 대한 기대, 피에몬테 혁명을 보고 깊은 감명을 받고 훗날 리소르지멘토의 최대 지도자 중 하나가 되는 주세페 마치니, 그리고 불우한 처지를 보내던 중 카르보나리 당에 동조해 한때 활동했던, 그리고 훗날 프랑스의 지배자가 되는 루이 나폴레옹 등이 나왔다.

나폴레옹 3세와 카보우르

"그 나폴레옹이, 교황령에 대해서는 어떻게 나올까요?"

말머리를 나란히 하고 가던 가리발디가 비토리오 에마누엘레에게 나직하게 물었다.

"으음. 그는 가톨릭의 보호자라는 알량한 이름을 아직 포기 못한 것 같소. 그렇지만 현실을 모르는 몽상가도 아니니…"

가볍게 고개를 끄덕이는 피에몬테 왕의 대답. 카르보나리 운동 시절에는 대책 없는 빈털터리 망명객이었던 루이 나폴레옹은 프랑스 대중의 나폴레옹 향수에다 주요 정치 진영들 사이의 대립에서 취한 어부지리 덕에 1848년 프랑스 대통령에 당선되었다. 제2공화정의 대통령은 막강한 자리였으나 성에 차지 않았던 그는 나폴레옹의 뒤를 따라 쿠데타를 감행, 1852년에 황제위에 올라 나폴레옹 3세라고 자처해왔다(2세의 이름은 황권을 쥔 적이 한 번도 없이 갇혀 지내다 죽은 로마 왕, 나폴레옹의 외아들에게 돌렸다).

나폴레옹의 이름과 함께 그 노선을 계승하려고 했던 그는 이탈리아에 대해서도 늘 관심을 놓지 않았다. 1849년에는 그 관심이 행동으로 표출되었는데, 많은 이탈리아인들의 희망과는 반대 방향이었다. 토스카나 지방에서의 반 오스트리아 소요에 이어 로마에서의 정정 불안으로 교황 피우스 9세가 망명해버리자, 그 틈을 타서 마치니가 이끄는 공화주의자들이 로마를 접수하고 '로마 공화국'을 선포했다. 이는 국제적인 핫이슈가 되었는데, 루이 나폴레옹은 처음에는 중립적 입장에서 교황과 공화정부를 중재한다 했으나, 얼마 뒤 '가톨릭의 보호'를 명분으로 교황의 복권을 선언하고는 반발하는 공화정을 힘으로 무너뜨린 것이다. 마치니는 간신히 로마에서 달아났으며, 가리발디도 그 틈에 끼어 있었다. 카를로 알베르토도 퇴위하고, 왕위를 아들인 비토리오 에마누엘레에게 넘겼다.

왕년의 카르보나리 지지자이자 어찌 됐든 이탈리아에 공화적 질서를 수립

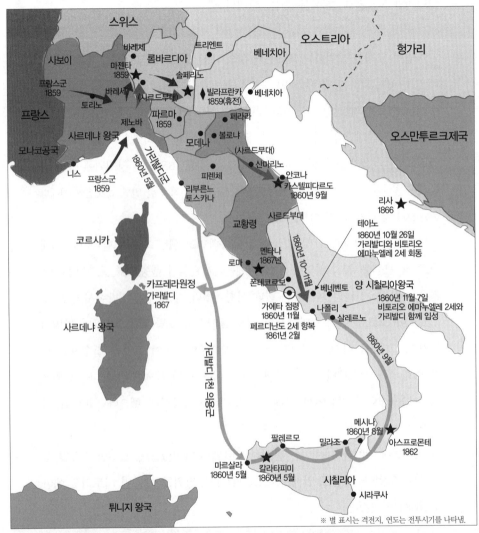

[8-3] 1860년대 말 통일 이탈리아 등장 시기 이탈리아 반도 형세와 가리발디의 활약상

하려 했던 나폴레옹의 이름을 쓰는 자가 저지른 일에 분을 주체하지 못하던 마치니파는 마침내 과격한 수단으로 보복하려 했다. 1858년 1월 14일 펠리체 오르시니(Felice Orsini)가 나폴레옹 3세가 탄 마차에 폭탄을 던진 것이다. 황제는 무사했으나, 이것은 프랑스와 이탈리아 민족주의자들 사이에 돌아오지 못할 골을 파놓은 사건처럼 보였다. 하지만 오히려 일은 그 반대로 흘러갔는데, 거기에는 카보우르라고 하는 인물의 공로가 컸다.

"그러고 보니, 카보우르 수상께서는 평안하신지요?"

막 생각났다는 듯한 가리발디의 질문에, 비토리오 에마누엘레는 소리 내서 대답을 하지 않고 고개만 끄덕였다. 그는 두 사람이 내내 좋지 못한 관계였음을 너무도 잘 알았다.

사르디니아의 수도 토리노의 귀족 가문에서 태어난 카밀로 카보우르는 젊은 시절 이탈리아 통일의 꿈을 품었고, 그 주체가 사보이 왕가의 사르디니아-피에몬테가 되어야 한다고 생각했다. 그래서 『리소르지멘토』라는 신문을 창간해 훗날 이탈리아 통일운동을 상징하는 말이 '리소르지멘토(부활)'가 되는 계기도 마련했다. 그러나 그는 뜨거운 가슴 이상으로 차가운 머리의 소유자였다. 적어도 당대에는 이탈리아 전체의 통일은 어려우며, 사르디니아를 중심으로 북이탈리아를 통일하는 것이 최선이라고 본 것이다. 그렇게 볼 때 마치니와 그의 '청년 이탈리아 당'은 너무 이상주의적이고, 과격하며, 어디로 튈지 모르기 때문에 그들의 목소리가 지나치게 높아지는 일은 좋지 않다고 여겼다. 따라서 그가 의원, 장관을 거쳐 1849년부터 피에몬테의 수상을 지내는 동안 마치니와, 한동안 그의 추종자였던 가리발디와는 엇박자가 잇달았다.

[8-4] 플롱비에르 밀약 당시 카밀로 카보우르
(Camillo Benso Conte di Cavour, 1810~1861)
피에몬테 수상. 1864년 프란체스코 하이예즈
(Francesco Hayez) 그림. 출처 위키미디아

그는 특히 가리발디의 미칠 듯한 분노를 사게 되는데, 그것은 바로 나폴레옹 3세를 반 리소르지멘토에서 반대의 길로 돌려놓은, 그의 최대의 외교적 공헌의 과정에서 나왔다. 오르시니의 폭탄에 죽을 뻔한 나폴레옹에게 카보우르는 '그러니까 이탈리아 문제를 마치 빈의 꼴통들처럼 취급해서는 안 됩니다! 리소르지멘토의 힘이 되어 주시는 게 폐하나 폐하의 나라에 더 이익입니다'라고 꾸준히 설득했다. 그 노력이 결실을 맺어, 1858년 7월 20일 프랑스 플롱비에르(Plombières)의 한 호텔에서 극비 회담이 열리게 된다. 카보우르가 '사적인 여행 도중' '마침 휴가를 즐기고 있던' 나폴레옹 3세를 예방하는 형태로 이루어진 이 회담은 1860년 10월 26일 '테아노의 악수'(Handshake of Teano)와 더불어 이탈리아 통일에 결정적인 계기를 제공한 역사적 담판이었다.

그랜드 호텔 방의 안락의자에 다리를 꼬고 앉아, 눈을 가늘게 뜬 채로 콧수염을 배배 꼬고 있는 나폴레옹 3세. 그는 대 나폴레옹과는 닮은 점이 좀처럼 없어 보였다. 길고 처진 눈, 족제비 수염처럼 뻗친 콧수염, 염소수염 닮은 턱수염 등등. 교활하면서도 어리숙해 보이고, 몽상가의 뜬구름 잡는 눈과 냉혹한 권력자의 입매가 한데 어우러진 그는 나폴레옹의 피를 직접 받지는 않았으며, 그의 첫째 황후 조세핀이 나폴레옹과의 결혼 전에 낳은 딸과 나폴레옹 동생의 소생(그나마 친아들이 아니라는 소문이 무성했다)이었으므로 언제나 스스로를 나폴레옹이라 했으나 어딜 가도 '짝퉁'이라는 손가락질에서 벗어날 수 없는 처지였다.

그러나 그런 콤플렉스가 그에게 나폴레옹 1세 이상의 위업을 꿈꾸게 하고, 이탈리아에 연연하도록 만들고 있었다. 그는 이 자리에 나오기까지도 자신이 어떤 입장을 취해야 가장 득이 될지 판단을 세우지 못하고 있었다. 피에몬테의 야심을 돕고 그 대가로 북이탈리아에 든든한 지반을 마련할 것인가? 교황과 오스트리아의 편이 되어 이탈리아인들이 들끓을 때마다 '중재'를 함으로써 그들의 감사와 대가를 받아낼 것인가?

그가 신임하는 학자인 코노(Henri Conneau)를 특사 삼아 카보우르와 협상하게 했지만, 입장이 부딪치는 부분이 너무 커서 좀처럼 타결되지 않았다. 그렇지만 이탈리아에서 프랑스의, 아니 자신의 입지를 강력히 세우고 싶은 욕망은 '폐하와 직접 이야기하고 싶다'는 카보우르의 간청을 받아들이도록 했다.

그의 건너편에 침착하게 앉아 있는 카보우르는 얼핏 보면 은행가나 학자 같은 인상이었다. 적당히 살찐 몸에 단정하게 감싼 감색 양복은 중후해 보였고, 풍성한 구레나룻과 넓은 이마, 그리고 안경 속에서 반짝이는 눈빛은 공손하고 온화하면서도 날카로운 일면을 엿보게 해주었다.

"황제 폐하, 건강은 무탈하십니까?"

"음, 아주 좋소. 여기 플롱비에르의 온천에 며칠 몸을 담갔더니 아주 거뜬해지고, 몇 년은 젊어진 듯한 기분이오. 파리에서 온갖 잡다한 일에 얽매여 있을 때는 한 달에 1년씩 늙어가는 듯했는데 말이오. 그래서 나는 해마다 반드시 여기를 찾는다오."

"참으로 다행입니다. 만일 피로에 지치셨다면, 폐하께 간곡한 말씀을 드리기도 죄송스러웠을 텐데요."

"그러게 말이오. 백작도 그렇게 팔팔해 보이시지는 않은데, 온천욕을 해보시오. 몸만이 아니라 마음까지 위로가 된다오. 가령 살해당할 뻔했을 때의 놀란 마음까지 가벼워지지."

나폴레옹이 은근히 비꼬고 있음을 알아차린 카보우르는 그 일을 모른 체하기보다 정면으로 맞받았다.

"다친 마음의 건강을 회복할 좋은 방법을 알고 계시니, 참으로 지혜로우십니다. 그렇지만 더 지혜로우시다면 마음이 놀라지 않도록 예방을 하겠지요."

오르시니의 암살 시도와 같은 일이 반복되지 않도록 하라는 충고에 나폴레옹은 눈썹을 찌그러트렸다.

"지금 그 폭도의 행동을 두둔하며, 짐을 협박하는 것이오?"
"이런! 당치 않으신 말씀이십니다."

카보우르는 고개를 가볍게 숙이며 의자 팔걸이를 손가락으로 만지작거렸다.

"활활 타오르는 땡볕이라면 어떨까요? 바깥나들이를 하지 않는 편이 지혜롭겠지요. 반드시 나가야만 할 일이 있다면, 모자며 양산이며 손수건 따위를 제대로 챙겨 가야만 어리석게 열사병에 걸리는 일이 없겠지요. 지금 이탈리아는 말 그대로 활활 타오르고 있습니다. 폐하, 저는 보수적인 사람입니다. 이성과 상식에 따라 정치를 하고 싶어 하죠. 그러나 지금의 이탈리아인들에게는 이성이나 상식이 통하지 않습니다. 통일과 자유의 이상에 걸림돌이 된다 싶으면, 그가 왕이든 교황이든 외국의 황제이든 저주를 멈추지 않을 겁니다."

"호, 이탈리아인이라, 짐이 귀하의 나라에서 지낼 때는 그런 이야기를 하는 사람이 별로 없었는데…? 그동안 분위기가 많이 바뀐 모양이구려."

"그렇습니다. 뭐든 바뀔 때가 되면 바뀌기 마련이죠. 저는 방금 말씀드린 대로 보수적인 사람입니다만, 바뀌어야 할 때인데 억지로 바꾸지 않으려 애쓰다가는 자멸하고 만다는 이치도 알고 있습니다. 지금 변화를 바라는 이탈리아인들을 막아서기보다, 그 변화가 좋은 방향으로 이루어지도록 잘 물꼬를 터주는 게 이치에 맞을 겁니다. 그 점에서 폐하는 큰 기회를 얻으신 것이고요."

"흠… 기회라…"

슬슬 꼬던 수염을 한 바퀴 더 힘껏 꼬면서 나폴레옹이 중얼거렸다. 그런 그에게 카보우르는 사르디니아의 편에 서 주기만 하면 온갖 보상을 다 해드리겠다, 사르디니아는 북이탈리아를 지배하고, 프랑스는 사실상 사르디니아를 통해 북이탈리아를 지배하는 셈이 될 것이라며 설득에 설득을 거듭했다.

"좋아요. 좋아. 그런즉슨 우리 군대가 귀국과 힘을 합쳐 오스트리아를 공격하자는 말씀 아니오?"

말없이 듣고만 있던 나폴레옹이 이렇게 묻자, 카보우르는 천만의 말씀이라는 듯 두 손을 번쩍 들더니, 이렇게 대답했다.

"아닙니다! 언감생심 어찌 그런 은혜를 바라겠습니까? 오스트리아와의 싸움은 우리가 다 알아서 하겠습니다. 폐하께서는 그냥 우리 뒤만 봐주시면 되는 것이지요."

그 말에 비로소 약간, 아주 약간 흥미를 띤 눈빛으로 카보우르를 쳐다보는 나폴레옹. 그는 정말 그것만으로 되셌느냐며 다시 한 번 따져물었다.

"정말입니다. 다만 저희 전쟁이 끝났을 때, 외교적 수습이랄까, 그런 일에 나서 주시면 감사하겠습니다."

나폴레옹의 끝없는 욕심

나폴레옹은 수염을 꼬았다. 그 정도라면 아주 좋은 조건일 수밖에 없었다. 오스트리아와 직접 싸우게 되면 그 자체로도 부담이지만, 프랑스가 이탈리아를 삼키려는 야욕이 있다는 인식을 전 유럽에 심어줌으로써 영국, 프로이센, 에스파냐 등의 맹렬한 견제를 받을 것이다. 자칫하면 대 나폴레옹 때처럼 또 한 번의 '대프랑스 동맹'이 맺어질지도 모른다. 그러나 직접 싸우지 않는다면? 피에몬테가 이기면 생색을 내고, 지면 모르는 체해버리면 그만이다. 외교적 수습이라는 걸 통해서 이탈리아 문제는 나폴레옹에게 물어야 한다는 인식을 심을 수도 있다.

그러나 그것만으로는 성에 차지 않지, 나폴레옹은 생각했다. 이 자들이 그토록 나를 필요로 하고 있다면야, 외교적으로 입지가 좋아지는 정도로 끝낼 수야 없지!

"좋소. 짐은 결정했소! 우리 프랑스는 오스트리아와의 전쟁에서 사르디니아를 전폭적으로 지원하기로."

카보우르의 안경 너머로 기쁨의 눈빛이 채 떠오르기도 전에, 프랑스 황제는 바쁘게 말을 이었다.

"다만, 그 전쟁이 혁명을 부추기는 성격이 되지는 말아야 하오."

이건 무슨 소리인가? 카보우르는 자기도 모르게 안경을 만지작거렸다. 빈 회의 이래 유럽의 정치 규범은 '혁명 반대'였다. 구질서를 유지하고, 또 다시 나폴레옹 1세 같은 난폭자가 나오지 않고, 신민들이 각자의 정부에 충성하도록 하는 게 최선이라는 것이었다. 그러나 그것을 정면으로 위반한 것이 이 루이 나폴레옹의 존재가 아닌가. 빈 체제의 허약함을 비웃기라도 하듯 일어난 프랑스 7월 혁명과 2월 혁명을 기회로 제2제정을 열고 '듣보잡 왕조'를 건설한 장본인이 아닌가.

나폴레옹 3세의 뜻은 결국 그런 진부한 일반론이 아니라, 전쟁을 기폭제 삼아 토스카나, 파르마, 모데나 등 북부 이탈리아의 민족주의자-자유주의자들이 봉기하여 통치자들을 내쫓고 '사르디니아와 하나가 되자'는 움직임이 일어나서는 안 된다는 것이었다.

"또한, 외교적 견지에서 정당화될 수 있어야 하오."

또 있어? 카보우르는 눈살이 찌푸려지는 것을 간신히 참았다. 말하자면, 이 전쟁이 국제질서의 변동을 목표로 하는 것이라는 인식을 런던과 상트페테르부르크에 심어주지 말아야 한다는 것이로군. 젠장!

"뿐만 아니라, 우리 프랑스 국민 여론에, 또한 유럽의 여론에 부합해야만 할 것이오."

카보우르는 의자에 깊숙이 몸을 기댔다. 하다하다 이젠 여론까진가? 나폴레옹의 세 가지 조건을 종합해보면, 전쟁은 사르디니아가 먼저 걸 수는 없었다. '오스트리아가 미친 듯 도발해온다. 정말 할 수 없이 사르디니아는 무기를 들었다'는 형식이 되어야만 했다. 그리고 그 전쟁의 결과, 사르디니아가 북이탈리아를 병합해서는 안 되었다.

이렇게 되면 사르디니아가 프랑스와 동맹을 맺을 이유가 하나도 없어진다. 오스트리아가 언제 도발해올 줄 알고 기다린단 말인가, 그리고 북이탈리아를 차지하지 못할 바에야 전쟁은 무엇 때문에 한단 말인가? 분을 간신히 참고 있는 카보우르를 놀리듯, 나폴레옹은 '원칙상 그래야 한다는 것이오' 하며 함께 머리를 맞대고 이 원칙에서 여지를 찾아내보자고 제안했다. 결국 오전 시간을 다 채워버린 회담은 점심을 먹고 좀 쉰 다음, 오후 네 시에 속개하기로 했다.

"당시 카보우르 수상이 내게 보낸 편지를 보면, 그 인간을 상대하는 게 얼마나 힘든 일이었던지 생생하게 느낄 수 있다오."

테아노 회동을 이야기하며 비토리오 에마누엘레가 가리발디에게 카보우르 칭찬을 침이 마르게 하는 중이었다. 가리발디는 고개를 끄덕이며 듣고 있다가, 한 마디 거들었다.

"그때, 결국 협상을 따내서 그 결과 벌인 전쟁에 저도 참전했었지요."
"그랬지, 그랬지! 나도 잘 기억하고 있소. 알프스의 사냥꾼인가 하는 의용대를 이끌었지? 나폴레옹의 말도 안 되는 원칙과 되도록 충돌하지 않는 전쟁 사유를 찾느라 수상이 아주 수고했다고 합디다."

그랬다. 오후 시간 내내 프랑스 황제와 피에몬테 수상은 '전쟁 명분'을 놓고 말싸움을 벌였다. 카보우르가 '오스트리아는 저번에 맺은 무역 협정을 은근슬쩍 지키지 않고 있다'고 하자, 나폴레옹은 코웃음을 치며 '그 정도 가지고 전쟁을 벌인다면 전 유럽이 납득하지 못할 거요'라고 대답했다. '오스트리아군이 롬바르디아와 로마 등에 일부 주둔하고 있다. 이것은 명백한 적대행위가 아닌가' 하는 말에는 정색하며 '우리 프랑스도 그렇게 하고 있음을 잊으셨소? 요즘 같은 때 평화 유지를 위해서는 어쩔 수가 없는 일 아니오'라고 쏘아붙였다.
결국 열이 뻗친 카보우르는 이탈리아의 대형 지도를 가져오도록 했다. 지도를 펼쳐놓고 어느 곳에서 적절한 명분을 끌어낼 수 있을지 찾느라, 두 사람의 손가락이 반도의 아래위를 훑고 또 훑었다.

"폐하, 그렇다면 여기가 어떻습니까? 마사와 카라라!"
"흠…! 마사와 카라라란 말이지요…"

마사, 그리고 카라라라고 엮어서 부르는 곳은 토스카나의 작은 고을로, 사르디니아-피에몬테령에 바로 붙어 있는 땅이었다. 이곳은 당시 모데나 공국에 소속되어 있었는데, 그 소속의 근거가 좀 복잡했다. 모데나 공 프란체스코 4세는 본래 모데나의 일부가 아니던 이 마사-카라라를 어머니인 마리아 베아트리체가 사망할 때 물려받았다. 그런 식의 영토 추가는 유럽에서 늘 있어온 일로 별 문제가 없었다. 그런데 모데나는 빈 회의에서 나폴레옹 전쟁을 정리하던 당시 오스트리아의 주권을 따르기로 결정했고(프란체스코 4세 자신과 부인 모두 오스트리아 황가의 피가 섞였으므로 자연스러운 결정이었다), 그렇게 보면 비록 작은 땅이지만 오스트리아가 빈 회의의 결정과는 별도로 이탈리아의 땅을 차지한 셈이 되었다. 따라서 쟁점이 될 만했다. 더군다나 프란체스코 4세는 그때까지 나폴레옹 3세의 즉위를 승인하지 않고 있었으므로, 여러 가지로 시비를 따질 거리가 되었다.

그리하여 담판이 타결되자마자 카보우르는 마사-카라라 주민을 은밀히 선동하여 '사르디니아로의 합병을 원한다!'는 운동을 벌이도록 했다. 나폴레옹 3세가 내건 전쟁의 3대 조건과는 상반되는 일이었으나, 나폴레옹 스스로가 그런 공작을 부추겨 벌어진 일이었다. 당연히 모데나의 프란체스코와 오스트리아는 격분했고, 비토리오 에마누엘레가 공식적으로 합병에 동의하지는 않았지만 '에이 뭐 이런 걸 다' 투로 나오자, 더 공격적인 반응을 보였다. 그래서 1859년 4월, 사르디니아가 오스트리아의 공격적 태도를 문제삼으며 '자체 방어를 위해' 마사를 무력으로 병합하자 마침내 전쟁이 벌어진다. 훗날 '이탈리아 해방전쟁'이라고 불리게 될 전쟁이었다.

"치열한 전쟁이었죠. 저희 부대는 알프스 산자락에 살다가 뛰쳐나온 의용군인지라, 열악한 장비와 훈련 수준이었습니다. 그래도 있는 힘껏 싸워 승리에 힘을 보탰습니다."

"그랬소! 그대는 마치니 공과는 달리, 공화주의자이자 연방주의자이면서도 이탈리아 통일을 실현하려면 우리 사르디니아와 사보이 왕가를 따르는 게 최선이라 여겼소. 그래서 우리와 함께 싸우고, 우리 지휘부의 통제를 받았지요. 정말로 감사한 일이오."

"그러나 그 결과, 저는 개인적으로 큰 슬픔을 맛보아야 했습니다. 카보우르 수상께서 플롱비에르에서 나누신 말씀에 따라."

"아? 음…. 니차 말씀을 하시는 것이오?"

니차(Nizza)란 지금 프랑스의 니스(Nice)다. 지중해의 휴양지로 유명한 이곳은 본래 이탈리아 땅으로, 사르디니아-피에몬테에 속해 있었다. 바로 가리발디가 태어나 자란 고향이기도 하다. 그런데 이 땅이 플롱비에르 밀약의 결과 프랑스로 넘어가게 된 것이다.

처음부터 니차가 프랑스에게 넘어가기로 되어 있지는 않았다. 하루 종일 걸리다시피 한 밀담 결과, 나폴레옹 3세와 카보우르는 다음과 같은 5개 항에 합의했다.

첫째, 오스트리아와의 전쟁은 사르디니아-피에몬테가 맡으며, 이 전쟁에 관련한 국제 관계와 전쟁의 확대 방지 노력은 주로 프랑스가 담당한다.

둘째, 전쟁이 끝나면 이탈리아 반도는 4개의 정치단위로 재편성되도록 한다. 1) 사르디니아, 롬바르디아, 베네치아, 파르마, 모데나 등의 '북부 이탈리아 왕국', 2) 토스카나를 중심으로 하는 '중부 이탈리아 왕국', 3) 지금보다는 다소 축소된, 로마와 그 주변의 교황령, 4) 남부의 나폴리 왕국.

셋째. 이 4개 정치단위는 하나의 연방을 이루며, 교황은 그 명목상의 수장이 되며, 사르디니아-피에몬테 국왕이 실질적으로 연방의 총괄 책임을 맡는다.

넷째. 사르디니아령 사보이는 프랑스에 합병한다.

다섯째. 비토리오 엠마누엘레 왕의 장녀인 클로틸드 공주와 나폴레옹 3세의 조카인 제롬 공이 혼인한다.

첫 번째 항이 가장 중요했음은 말할 필요도 없다. 그리고 오스트리아를 물리쳤다고 가정하고, 전후 이탈리아를 어떻게 편성할 것인지에 대해 나폴레옹 3세는 '통일 이탈리아'가 등장하는 일을 결코 용납할 수 없음을 못박았다. 프랑스 옆에 그만큼 강력한 통일대국이 생기는 일은 프랑스인이라면 삼척동자도 꺼릴 수밖에 없었다.

카보우르는 '우리도 이탈리아 전체를 병합할 생각은 없고, 그럴 능력도 없다'며 마치니나 가리발디 같은 공화주의 통일론자들과는 입장이 다르다고 설득했다. 그러나 이탈리아 북부를 사르디니아가, 중부를 교황령이, 남부를 나폴리가 차지하는 것으로 하자는 안에도 나폴레옹은 끝내 고개를 흔들었다. '혁명을 부추기는 성격'인데다, 이탈리아의 가장 산업화된 지역이 사르디니아에 의해 통일된다면 당연히 영국 등도 문제를 삼고, 프랑스의 여론도 좋지 않으리라는 것이었다. 그래서 결국 이미 절반 이상 사르디니아로 넘어와 있던 파르마, 모데나에다 오스트리아에게서 빼앗을 예정인 롬바르디아와 베네치아를 덧붙이는 것으로 하고, 토스카나를 하나로 묶어 중부 이탈리아라는 이름으로 독립시키기로 했다. 독립 왕국치고는 너무 규모가 작아질 것을 우려해 교황령의 영토를 일부 깎아 붙여주기로 하는 조치도 곁들였다.

그러나 그렇게 되면 교황과 가톨릭교회의 수호자를 자임해온 나폴레옹 3세의 입장이 또 어려워진다. 그래서 '이탈리아 통일'이라는 명분도 명목상으로나마 살려줄 겸, 이 두 개의 왕국에다 교황령, 나폴리까지 해서 이탈리아를 하나의 연방으로 묶고 교황을 그 명목상 수장으로 세운다는 조항도 합의된 것이다. 그리고 마지막에 들어간 정략결혼은 두 왕가가 손을 잡는다는 보장이 되는 한편, 잘 하면 나폴레옹 황실이 이탈리아 북부 또는 중부를 들어먹을 근거가 된다는 점에서 나폴레옹이 강력히 주장해서 추가되었다.

그렇지만 이렇게 어렵사리 합의된 협약이 약 반 년 뒤에 정식 조약으로 발효될 때는, 이탈리아 입장에서 분통이 터질 일이 또 있었다. 세 번째의 이탈리아 연방 조항이 통째로 빠지고, 사보이만이 아니라 니차까지 프랑스로 넘어가게 된 것이었다.

프랑스 쪽에서는 '아무래도 연방 관련 내용을 공개하기란 곤란하다. 비밀 조항으로 하자'고 우겼다. 그리고 사보이는 본래 프랑스계 주민이 많은 지역이었으므로 담판의 대가로 양보할 만했으나(그래도 왕가의 발상지였기 때문에 쉬운 결정은 아니었다), 이탈리아계가 대부분인 니차의 양보는 나폴레옹의 거듭된 요구에도 카보우르가 끝내 버틴 사안이었다. 그러나 결국 최종 국면에서 프랑스의 뜻이 관철된 것이다.

"그 소식을 들은 그대는 한동안 이성을 잃었다고 들었소. 수상에 대해 입에 담지 못할 욕설까지 퍼부으셨다고…."
"네, 이탈리아 통일의 기대를 걸었더니 외세와 결탁하여 이미 확보한 땅까지 말아먹고 있다며, 반역자라는 둥 매국노라는 둥 할 말 못할 말을 쏟아냈었지요…. 지금은 스스로 돌이키기에 쑥스러울 뿐입니다. 그분도 정치가에 앞서 애국자이신 것을."

"그리 보아주시니 공연히 내가 고맙소. 수상의 깊은 뜻은 나조차 한동안 몰랐을 정도였으니…. 저 프랑스 소인배에게 간도 쓸개도 다 내준 듯싶었으나, 결국 그로써 그의 발목을 잡고 말았지요."

마침내 시작된 전쟁에서 나폴레옹 3세는 그렇게 많이 챙기고도 모자랐던지 꿍꿍이를 부렸다. 1859년 5월에 피에몬테군이 팔레스트로에서 오스트리아군을 참패시키자, 나폴레옹은 외교 쪽에서만 머무르겠다던 스스로의 입장을 깨고 군대를 롬바르디아로 급파했다. 사르디니아가 예상 밖으로 선전하는 것을 보고, 자신도 병력을 투입해야 전후의 논공행상에서 더 큰 몫을 주장할 수 있겠다 싶었던 것이다. 연합군은 6월에 오스트리아군을 마젠타에서 격파했으며, 비토리오 에마누엘레와 나폴레옹 3세는 말머리를 나란히 하고 밀라노에 입성했다. 그달 말에는 솔페리노 전투가 벌어졌다. 앙리 뒤낭이 그 참상을 보고 큰 충격을 받아 적십자를 창설하게 되었다는 전투에서도 사르디니아-프랑스군은 승리했으며, 오스트리아는 궁지로 내몰렸다.

그러나 그때 이미 나폴레옹은 뒤로 딴짓 중이었다. 동맹인 사르디니아와는 한 마디도 상의 없이, 오스트리아와 강화 협상을 진행했던 것이다. 외교를 주로 프랑스가 맡기로 협의하기는 했으되, 이는 명백한 월권이자 동맹에 대한 배신이었다. 두 나라가 맺은 평화협정 내용은 이탈리아의 애국자들이 뒷목을 잡고 쓰러질 지경이었다. 오스트리아는 롬바르디아를 프랑스에 할양하며, 프랑스는 이를 '적당한 때에' 사르디니아에 양도한다. 오스트리아는 베네치아와 파르마, 모데나, 전쟁의 불씨가 되었던 마사-카라라, 토스카나를 고스란히 보유한다. 이대로라면 플롱비에르 협정에서의 북이탈리아도 중이탈리아도 다 헛꿈이 되고, 사르디니아는 프랑스의 이익을 챙겨주기 위해 피 흘리며 싸운 꼴이었다. 카보우르는 '뭐 주고 뺨 맞았다'는 비난을 한몸에 받으며 수상직을 사임했다.

그러나 예상치 못한(아마도) 일이 프랑스와 오스트리아의 황제가 서둘러 매듭지으려던 이탈리아 통일에 박차를 가했다. 파르마, 모데나, 마사-카라라, 토스카나와 로마냐의 여러 공국들에서 민중이 봉기한 것이다. 그들은 전쟁 결과를 납득할 수 없었으며, 이전부터 있었던 사르디니아에의 병합론은 더 거세게 불타올랐다. 열화 같은 민중의 분노를 이기지 못한 이 지역의 통치자들은 뿔뿔이 흩어져 달아났다. 마침내, 수상직에 복귀한 카보우르는 나폴레옹의 반대에도 불구하고 이들 지역을 병합시켰다. 롬바르디아도 강력히 요구하여 손에 넣었다.

교활한 루이 나폴레옹이 그런 움직임을 용인할 수밖에 없었던 것은 너무 욕심을 부리다가 자기 꾀에 자기가 빠졌기 때문이었다. 그는 외교에만 힘쓴다는 원칙을 스스로 깨버렸고, 과도한 대가를 받아내고서도 파렴치하게 동맹을 배신했다. 그 결과 유럽에서 세력균형을 깨고 패권을 추구하는 세력이라는 인상을 주어 영국과 프로이센, 러시아의 강한 견제를 받게 되었으며, 전 세계적으로 '나폴레옹은 믿을 수가 없다'는 인식을 단단히 심어주고 말았다. 외교적으로 완전히 고립되고, 만신창이가 된 오스트리아에게도 기댈 수 없던 나폴레옹은 사르디니아의 북이탈리아 통일을 지켜만 보아야 했다. 프랑스만의 힘으로 이를 저지하기 어려운 데다, 그랬다가는 영국 등이 개입해올 가능성이 높았기 때문이다. 그 결과 황제는 프랑스 국민에게서도 외면당했다. 가장 꺼리던 이탈리아 통일의 길을 열어주었기 때문이다.

이것이 바로 플롱비에르의 진짜 의미였다. 카보우르의 진짜 속셈이었다. 그는 사르디니아의 움직임을 프랑스가 결코 내버려두지 않을 것이며, 그 개입은 빈 체제의 질서를 유지하고 유럽에서 패권세력이 등장하는 일을 막는다는 명분으로 정당화될 것을 알았다. 그래서 나폴레옹의 탐욕을 이용, 그에게 도에 지나친 양보를 해주는 듯하며 모든 비난을 나폴레옹 혼자 뒤집어쓰도록 유도했던 것이다.

그리고 카보우르도 예상하지 못했던 일이 잇달아 벌어졌다. 봉기의 불길은 아펜니노 산맥을 넘어 나폴리에까지 번졌다. 그 봉기는 집권 부르봉 왕조의 무지막지한 탄압으로 일단 종결되는 듯했다. 그런데 이때, 다름 아닌 가리발디가 '천인대'를 이끌고 시칠리아로 건너간 것이다.

"정말 놀라운 일이었소. 이렇게 말하면 뭐하지만, 내각에서는 말도 안 되는 소영웅주의적 모험이라고 말이 많았어요. 그러나 장군과 천 명의 용사들이 이런 역사적 위업을 해낼 줄이야! 대단해요, 대단해!"

"뭐, 저희가 대단했다기보다, 시칠리아와 나폴리의 정치가 워낙 썩어문드러져 있었으니까요. 사실 말씀드리자면, 여기 남부에서는 이탈리아 통일의 대의보다는 폭정의 타도가 더 관심사였습니다. 저를 환영하러 나온 주민들이 '이탈리아, 이탈리아 하던데 그게 혹시 사르디니아 왕비 전하의 이름인가요?'하고 묻는 일도 있었지요."

"허허헛! 그 사람에게 들려주면 무척 재미있어 하겠구려. 아무튼 어떤 조건이라도 귀공이 아니었던들 이렇게 빠르고도 쉽게 이탈리아의 대부분을 하나로 만들 수 없었을 게 틀림없소. 그 점에 대해 나는 크고도 깊이 감사드리는 바이오."

"별 말씀을요. 그렇다면 저번에도 편지로 문의 드렸습니다만, 저를 이 두 시칠리아 왕국을 임시로 통치할 총독으로 임명해주시는 것이겠지요?"

"아…! 아, 그건…."

"설마, 안 되는 것입니까?"

"… 미안하오."

가리발디, 또 한 번의 희생을 감수할 것인가?

순간 가리발디는 말의 발걸음을 멈췄다. 비토리오 에마누엘레의 말도 몇 발자국 앞서가다가 멈췄다. 노래를 부르며 그들의 뒤를 따르던 병사들은 무슨 일인가 하며 역시 멈춰 섰다. 가리발디는 잠시 뒤 다시 말을 움직였고, 별 일 아니라고 생각한 병사들의 노랫소리는 다시 나왔으나, 가리발디는 입을 꼭 다물고 고개를 숙이고 있었다. 사르디니아 왕은 안절부절 못하며 그에게 말을 붙이려 했으나, 소용이 없었다. 테아노의 진영에는 잔치가 마련되어 있었으나, 가리발디는 말없이 잠시 앉아 있다가 피곤하다며 숙소로 들어가버렸다. 그리고 거의 뜬눈으로 밤을 새웠다.

주세페 가리발디, 그는 필생의 소망인 이탈리아의 자유와 통일을 위해 많은 것을 희생해왔다. 그 개인의 생활이 고달팠음은 말할 것도 없고, 마치니를 따라 공화주의를 신봉해온 그가 현실적으로 피에몬테의 사보이 왕실을 따르는 수밖에 없다고 여겨 변절자라는 욕을 먹어가며 비토리오 에마누엘레에게 충성을 맹세했다.

꿈에도 그리는 고향인 니차가 플롱비에르 협정의 결과 프랑스로 넘어갔을 때, 분노와 슬픔으로 가슴은 미어질 것 같았다. 그러나 이 역시 통일을 위한 어쩔 수 없는 희생이라고 받아들이고, 마음의 상처를 간신히 달랬다.

그리고 이제 사르디니아는 다시 한 번 희생을 요구한다.

'국민 영웅이라더니, 총독이라는 감투에 그토록 연연하는 소인배였나?'라고 사정을 잘 모르는 사람은 비아냥댈지 모른다. 그러나 이 남부 이탈리아, 두 시칠리아 왕국은 보통 땅이 아니다. 왕에게도 말했지만, 이탈리아라는 의식은 거의 없는 반면 폭정에 대한 증오와 해방에 대한 충동은 폭발적인 사람들의 고장이다. 그 열화 같은 충동에 힘입어 기적적인 승리를 거두었지만, 원래 이탈리아고 사르디니아고 별 관심 없는 사람들 아닌가. 새로운 제도가 마음에 들지 않으면 언제 또 들고 일어날지 모른다. 그 사람들을 지난 석 달 동안 달래고 어루만지고 격려하고 호통을 치고 하며 겨우겨우 다스려왔다. 그것은 나폴리 점령 자체보다 몇 배나 어렵고 힘든 일이었다. 그래서 이제는 가리발디의 리더십으로만 돌아가는 사회가 되었다…. 그런데 이제 와서, 싸울 때는 총한 자루, 병사 한 명 보태주지 않고 방관만 해오다가 덜컥 모든 것을 내놓으라고?

아니, 싸우기 전부터 문제였다. 카보우르! 좋아하려야 좋아할 수 없는 인간! 그는 가리발디의 원정을 '실패할 게 뻔한 미친 짓'이라며 코웃음 치더니만, 공연히 프랑스 등을 자극할까봐 원정을 온갖 방법으로 방해하기까지 했다. 병사들을 실어나를 선박 빼돌리기, 보급품 가로채기, 상반된 명령서 보내기…. 그러다 예상을 뒤엎고 천인대가 성공했음이 알려지자, 재빨리 생각을 바꾸어 이를 기정사실화하기 위해 베를린과 상트페테르부르크에 외교 공작을 벌여 혹시 나폴레옹이 개입해 들어오지 않도록 손을 썼다. 그리고 '빨리 피에몬테 정규군이 남하하여 가리발디의 성과를 접수해야 한다', '그러려면 왕이 직접 나서지 않으면 안 된다'며 비토리오 에마누엘레를 들볶았다. 가리발디가 나폴리 시에 입성한 뒤 민심을 안정시킨 뒤에는 다시 북진해서 교황령을 노릴 것으로 관측되자, '그러면 나폴레옹이 뛰쳐나올 게 분명합니다. 그 전에 우리 손으로 교황령을 점령합시다!'라고 왕에게 품의했다. 그래서 비토리오 에마누엘레가 피에몬테 정예군을 이끌고 남진하여, 저항력이 거의 없던 교황령의 마르케, 움브리아 등을 석권하고는 그대로 계속 내려와서 가리발디와 테아노에서 만나게 된 것이었다.

그 카보우르가 출정하는 비토리오 에마누엘레의 말고삐를 잡고 신신당부한 말이 있었다.

"절대로 가리발디는 안 됩니다! 그에게 어떤 권력도 쥐어줘서는 안 된다는 걸 잊지 마십시오!"

마치니와 가리발디에 대한 그의 불신은 천성적 보수주의자가 낭만적 자유주의자들에게 갖는 거리낌도 있었지만, 자신이 하나하나 쌓아올린 공든 탑을 그들은 단번에 무너뜨릴 수 있다고 믿어서이기도 했다. 플롱비에르에서 겨우 나폴레옹에게 덫을 놓았다. 그래서 그가 화살받이가 되는 동안 숙원인 이탈리아 북부의 통일을 이뤄냈는데, 갑자기 남부까지 석권할 뿐 아니라 로마로 뛰어들어 교황에게 수모를 안긴다면? 빈 체제의 정신이 다시 깨어나고, 유럽 전체가 이탈리아를 경계하며, 나폴레옹의 배신행위에 명분을 주고 말 것이 아닌가? 그래서 카보우르가 보기에는, 이왕 이뤄낸 이탈리아 남부의 병합은 되돌릴 수 없으나 신속하게 그 땅을 가리발디의 손에서 '빼앗고', 사르디니아-피에몬테의 이름으로 그곳의 '질서를 회복'해야만 하는 것이었다. 그러므로 가리발디가 간절히 원했던 나폴리 총독직은 꿈도 꿔서는 안 될 일일 수밖에!

'이제 어떻게 할 것인가?'

가리발디는 자리에 누워 몸을 뒤척였다. 저항? 불가능하지 않다. 왕이 끌고 온 병력은 자신의 천인대보다 많지만, 지금 당장 왕의 처소를 기습하여 그 신병을 확보한다면 충분히 승산이 있다. 비토리오 에마누엘레는 늘 위풍당당하게 보이고 싶어하지만, 실제로는 담력이 부족하다. 우리 붉은 셔츠들이 에워싸기만 한다면 무슨 문서에든 사인할 것이다. 카보우르를 해임하는 명령서이든, 남부의 독립을 보장한다는 각서이든!

그게 너무 모험이다 싶으면 천인대를 인솔해서 여기서 달아난다. 그리고 나폴리, 시칠리아를 돌며 '혁명의 대의를 배신한 피에몬테' '비토리오 에마누엘레와 카보우르는 결국 자국의 이익밖에 모른다'는 식으로 외치며 돌아다닌다면, 이곳 주민들은 난생 처음 보는 피에몬테 국왕보다는 나를 더 믿어주리라….

그러면 그 다음은? 내전인가? 분단의 고착인가? 일단 자신의 얼굴이 우스워질 수밖에 없으리라. 나는 시칠리아에 상륙한 다음 줄곧 비토리오 에마누엘레의 이름을 앞세우며 행동해왔다. 자신은 그의 대리일 뿐이라며. 바로 테아노로 출발하기 전날 밤 나폴리에서는 비토리오 에마누엘레의 만수무강을 비는 큰 잔치를 벌이기까지 했다! 물론 이렇게까지 자신이 기만당할 줄은 모른 채 벌인 일이다. 그러나 이제 와서 입장을 반대로 바꾼다면? 그럴 수 있을까?

그럴 수도 있다. 역사책을 들여다보면 명장이 군주에게 버림받고 칼을 거꾸로 잡아 대신 군주가 된 이야기가 넘치지 않는가. 반대로 끝까지 국가에 충성하다가 용도 폐기된 명장의 사례도 많다. 저 한니발, 스키피오의 예처럼….

무엇이, 과연 무엇이 중요한가? 모두 가질 수는 없다. 무엇을 이 주세페 가리발디의 인생에서 더 중요한 것으로 지킬 것인가? 그의 고뇌는 밤새 계속되었다.

그 다음 날 아침, 비토리오 에마누엘레는 얼굴이 굳어졌다. 가리발디의 숙소가 비어 있고, 어디에도 보이지 않았기 때문이다. 그러나 그의 천인대는 고스란히 남아 있었고, 그들도 영문을 모르겠다는 투였다. 그러면 혼자서 야반도주라도 했다는 말인가? 왕이 속을 끓이고 있는데, 가리발디를 찾았다는 소식이 왔다. 테아노에서 제일 높은 언덕에 홀로 있더라고.

왕은 눈부신 아침 햇살을 받으며 동상처럼 우뚝 서 있는 가리발디에게 달려갔다. 그는 저 멀리 푸른 지중해를 바라보고 있었다.

[8-5] 테아노 회담 당시 비토리오 에마누엘레 2세(Victor Emanue II). 미 뉴욕 뒤크닉 에버트 A(Duyckinick, Evert A) 갤러리 소장. 출처 위키미디아

"저는 이 고장을 사랑합니다."

그가 앞으로 다가온 비토리오 에마누엘레에게 말했다.

"석 달밖에 안 되었습니다만, 사랑하게 되었습니다. 자연도 사람도 모두 아름답습니다. 그러나 불행히도 못된 지배자들에게 오래 신음해왔지요. 그 상처를 직접 달래주고, 아물 때까지 보살펴주리라는 다짐을 한 지 오래였습니다."

"오, 장군! 장군의 마음을 잘 아오. 알다마다요. 그러나 나라를 위해서는 어쩔 수 없는 일임을 부디 양해하시기 바라오. 대신 이렇게 합시다! 작위를 드리

리다. 넓은 영지와 거액의 연금도! 우리나라 최고의 영웅에 걸맞은 대접을 해드릴 것이니, 그러면 장군의 상심이 조금이라도 덜어지지 않겠소?"

"말씀은 감사합니다. 폐하! 그러나 저는 번쩍이는 물건들과는 잘 안 어울리는 사람입니다. 작위도 지위도 필요없습니다. 폐하를 나폴리까지 모시고 나면, 저는 카프레라 섬으로 돌아가겠습니다. 거기서 양을 치면서 여생을 보낼까 합니다."

"오오, 장군! 그렇다면…!"

"네, 다시 말씀드리지만 저는 이 고장을 사랑합니다. 그러나 카프레라도 사랑합니다. 베수비오 화산 위로 태양이 힘차게 떠오르는 나폴리도, 바다 위에 산 위에 집들이 구름처럼 떠 있는 아말피도, 고대의 유적들과 교황의 교회들이 빛나는 로마도, 피렌체도, 시에나도, 밀라노도, 토리노도 사랑합니다. 이제는 남의 땅이 되어 버린, 제가 뛰놀던 니차도 역시 사랑합니다."

"장군…."

"어릴 적부터 그렇게 생각했습니다. 이 사랑스러운 고장들이 왜 서로 떨어져 있을까. 하나로 이어지면 안 되는 걸까. 왜 선량한 사람들이, 같은 이탈리아 말을 쓰는 사람들이 못된 지도자들의 욕심 때문에 서로 피를 흘려야 할까! 그래서 저는 말을 탔습니다. 이 붉은 셔츠를 입었습니다. 결국 제게는 그것이 가장 소중한 꿈입니다. 하나 되는 이탈리아, 이것보다 더 소중한 것은 없습니다."

"아…!"

"약속해주시기 바랍니다. 로마를 반드시 새로운 이탈리아에 합치시겠다고요. 교황에게는 한 치의 땅도 허용해서는 안 됩니다. 이리로 내려오시면서 점령하신 마르케와 움브리아를 절대 교황에게 돌려주시지 말 것은 물론이고, 바티칸까지 입성하셔서 그의 모든 것을 빼앗으셔야 합니다! 그리고 시기를 잘 보셔서 베네치아를…. 그리고 되도록 니차나 코르시카도 되찾아 오셨으면 좋겠습니다. 그리고 이 남부 사람들을 다른 이탈리아 사람들과 다름없이 훌륭히 통치해주신다면, 제게는 여한이 없습니다."

"그러리다. 반드시 그리 하리다! 하늘 아래 모든 이탈리아를 하나로 만들 것이오. 그러기 위해 어떤 수고도 아끼지 않을 것이오! 설령 저 수상이 말리더라도, 이 비토리오 에마누엘레가 살아 있는 한, 그대와의 약속을 지키기 위해 필사의 노력을 다할 것을 신께 맹세하오!"

가리발디는 웃었다.

"되었습니다. 그러면 되었습니다. 신이 폐하와 이탈리아의 앞날을 지켜주기 바랍니다. 비록 저는 신을 믿지 않습니다만."

그렇게 되었다. 가리발디는 그대로 비토리오 에마누엘레와 남하하여, 11월 7일에 나폴리에 입성했다. 군중의 환호 속에서, 그는 왕의 말이 앞서게끔 자신의 말의 걸음을 늦추는 배려까지 묵묵히 베풀었다. 그리고 자신의 말대로 모든 것을 내려놓고 카프레라로 은퇴했다. 카보우르는 국민투표를 거쳐 두 시칠리아 왕국을 사르디니아-피에몬테에 병합했으며, 교황령에 속했던 마르케와 움브리아에서도 그렇게 했다. 그리하여 로마 일대와 베네치아를 제외한 이탈리아 전체를 장악한 사르디니아-피에몬테는 이듬해인 1861년 1월에 총선을 실시했다. 당선된 대의원들은 3월 17일에 토리노에 모여 정식으로 '이탈리아 왕국'을 선포하고 비토리오 에마누엘레에게 '이탈리아 왕'의 칭호를 바쳤다.

[8-6] 가리발디가 이끈 1860년 9월 나폴리 전투 장면을 묘사한 그림. 이탈리아 나폴리 카스텔로 누오보 박물관(Museo civico di Castel Nuovo) 소장. 출처 위키미디아

세 가지 색깔의 깃발

가리발디는 테아노의 결단을 후회했을까? 그랬을지도 모른다. 그는 카프레라에서 세상을 잊고 지낼 수 없었다. 새로운 이탈리아의 군주권이 지나치게 강력해 보였던 데다 각 지역의 특성을 무시하고 피에몬테의 법과 관행을 강제하는 면이 있었고, 무엇보다 국왕이 약속한 로마 병합이 지지부진해 보였기 때문이다. 그는 붉은 셔츠를 입고 의회에 출석해 카보우르를 비난하는 연설을 하기도 했다. 그래도 달라지는 게 없자, 1862년에는 다시 한 번 군사적 모험에 나섰다. 시칠리아로 가서 의용군을 모집한 다음 로마로 '진군'하여 교황령을 지키던 프랑스 수비대와 대치했던 것이다. 그러나 실망스럽게도, 프랑스

와의 관계 악화를 우려한 이탈리아 신정부의 군대가 의용군을 막아섰다. 아스프로몬테 전투에서 정부군은 힘껏 저항하지 못하는 가리발디의 병사들에게 발포했다. 가리발디는 심각한 부상을 입고 체포되었다 풀려나 카프레라섬에 연금되었다.

그러나 이탈리아 신정부는 다시 한 번 가리발디의 출정을 바라게 된다. 1866년, 프로이센과 오스트리아 사이에 전쟁이 일어나자 이탈리아는 베네치아를 되찾을 수 있는 좋은 기회라 여겨 프로이센과 손잡았다. 그러나 '제3차 이탈리아 해방전쟁'이라고도 불리게 될 이 전쟁에서 이탈리아 정규군은 영 힘을 쓰지 못했다. 그러자 가리발디는 다시 카프레라에서 나와, 다시 '알프스의 사냥꾼'을 조직했다. 그의 군대는 이 전쟁에서 유일하게 오스트리아군을 무찔렀다. 그리고 알프스 아래쪽의 오스트리아령 트리엔토를 점령하려 하였으나, 다시 정부의 지시가 내려왔다. '전진하지 말 것. 회군할 것.' 가리발디는 다시 한 번 복종했다. 이탈리아는 대체로 가리발디의 선전 덕분에 오스트리아에게서 베네치아를 되찾을 수 있었으나, 트리엔토는 20세기 초가 될 때까지 '미수복지구'로서 오스트리아 땅으로 남아 있었다.

이듬해인 1867년 가리발디는 또 나섰다. 독자적인 로마 원정. 그러나 또 다시 실패하고, 멘타나 전투에서 또다시 부상당하고, 또다시 카프레라로 압송된다. 이처럼 가리발디는 1882년 숨을 거두는 순간까지 교황령의 철폐와 이탈리아의 완전 통일을 위해 노력했다. 그러나 자신을 이용하고 배신했다고 여겨지는 신정부에 대해서는 반기를 들지 않았다. 테아노의 결단은 그 개인에게 후회스러운 일이었을지 몰라도, 결코 되돌릴 일은 아니었다. 미우나 고우나 새로운 정부는 '우리 이탈리아 정부'였으며, 비토리오 에마누엘레 2세는 '우리의 왕'이었다. 그 왕은 적어도 한 가지 약속은 지켰다. '하늘 아래 모든 이탈리아를 하나로 만들기 위해 모든 노력을 하겠다!' 1870년에 로마를 점령하고 교황에게서 영토권을 넘겨받은 것이다. 그리고 1871년에는 로마가 이탈리아의 수도가된다. 스키피오와 레오 1세가 지켜낸 로마는 이리하여 다시 통일 왕국의 중심의 자리에 올랐다.

나폴리에 가면 '이곳에서 100년 전에 마르게리타 피자를 처음 만들었다. 1889-1989'라는 팻말을 붙인 피자집이 있다. 1889년, 그곳의 요리사가 나폴리를 방문한 비토리오 에마누엘레의 후계자, 움베르토 1세와 그 왕비 마르게리타에게 왕비의 이름을 딴 피자를 처음 만들어 올렸다는 것이다. 1860년 11월 7일, 비토리오 에마누엘레와 가리발디가 나폴리에 입성할 때 환호하는 군중속에 끼어 있었던 요리사, 돈 라파엘 에스폰트는 그날의 감격을 영영 잊지 못했다. 그래서 1889년 당시에는 비토리오 에마누엘레도 가리발디도 카보우르도 죽고 없었지만, 그들의 이상과 염원은 버젓이 실현되어 있다는 생각에 가슴이 벅차, 이탈리아 국기의 녹색, 흰색, 붉은색을 사용해서 피자를 만들었다고 한다.

'여기가 마르가레타 피자의 탄생지'라고 적혀 있는 나폴리의 팻말(저자가 나폴리에서 직접 찍음)

녹색과 흰색과 붉은색, 그것은 기독교 신앙의 믿음, 소망, 사랑을 각각 상징한다고 한다. 그렇다. 하지만 서로 상반되는 성질을 가졌으면서도 큰 목표를위해 타협하고 양보하며 희생할 줄 알았던 위대한 정신들, 그들이 플롱비에르와 테아노에서 가졌던 담판의 역사 또한 그 깃발에 깃들어 있다. 참으로 합리적이고 현실적인 방법에 대한 카보우르의 믿음, 자유와 해방에 대한 이탈리아 민중의 열화 같은 소망, 그리고 이탈리아와 이탈리아 사람들에 대한 가리발디의 헌신적인 사랑이 한데 모여 통일 이탈리아를 탄생시켰다.

제9장

료마가 간다!
사쓰마 조슈 밀약

'견원지간犬猿之間'이라는 말이 있다. 개와 원숭이가 만나기만 하면 못 잡아먹어서 으르렁대듯, 도무지 좋아질 수가 없는 사이를 두고 하는 말이다. 일본의 19세기 초중반, 도쿠가와 막부 체제의 조슈 번과 사쓰마 번 사이가 바로 그랬다.

그러나 견원지간이라는 말에 대해 "'오월동주吳越同舟'라는 말도 있지 않은가?"하며 불쑥 제휴의 가능성을 들이대는 사람이 있었다. 바로 조슈도 사쓰마도 아닌 약체 도사 번 출신, 그것도 번에서 쫓겨난 유랑자였던 사카모토 료마(坂本龍馬)다. 그 밖에도 같은 도사 번 출신이며 료마보다 세 살 어린 나카오카 신타로(中岡慎太郎), 두 살 연상인 히지카타 히사모토(土方久元) 등 여러 사람이 '사쓰마 조슈 동맹(사조동맹)'을 위해 노력했지만, 가장 먼저 사쓰마와 조슈의 연합 필요성과 가능성에 주목하고 이를 끈질기게 추구했으며, 최후의 난국을 풀어냄으로써 결국 성사시킨 주인공은 사카모토 료마다. 그리하여 그는 일본 역사상 가장 드라마틱한 변혁을 이끄는 도화선에 불을 붙인 인물이 된다.

그러면 왜 조슈와 사쓰마는 견원지간이 되었으며, 료마는 그들의 손을 잡게 함으로써 무엇을 이루려 했던 것일까? 그것은 일본 전통체제의 이중적이고

묘한 성격에서 실마리를 찾을 수 있다.

일본의 최고통치자는 예나 지금이나 천황天皇이라 불리는 일왕日王이다. 그러나 그 실권은 10세기 이래 계속 실추되고 1185년에 최초의 막부幕府가 수립된 뒤에는 명목상의 권한만 유지하며 이어져왔다. 그렇다고 해서 막부의 쇼군将軍이 뭐든 마음대로 할 수 있는 것은 아니다. 천황을 공경하고 존중해야 했으며, 공식 지위는 천황은 물론 그를 둘러싼 구게公家라 불리는 중앙귀족보다도 낮았다. 또한 그는 구시대의 군주나 현대의 대통령, 수상처럼 중앙집권적으로 일본 전역을 통치할 수 없었다. 오랫동안 일본은 지방세력의 높은 자율성을 인정해왔고, 도쿠가와 시대에는 번藩이라 불리는 지역 단위가 독자적인 법률과 재정을 갖추고 말 그대로 하나의 쿠니國처럼 분립했다. 쇼군은 쿠니·번의 수장을 갈아치울 수도 있고 그 규모를 축소할 수도 있는 권한이 있었으나 실제로 쓰기란 매우 어려웠으며, 쇼군이 한 번 권위를 잃으면 천황의 냉대와 쿠니들의 항명 속에서 막부의 교체로 이어지기 마련이었다.

그처럼 막부가 뒤바뀌는 '천하대란'의 계기는 13세기 여몽연합군의 침공이나 15세기 명나라의 무역 금지조치처럼 밖에서 주어질 때가 많았다. 19세기에도 그랬다. 그러나 이번에는 단지 막부가 바뀌는 차원이 아니라, 일본 전체가 한 차례 뒤바뀔 것이 요구되었다. 화복和服을 벗고 양복을 입고, 막번幕藩 대신 근대적 중앙집권체제를 세우고, 서구식 헌법, 군사, 교육제도를 두루 갖추어야만 문명개화文明開化한 나라로서 외세의 먹잇감이 되지 않을 수 있었다. 그런 천지개벽할 변화의 과정이 메이지유신이었고, 메이지유신으로 가는 길에 반드시 거쳐야 할 관문이 사쓰마 조슈 동맹이었다.

1853년 7월, 일본인들이 구로후네(黑船)라 부르는 대형 전함 4척을 우라가 앞바다에 정박시킨 미국 페리 제독은 위압적으로 개항을 요구하는데, 이에 도쿠가와 막부는 맥없이 굴복했다. 이듬해 2월 흑선 함대가 다시 우라가에 내항하자 막부는 약 1개월의 협상 끝에 미국의 개국 요구를 받아 들였다. 이로써 전체 12개조에 달하는 미일화친조약(가나가와 조약)이 체결되었고, 3대 쇼군 도쿠가와 이에미쓰 이후로 200년 이상 이어온 일본의 쇄국 정책은 공식적으로 막을 내렸다.

이에 쏟아져 나온 막부에 대한 불신과 혐오는 존왕양이^{尊王攘夷}의 표어를 중심으로 여러 사무라이들이 모여들게 했다. 서양 오랑캐의 더러운 문물을 신의 나라 일본에 들일 수 없다! 그런데도 천황을 받들어 오랑캐를 물리칠 책임을 소홀히 한 쇼군! 그를 탄핵하고 천황의 권위를 높여야 한다! 이런 주장에 많은 젊은이들이 공감하고, 젊은 피를 아낌없이 바칠 각오를 했던 것이다.

1836년 1월 도사 번 고치(鄕士)에서 하급 사무라이의 아들로 태어난 사카모토 료마 역시 그런 젊은이의 하나였다. 큰 체구에 말쑥한 얼굴, 이글거리는 눈동자. 그를 본 사람들은 '별로 식견이 뛰어나지는 않다'는 평가를 하는 경우도 간혹 있었으나 대부분 '성실한 사람이다', '말을 듣다 보면 빠져든다', '담판에 능하다' 등의 말을 남기고 있다. 북진일도류라는 검도 사범 면허를 얻었을 정도로 무사다웠던 데다 직선적이고 강직하기로 유명한 시고쿠 사람다운 기질(그래서 번의 방침과 다른 주장을 펼치다가 두 차례나 도사 번에서 쫓겨나기도 했다), 그것으로 마주앉은 사람을 자

[9-1] 1861년 사쓰마 조슈 동맹을 성사시킬 당시의 사카모토 료마 초상화. 출처 위키미디아

기 페이스로 끌어당겼을 것이다. 뿐만 아니라 무사이면서도 문제를 암살 등으로 해결하기보다 대화로 풀려 했으며, 개항 과정에서 한때 서양 문물에 대한 적개심에 불탔으면서도 이내 '저들의 앞선 기술을 우리도 받아들여야 한다' 특히 구로후네를 만드는 기술을 배워, 해군을 육성해야 한다'는 뜻을 세울 만큼 유연한 면모도 있었다. 이런 유연함이 담판에서 때로는 당기고 때로는 늦추는 역량으로 이어져, 일대의 '협상전문가'로 성장할 수 있었던 듯하다.

동맹할 수 없는 이유

"드르륵."

1866년 2월 20일, 교토의 니혼마쓰에 있는 어느 저택 장짓문이 열리고 료마가 들어섰다. 요 몇 달 동안 거의 쉴 새 없이 뛰어다니고 있던 그는 과로 끝에 감기에 걸려 안색이 창백했다. 그러나 눈빛은 여느 때처럼 이글거렸으며 자세는 꼿꼿했다. 그를 반갑게 맞이하는 조슈 번의 대표 가쓰라 고고로(桂 小五郎 / 木戸 孝允). 그는 웃는 낯이었지만 초조한 기색을 감추지 못했다.

"그동안 안녕하셨습니까, 가쓰라 님."
"덕분에. 사카모토 님도 안녕하셨소? 안색이 다소 좋지 않으십니다만."
"별 것 아닙니다. 감기가 좀…. 그나저나 날짜를 맞추려다가 그만 며칠 늦었는데, 사쓰마와는 이야기가 어떻게 되었습니까?"
"그것이…."
"무슨 문제라도?"
"아무래도 동맹은 힘들 것 같소. 면목 없구려."

"아니, 그게 무슨 말씀이십니까! 얼마나 어렵게 만든 자리인데요! 조슈와 사쓰마가 뭉치면 살고 헤어지면 죽는다, 이 점을 모르는 분은 아무도 없지 않습니까? 대체 왜요?"

막부의 위신이 땅에 떨어졌다지만, 모든 번이 존왕양이에 동조하고 있는 것은 아니었다. 소속 사무라이들은 존왕양이여도 번주를 맡고 있는 다이묘(大名)는 그렇지 않은 경우가 많았고, 특히 아이즈 번이나 쿠와나 번 등 막부의 본거지인 에도(도쿄) 주변의 동쪽 번들 중에 친막부파가 많았다. 도쿠가와 막부가 세워질 때 '동군'과 '서군'으로 친 도쿠가와파와 친 히데요시파가 갈려 쟁패전을 벌였듯, 2백여 년이 지난 지금에도 그런 대립구도가 불거지고 있었다.

'서군' 가운데 미토 번, 후쿠이 번, 도사 번 등에서는 한때 존왕·반막파가 정권을 잡고 막부를 직접 위협했다. 그러나 미토와 후쿠이는 모두 중소 규모인데다 지리적으로 에도와 가까워서 만약 막부가 병력을 일으킨다면 견디기 어려웠다. 그래서 '안세이(安政) 대옥'을 비롯한 막부의 탄압에 쉽게 휘청거렸다. 또 도사 번처럼 '존왕'과 '양이' 중에서 어느 쪽을 중시할 것인지를 두고 내분에 빠지는 경우도 있었다. 그래서 에도에서 멀찍이 떨어져 있으면서 병력 대결을 벌여도 무서울 게 없는 웅번雄藩들이 나서줘야 막부 타도가 가능하리라 여겨졌다. 최적의 후보가 바로 조슈와 사쓰마 번이었다.

규슈 남단에 자리잡은 사쓰마 번(薩摩藩)은 1867년 무렵 12척의 서양산 철갑전함을 보유하여, 막부 소유의 12척과 대등했을 만큼 경제력과 군사력으로 일본 최대의 번이었다. 번주 시마즈 가문이 일찍부터 부국강병책을 쓴 결과였다. 또한 혼슈 서쪽 끝자락의 조슈 번(長州藩)은 번 중에서 4위 내지 5위로 평가되는 힘을 가진데다 존왕양이론의 대부인 요시다 쇼인 등이 활동하며 훗날 메이지 유신을 이끌 사무라이들을 육성해낸 만큼 물심양면에서 반막부 진영의 중심에 서기에 마땅했다.

그러나 사쓰마는 1863년에 영국 상인의 살해 사건을 빌미로 벌어진 영국과의 '사쓰에이(薩英) 전쟁'에서 서구 열강의 막강함을 실감하고, 같은 해에 벌어진 '분큐(文久)의 변'에서 조정의 보수파가 조슈 세력을 교토에서 몰아내는 것을 보고는 존왕양이 노선에 대해 심각히 재고하게 된다. 서양 문물에 대해 깊이 연구하지 않으면 안 된다는 생각, 조슈 같은 과격파들과 한 배를 탔다가는 어떻게 될지 모르겠으니 개혁 노선은 유지하되 온건파가 되자는 인식이 사쓰마 지도층에게 뿌리내린 것이었다.

반면 조슈는 가쓰라 고고로, 다카스키 신사쿠 등의 존왕양이파가 번의 실권을 쥔 다음 격렬한 반막부 노선을 전개하다가 잇달아 철퇴를 맞았다. 1864년 6월에는 분큐의 변을 설욕하려 모의하던 조슈 사무라이들이 교토의 이케다야(池田屋)라는 음식점에서 막부가 편성한 암살집단, 신센구미(新選組)에게 습격받아 살육되는 '이케다야 사건'이 일어났으며, 7월에는 조슈 일파가 역습으로 교토 궁성에 쳐들어가려다 시가전 끝에 저지된 '금문(禁門)의 변'이 일어났다. 그리고 8월에는 영국, 프랑스, 미국, 네덜란드 4개국이 사츠에이 전쟁처럼 연합해서 조슈를 공격하는 일이 벌어진다. 조슈는 놀랄 만한 기개를 보이며 서양 4개국에 대항했으나 결국 역부족이라 무릎을 꿇을 수밖에 없었는데, 이를 지켜보던 막부는 금문의 변에 대해 죄를 묻겠다며 조슈로 정벌군을 보낸다. 이것이 '제1차 조슈 정벌'이다.

그런데 이 과정에서 조슈와 사쓰마가 원수가 될 빌미가 발생했다. 분큐의 변 당시 사쓰마는 교토로 병력을 보내 '조정을 수호'하고 있는 입장이었으므로, 조슈 인사들의 숙청에 책임이 없다고 할 수 없었다. 나아가 금문의 변 당시에는 두 번의 사무라이들 사이에 직접적인 충돌이 발생했다. 조슈와 사쓰마의 칼에 서로의 피가 묻었다. 일본에서 이 일이 얼마나 심각한 문제로 인식되는지는, 비슷한 시기에 알력을 빚었던 미토 번과 히코네 번 주민 사이에 정치적 입장을 초월하는 지역감정이 생겨 1970년에야 완전히 화해했던 것을 봐도 알 수 있다. 더욱이 조슈와 사쓰마 사이에는 전통적인 경쟁구도(조슈는 한반도와 대륙을, 사쓰마는 남방을 주 무대로 삼으며 부국강병을 도모했다)도 있었고, 양이에서 개국開國으로 돌아선 사쓰마에 대한 조슈 지사들의 혐오감도 있었다.

이렇게 두 번이 화해하기란 무척 어렵다는 점을 료마도 잘 알고 있었다. 그의 스승 가쓰 가이슈도 모르지 않았다. 그러나 가쓰는 "뜻을 이루려면 반드시 두 번이 손을 잡게 해야 한다"는 점을 제자에게 거듭 가르쳤으며, 도사 번 출신의 동지들인 나카오카 신타로, 히지가타 히사모토 등도 동감이었다. 그래서 이들은 번갈아 가며, 때로는 역할을 분담해서, 조슈와 사쓰마를 들락거리며 화해를 설득했다. 다행히도 사쓰마에서도 조슈와 완전히 척이 지는 일이나 막부가 조슈를 딛고 기세를 올리는 일 모두 별로라 여겨, 조슈 정벌전에 소극적이었을 뿐 아니라 조정에 건의하여 조슈가 양이파 정권을 허물고 중신重臣 세 명의 목을 베어 바치도록 하는 것으로 정벌을 중단하도록 손을 썼다.

그러나 또 이 모양이다라고 생각하며 료마는 사쓰마 번저藩邸로 발걸음을 재촉하며 곱씹었다. 개와 고양이에게 동맹을 맺도록 하는 일이 이보다 더 쉽겠군. 벌써 2년 넘게 달래고 빌고 심지어는 협박까지 하며 겨우겨우 마련한 이 자리가 아닌가? 그런데 대체 뭐가 또 모자라서? 이미 생각할 것도 다 하고, 따질 것도 다 따져본 끝에 만났을 텐데?

한달음에 달려간 사쓰마 번저의 대문, 중문, 장짓문을 열어젖히자, 거구의 사나이가 방을 하나 가득 메우기라도 할 듯한 기세로 앉아 있다가 입을 열었다. "어서 오시오, 사카모토 공." 사이고 다카모리였다.

사이고 다카모리, 사실은 사이고 다케오(다카모리는 그의 아버지의 이름이었는데, 훗날 대정봉환이 이루어지고 공신의 이름이 호명될 때 관계자가 착오로 그의 아버지 이름을 올리는 바람에 아예 다카모리로 개명했다고 한다)는 183cm나 되는 거구에 옛이야기의 장비나 노지심을 연상케 하는 짙은 눈썹과 부리부리한 눈으로 보는 사람을 위압하는 인물이었다.

그러나 그런 우악스러운 외모의 소유자인 그가 의외로 빼어난 책사여서, 하급 무사 출신이지만 일찍부터 사쓰마라는 거대 번의 정책을 좌우하는 위치에 올랐으며 대정봉환 뒤 막부파와의 싸움(보신 전쟁)에서는 사실상 신정부의 사령탑으로 온갖 계책과 지략을 쏟아내 승전의 일등공신이 되기도 했다. 그 역시 존왕과 도막(倒幕: 막부 타도)에는 이의가 없었다. 조슈와의 제휴 필요성도 인식하고 있어서, 제1차 조슈 정벌이 대규모 살육전까지 이어지지 않고 끝난 것은 그의 막후 공작 덕분이라는 말도 있었다.

그러나 그는 아홉 달 전, 1865년 5월 말에도 시모노세키에서 가쓰라, 료마와 만나 사쓰마 조슈 동맹을 협의하기로 한 약속을 일방적으로 깨고 사쓰마의 구마모토로 돌아가버린 적이 있었다. 그때도 료마는 자리를 박차고 일어나 구마모토로 달려갔다. 사이고와의 만남에서 그들이 무슨 이야기를 나누었는지, 왜 사이고는 약속을 저버렸는지는 밝혀져 있지 않으나 지금, 1866년 2월에 동맹에 주저하는 입장과 대체로 비슷한 입장 때문이지 않았을까 싶다.

[9-2] 교토 시에 위치한 니조 성(二条城) 니노마루 어전 전경. 에도 막부의 총본산으로 1867년 10월 도쿠가와 요시노부가 쇼군 사임과 대정봉환의 뜻을 밝힌 곳. 출처 위키미디어

"조정에서 다시 조슈를 정벌한다는 지금, 처음부터 다시 생각하지 않을 수 없음이오."

대체 뭐가 문제냐는 료마의 힐문에 사이고는 이렇게 대답했다. 그래? 그건 대답이 아닌데? 조슈 2차 정벌은 벌써 1년 전에 결정된 일이고, 사이고는 그때도 몸을 사렸다. 그래서 료마가 구마모토로 찾아가서 16일 동안이나 담판을 벌여 '막부의 조슈 정벌에 반대한다'는 결론을 이끌어내지 않았던가? 그래서 아직까지 사쓰마는 병력을 일으키라는 막부의 거듭된 독촉에도 팔짱을 껴오지 않았는가?

"아니, 이미 공언하시지 않으셨습니까? 이번 2차 정벌은 사리에 맞지 않으며, 반대하신다고요! 설마 천하의 사이고께서 일구이언을 하시는 겁니까?"

외치듯 캐묻는 료마의 말에 사이고는 눈썹 하나 까딱하지 않고 담담히 대답했다.

"그랬지요. 사실 아무리 봐도 이번 정벌은 명분이 없지요. 지난번에야 금문의 변 건이 있었지만 그것은 조슈에서 세 사람의 목을 바친 것으로 덮겠다고 막부의 이름으로 확약했던 일. 지금 와서 가쓰라 공 등이 복직했다는 이유로, 책망도 아니고 무력을 동원함은 아니 될 말이오. 우리 번의 오쿠보 도시미치도 이는 대의에 어긋난다고 공언했지요…. 그러나 나의 말이나 오쿠보의 말은 모두 사견私見이오!"

"사견이라고요!"

"그렇소. 나 사이고 다케오, 그대가 원한다면 홀로 창을 잡고 싸움터에 뛰어들어 막부군과 생사전을 펼칠 수도 있소이다. 그러나 우리 번의 공식 입장은, 누구의 편도 들 수 없다는 것이오."

"왜 그렇습니까?"

"잘 아시지 않소? 명분이오. 막부의 조슈 정벌도 명분이 없지만, 그렇다고 조슈 편에 서서 막부를 정벌하는 것은 더더욱 명분이 없단 말이오."

"명분이라…!"

"지금의 막부는 틀려먹었고, 천황폐하께서도 염증을 내고 계시오. 그러나 아직 '나를 대신하여 오랑캐를 물리치고 천하를 안정시키라'는 정이대장군征夷大將軍의 어명을 거두시지는 않으신 것이오! 그런 이상 일개 번의 편에 서서 막부에 대적하면 조적(朝賊, 조정의 역적)이라는 오명을 쓰기 알맞소…. 최근에 히젠이나 히라도 등 반막부 성향이 짙은 번들에게 넌지시 알아보았는데, 한결같이 조슈 정벌에는 반대이지만 무기를 들고 일어서기는 어렵다는 입장이었고,

우리도 마찬가지요."

"하지만 이래서는…. 조슈와의 제휴는 영영 물거품이 됩니다! 그러면 새로운 세상을 만들 일도 한낱 꿈이 되어버리는 거고요! 그래도 좋으십니까?"

"나도 안타깝지만 어쩌겠소? 번의 가신으로서 '삼가 반역을 도모하소서' 하고 번주께 상신할 수는 없지 않소? 공이 도저히 안 되겠다면 당장 교토로 날아가시오. 그리고 폐하를 뵙고 '지금의 쇼군을 쇼군직에서 해임한다'는 어명이라도 받아오시구려. 그대의 그 현란한 말솜씨로 말이오…. 사실 말이지, 우리도 분큐 때 은근히 그 말씀을 드려보았소. 그러나 절대 불가더이다. 폐하의 뜻은 어디까지나 공무합체公武合體, 막부와 구게가 힘을 합쳐 일을 해나가는 것에 있으시지, 막부 타도는 꿈에라도 생각하지 않고 계신단 말이오."

결국 일본 옛 정치체제의 모호함이 그들의 발목을 잡고 있었다. 막부에는 반대한다. 막부가 더 이상 일본을 책임질 수 없다고 생각하며, 각자의 이해관계에 비추어서도 막부는 반드시 쓰러져야 한다고 여긴다. 그러나 사이고가 말한 쇼군의 해임령이나, 토막(討幕:막부 토벌)을 지시하는 천황의 조칙 같은 것은 없다. 선대 천황 이래 천황가와 구게들이 막부와 불협화음을 내고는 있으나, 표면적으로는 아직 막부와 함께하고 있다. 그런데 조슈와 함께 명명백백히 반막부 노선을 취한다면? 조적이라는 비난을 뒤집어쓰기 십상이다. 게다가 사쓰마 내에는 아직도 조슈라면 손사래를 치는 사람들이 많다. 아마 조슈에서도 그럴 것이다. 따라서 손을 잡는 게 낫다고 생각하면서도 섣불리 손을 잡기가 꺼려지던 것이 두 웅번의 대표자들, 그 중에서도 사쓰마 사람들의 속사정이었던 것이다.

조슈에서도 사쓰마의 그런 입장을 이해하지 못할 것은 아니지만, 너무하지 않은가, 지금 자신들은 막부와 두 번째로 전쟁을 치를 판이다. 그런데 주변 눈치가 부담스럽다며 힘 실어주기를 꺼린다면, 그래서 결국 조슈 혼자 막부와 싸워야 한다면, 대체 동맹을 뭐 하러 맺겠나? 상대를 위압하는 풍모에 말을 에둘러 할 줄 모르는 사쓰마의 사이고와, 지식인 성향으로서 평소에는 온화하다가도 부당하다고 느끼면 파르르하기 일쑤인 조슈의 가쓰라가 대표였기 때문에도 이런 난관은 심해졌다.

"그러나, 그러나 언젠가는 막부에 칼을 들이대야 하지 않습니까? 우리는 그렇게 합의하지 않았던가요?"

"우리가 언제? 뭐, 술이 거나해서 그 비슷한 말을 뱉었는지도. 그러나 그 역시 사견일 따름이오. 다시 말씀드리지만 이 사이고! 개인 자격으로는 얼마든지 막부에 덤빌 수 있소. 그러나 나랏일이 되면, 그대가 겁쟁이라고 부르든 신의가 없다고 여기든, 어쩔 수 없소. 사무라이의 싸움에서, 명분이 없어서는 안 되오."

"그러나 옛날 도쿠가와가 천하를 빼앗은, 세키가하라의 전쟁에서는…"

"그때는 사정이 달랐던 게, 히데요시 가에 쇼군직이 있지는 않았지요. 쇼군은 천황가의 피가 섞인 사람만이 될 수 있다는 관행 때문에 도요토미 이래 히데요시 가문은 쇼군이 아닌 공직을 내세워 천하를 다스리고 있었으니까! 물론 그런 공직도 천황이 하사한 것이오. 그러나 정이대장군과는 하늘과 땅 차이가 있소. 정이대장군이야말로 천황께서 천하의 모든 병권을 일임한 장본인이니까."

"지금 쇼군이 천황의 눈과 귀를 가리고, 어의御意를 오도하고 있다고 하면…"

"몇몇 번을 움직여 일어서도록 할 수는 있겠지. 하지만 천하를 뒤엎기에는 역부족이오. 자칫 폐하의 격노를 부를 수도 있고, 그러면 꼼짝없이 조적의 낙인이 떨어질 거요."

생김새는 꼭 도다이지(東大寺)의 대불大佛같은 게, 혀는 아주 기름칠을 했구먼, 료마는 고개를 숙이며 이렇게 생각했다. 그리고 이마에 내 천川자를 그리고는 잠시 말이 없더니, 이윽고 고개를 들었다.

'반걸음 앞으로'

"좋습니다! 귀공의 뜻은 잘 알았습니다. 그러나 이대로 조슈 사람들이 짐을 싸도록 놔둔다면 아마 평생을 후회하게 될 것입니다. 그러지 않으려면 일단 다시 한 번 그들을 만나주십시오! 그리고 딱 반걸음만 양보해주시기 바랍니다. 그러면 그 다음은 제가 다 알아서 하겠습니다."

"반걸음이라 하심은?"

"아까 말씀하신 것, '이번 정벌에는 명분이 없다'는 것을 귀 번의 공식 의견으로 공언해주십시오."

"사카모토 공! 이 몸이 그럴 수 없음을 잘 아실 터인데!"

"명분이 없다는 게 꼭 막부를 들이받겠다는 건 아니잖습니까? '안타까운 일이다', '실수를 하는 것이다' 따위 등등 많지 않습니까? 너무 빡빡하게 마시고, 그야말로 반걸음만 내디뎌주십시오!"

"그렇게 한들 막부와의 싸움에 힘을 빌려줄 수 없다는 우리 입장이 근본적으로 달라지지는 않을 터, 무슨 차이가 있겠소?"

"말씀드렸잖습니까? 그 다음은 제가 다 알아서 하겠다고! 자, 그럼 쇠뿔도 단김에 빼라 했으니, 지금 당장 그분들을 오시라 하겠습니다!"

"아니, 아니…! 그래도 그렇지 너무 급하오. 밤도 이미 깊었고! 내일, 내일 그럽시다! 뵈올 때마다 느끼지만, 정말 성격이 급한 분이시군!"

이렇게 해서 1866년 2월 21일, 결렬된 줄 알았던 동맹 담판은 사쓰마 번저에서 속개되었다. 먼저 조슈의 가쓰라가 '조슈는 막부의 처분을 거부한다'고 천명하고, 사쓰마의 사이고는 '이번 막부의 처분에는 명분이 부족한 듯하다'고 받았다. 앞서, 료마 도착 전인 8일부터 18일까지 이어지던 회담에서는 사이고가 '처분을 일단 참고 받으라'라고 고집하는 바람에 진전이 되지 않았었다.

그것은 분명 '반걸음의 진전'이었다. 그러나 그 다음은? 멀뚱히 앉아서 자신의 얼굴만 처다보는 가쓰라와 사이고에게, 료마는 쾌활한 어조로 말했다.

"그러면 분명히 합의해주십시오. '이제부터 조슈와 사쓰마, 사쓰마와 조슈는 힘을 합쳐 존왕의 목표에 열심히 매진할 것이다! 이 대의에 혹시라도 이의가 있으십니까?"

무표정한 사이고. 그러나 가쓰라는 눈썹을 추어올리며 한 마디 했다.

"이의 있소. 존왕만이 아니라 양이도 당연히 포함되어야 하오."

이번에는 사이고가 눈썹을 찌푸렸다. 료마는 재빨리 대답했다.

"자, 가쓰라 님! 지난번 4개국과의 전쟁에서 깨닫지 않으셨습니까? 서양과 싸워 이기려면 그들의 문물을 철저히 연구하고 도입해야 한다는 것을? 아직도 총포를 금지했던 막부의 낡은 훈령을 좇아서, 칼과 활로만 저들과 맞서실 생각이신가요?"

"양재洋才를 약간 활용하는 것이야, 우리 스승 요시다 쇼인께서도 인정하셨던 바요. 그러나 화혼和魂을 어지럽힐 서양의 제도나 교육, 복식 따위가 이 땅에 들어오도록 내버려둔다면…"

"글쎄요. 서양 문물을 조금 수용한다 해서 잃어버릴 화혼이라면, 그게 그렇게 중대한 것일까요? 사실 우리 일본은 예부터 당나라의 율령이라든가, 불교라든가, 요시다 쇼인 님께서 신봉하신 유교라든가 하는 것을 외국에서 꾸준히 들여오지 않았습니까? 그 모두가 우리 일본 문화를 화려하게 꽃피울 거름이 되었고 말입니다."

"말장난은 사양하겠소. 사카모토 님! 당신도 한때 양이에 목숨을 걸었던 사람으로서, 양이의 대의가 그따위 얄팍한 말장난으로 끝낼 문제가 아님을 아실 것이오."

"강경하시군요. 네, 말씀은 잘 알겠습니다. 그러면 보시지요. 모순이 아닙니까? 양이의 대의에 충실하시고 그것이 지켜지지 않는 한 죽음도 불사하시겠다면, 개국을 국시로 삼은 지 오래인 사쓰마와 결맹하기 위해 여기까지 오신 것은 또 무엇입니까?"

"으음, 그건…"

말문이 막혀 버린 가쓰라에게 미소를 지어 보이며, 료마는 말을 이어갔다.

"확실한 것은 지금의 막부로는 존왕도 양이도 어렵다는 것! 그렇다면 이 문제는 먼저 새로운 세상을 만든 다음에 논의해도 좋지 않겠습니까? 일단은 조슈와 사쓰마 모두 공감하는 존왕의 대의에만 집중하시지요."

가쓰라 고고로는 입을 꼭 다물고 대답하지 않았으나, 불만스러운 표정은 감출 수 없었다.

"그러면 이것으로 두 웅번의 협력 원칙은 바위처럼 단단하게 정해진 셈입니다. 아아, 경사입니다. 참으로 경사입니다!"

너스레를 떠는 료마에게 가쓰라가 핏대를 세우며 힐문했다.

"그래, 그건 그렇다고 칩시다. 설마 그런 원리원칙만 합의하자고 이 자리가 마련되지는 않았을 게 아니오? 더 현실적인 이야기로 들어가서, 대체 사쓰마는 얼마의 병력을 빌려주시겠다는 겁니까?"

료마가 미처 대답하기 전에, 사이고가 당황한 낯으로 말했다.

"그 점은, 가쓰라 공! 전이나 지금이나 변함없소이다. 우리 사쓰마는 천황께서 임명하신 쇼군의 군대에 공식적으로 맞설 수는 없소이다."

가쓰라가 얼굴빛이 변해서 뭐라고 말하려는데, 료마가 사이고를 쳐다보며 질문했다.

"그러면 귀 번은 무엇으로 조슈 번과 협력하시려는지요?"

"전부터 누누이 말씀드린 그대로요. 예전 정벌 때 그랬듯, 폐하께 잘 말씀드려서 일이 원만히 마무리되도록 애쓸 것이오."

"답답한 말씀 그만두시오!"

갑자기 가쓰라가 화를 버럭 내며 벌떡 자리에서 일어났다.

"무슨 장난이오? '잘 말씀드린다?' '원만히 마무리된다?' 일이 좋게 끝났다고 해도 그게 말씀을 드린 덕인지 아닌지 알 수 없는 일이고, 나쁘게 끝났어도 우리는 말씀을 드렸는데 잘 되지 않았다, 유감이다 이러고 말 것이 아니오? 또 구체적으로 어떻게 마무리되어야 원만한 것이오? 조슈 사람 목을 세 개 자르면 원만하오? 서른 개 자르면 원만하오? 아예 조슈가 쑥대밭이 되더라도 하나도 빠짐없이 다 죽은 게 아니라면 그만하면 원만하다고 하지 않겠소? 그런 소리는 병사 한 명 보태주는 것보다 못하오!"

펄펄 뛰는 가쓰라를 가까스로 무마한 료마는 다시 사이고에게 물었다.

"사이고 공, 그러면 결국 어떤 경우에라도 사쓰마는 이번 일에 병력으로 조슈를 돕지 않겠다는 것인가요?"

"안타까운 마음 그지없소만, 그러하오. 나도 사나이요. 보잘것없지만 사무라이의 집안에서 난 사람이라오. 사쓰마가 내 수중의 물건이라면 어찌되든 출병을 선택하겠소만, 공적인 일을 맡은 지금 이 몸이 할 수 있는 말은 그것뿐이오."

"알겠습니다. 억지로 할 수는 없는 일이죠. 그러면 그 말씀대로 하기로 합시다."

이번에는 가쓰라의 경악과 분노가 료마에게 쏟아졌다.

"사카모토 님, 그게 무슨 말이오? 오호라, 일이 잘 풀렸다고 하시더니, 그게 사쓰마를 위해 잘 풀렸다는 것이었소? 분기탱천해서 뛰어나가시더니 그 사이에 조슈를 버리고 사쓰마에게 충성하기로 하신 것이오? 내가 사람을 잘못 봤군!"

"가쓰라 님, 제발, 제발 진정하십시오. 그리고 제 말씀을 들어 주십시오! 자, 우리는 이미 이번 막부의 조치에 수긍하지 않음을, 그리고 존왕을 위해 힘을 합칠 것을 합의했습니다. 그 과정에서 사쓰마에서는 반 발짝 앞으로 나와주셨고, 이제 사쓰마의 사정을 봐서 직접적인 병력 지원을 포기한다면, 조슈는 한 발짝 뒤로 물러서시는 것이 됩니다! 그러면 이제 남은 것은 하나, 사쓰마에서 반 발짝 더 앞으로 나와주시면 됩니다. 그러면 두 번의 동맹은 완벽하게 성사되는 것이지요."

양이를 포기하면서 우리는 한 발짝 더 물러선 셈이라는 가쓰라의 웅얼거림을 못 들은 체, 사이고가 큰 눈을 굴리며 질문했다.

"또 반 발짝이라. 그게 대체 무엇이오?"
"간단한 일입니다. 막부와 조슈의 싸움이 시작되는 즉시, 사쓰마는 교토에, 그리고 오사카에 병력을 보내 수비하는 것입니다!"

순간 사이고의 큰 눈이 더 크게 떠졌고, 자기도 모르게 '호오!' 하는 소리가 입에서 새어나왔다. 가쓰라는 잠시 고개를 갸우뚱하더니, 이내 그 얼굴빛이 달라지며 조용히 자리에 앉았다.

이것이야말로 신의 한 수라고 불릴 만한 해법이었다. 외형상으로는 사쓰마가 조슈가 아닌 교토로 파병하는 일이 막부에 대적하는 것으로 보이지는 않았다. 도리어 금문의 변 때처럼 '조슈에 동조하는 무리의 준동에서 조정을 지킨다'는 행동으로 보일 수도 있었다.

그러나 조슈와 사쓰마 사이의 움직임을 잘 알고 있을 막부로서는 긴장하지 않을 수 없다. 쇼군이 조슈와 투닥거리고 있는 사이에 사쓰마가 앞서, 바로 금문의 변에서, 조슈가 그랬듯 천황을 손에 넣고 쇼군을 해임한다는 칙령을 내려 버린다면? 그렇게까지는 아니더라도, 교토에 사쓰마의 병력이 도사리고 있는

[9-3] 일본 막부 최후의 쇼군 도쿠가와 요시노부(德川慶喜, 1837-1913). 1867년 10월 14일 일왕에게 국가통치권을 돌려준 '대정봉환' 사건의 주역. 출처 위키미디아

이상 막부로서는 앞뒤에 적을 두고 있는 것이나 마찬가지다. 자연히 초조해질 수밖에 없으며, 병력 운용이나 전략 전술에 차질이 생길 수밖에 없다. 그러나 대놓고 사쓰마에게 퇴병을 명할 수도 없다. 명분으로는 문제 삼을 게 없기 때문이다. 따라서 이 방법을 쓰면 사쓰마는 막부와의 정면 대결을 피하면서도 조슈에게 힘이 되어줄 수 있었다.

료마, 천명을 바꾸다

이렇게 해서 담판은 급진전되며, 마침내 1867년 1월 21일 사쓰마 조슈 동맹

은 성사된다. 밀약이니만치 문서는 따로 남기지 않았는데, 이 점이 안심이 안 되었던 가쓰라 고고로는 조슈로 돌아가서 사카모토 료마에게 편지를 보낸다. 그 내용에서 당시 합의된 '동맹 6개조'를 나열한 다음 '이것이 실제 합의되었음을 보증해달라'고 료마에게 요구한다.

첫째, 조슈와 막부가 전쟁을 벌이면 사쓰마는 교토와 오사카에 병력을 보내 방위에 임한다.

둘째, 조슈-막부 전쟁에서 조슈가 승세를 타면, 사쓰마는 천황께 호소하여 조슈를 응원한다.

셋째, 조슈-막부 전쟁에서 막부가 승세를 타면, 사쓰마는 조슈의 피해가 최소화되도록 노력한다.

넷째, 막부가 군대를 돌이켜 전쟁이 일어나지 않으면, 사쓰마는 천황께 호소하여 조적의 누명을 벗을 수 있게 노력한다.

다섯째, 이상과 같은 사쓰마의 노력에 아이즈, 쿠와나 번 등이 간섭한다면, 사쓰마는 무력을 써서라도 그들에게 굴하지 않는다.

여섯째, 이 시점부터 조슈와 사쓰마는 협력하여, 존왕의 목표에 일심으로 매진한다.

가장 결정적인 '사쓰마의 교토 출병'이 제1조로 잡혀 있음을 볼 수 있다. 원래 료마는 이것과 '사쓰마가 외교적으로 조슈를 돕는다', 그리고 원리원칙을 밝힌 '협력하여 존왕의 목표를 추구한다'의 3개조로 담판을 마무리 지을 생각이었다. 그러나 '외교로 언제 어떻게 돕겠다는 것인지 좀 더 분명히 해달라'는 조슈의 요청에 따라 2차 정벌에서 조슈가 유리하든, 불리하든, 아예 정벌이 취소되든 사쓰마는 반드시 외교적 노력을 하겠다는 것을 보여주고자 조항이 세 개로 늘었다. 그리고 막판에 가서 '쇼군이 사쓰마의 병력을 직접 어떻게는 못하겠지만, 아이즈 번 등에서 치고 들어올 수 있지 않은가'라는 문제가 제기됨으로써 다섯 번째 조항이 추가되었다.

언뜻 보면 두 번 가운데 사쓰마에게만 책임이 과중한 듯 보인다. 6개 조항에서 조슈가 뭔가를 해야 하는 조항은 마지막의 '협력' 조항뿐이고, 전부 사쓰마가 뭔가를 해야 하는 내용으로만 채워져 있기 때문이다. 그러나 사실은 반대다. 사쓰마가 막부의 뒤통수를 간지럽게 만들기는 했어도, 직접 몸으로 부딪치며 싸우는 일은 고스란히 조슈 몫이다. 조슈 혼자 싸우다가 패망한다면, 사쓰마는 '교토로 병력을 보낸 까닭은 친 조슈 분자들의 준동을 막기 위해서였다'고 변명하며 적당히 손을 털어버릴 것이다. 따라서 동맹을 유지하고 전쟁에서 살아남으려면, 조슈는 죽기 살기로 싸워야만 했다. 합의와는 별도로 사쓰마에서 조슈에 신식 무기를 대주었다고도 하는데, 확실하지는 않다.

아무튼 일은 잘 풀렸다. 질서정연하게 맞서는 조슈군을 막부군이 제압하지 못하고 쩔쩔매다가 1866년 7월, 직접 병력을 지휘하던 도쿠가와 이에모치 쇼군이 급사하는 바람에 제2차 조슈 정벌은 막부의 대실패로 끝났던 것이다. 사쓰마의 움직임에 대해 늘 신경을 곤두세우고 있었기 때문에, 그리고 사쓰마 조슈 동맹 소식이 암암리에 전해지면서 다수의 번들이 막부의 거병 지시에 불응했기 때문에 가능했던 일이었다. 그 뒤 막부의 운명은 내리막길을 걸었다. 파국 직전에 이루어진 사쓰마 조슈 동맹은 일본의 역사, 나아가 적어도 20세기 전반에까지 동아시아 역사의 물줄기를 바꾸었다. 사카모토 료마, 하급 무사 출신이며 그나마 자신의 번을 두 번이나 이탈하면서 고향에 돌아가지도 못하는 유랑자 신세였던 그가 감히 천명天命을 바꾸었던 것이다.

그러나 료마는 자신이 극적으로 성사시킨 사쓰마 조슈 동맹의 결실을 마지막까지는 보지 못했다. 그는 1867년 2월 5일 위의 편지에 다음과 같이 이서(裏書: 보증하는 의미로 제 3자가 서명하는 것)하여 가쓰라에게 돌려보냈다. 6개 조항은… 사실과 조금도 다름이 없으며, 이는 하늘과 땅이 아는 일이다. 그러니 장래에도 결코 변하는 일이 없으리라. 사카모토 료마." 편지를 받은 지 며칠이나 지난 다음의 일이었는데, 늦어졌던 까닭은 사쓰마 조슈 동맹이 체결되고 이틀 뒤인 24일, 데라다야 여관에서 그가 친막부 검객들의 습격을 받았기 때문이다. 그 습격은 그럭저럭 넘어가서 료마는 1867년 10월 14일, 막부가 정권을 천황에게 돌려주는 '대정봉환'이 이루어지는 것을 본다. 그렇지만 약 1개월 뒤, 료마는 다시 찾아온 암살단을 피하지 못했다. 향년 33세. 천명을 바꾼 개인에게 내려지는 피할 수 없는 업보였을까.

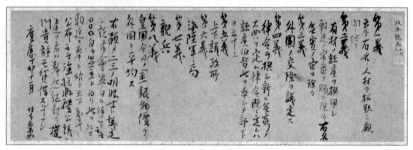

[9-4] 사카모토 료마의 신정부강령8책 친필본. 게이오 3년(1867년) 11월 메이지 유신 이후의 신 정부 설립을 위해 제시한 정치 강령으로, 현재 료마의 필사본 2매가 각각 일본의 국립국회도서관과 시모노세키 시립 조후 박물관에 소장되어 있다. 출처 위키백과

오늘날 일본에서 사카모토 료마는 '가장 존경받는 역사인물' 중 한 명으로 꼽힌다. 경제대국을 이루었지만 외교, 국방 면에서는 국제사회에서 늘 아쉬운 처지인 일본의 자존심을 살릴 수 있는 지략가, 불가능한 협상을 기적적으

로 성사시키는 위대한 협상가의 모습을 료마에게서 찾기 때문이리라. 그러다 보니 반박의 목소리도 나온다. 료마만 너무 부각시키고 협상의 실제 주체였던 가쓰라와 사이고의 결단을 평가절하한다는 것, 사쓰마 조슈 동맹은 료마만의 구상이 아니라 그 스승인 가쓰 가이슈를 비롯한 여러 사람들의 구상이었고 료마는 스승의 가르침대로 움직였을 뿐이라는 것 등등이다.

그러나 생각을 하기는 쉽지만 그 생각을 실현시키기란 보통 어려운 일이 아니다. 두 번의 대표자들이 결맹할 필요성을 절감하면서도 그럴 수 없는 이유 때문에 딜레마에 빠졌을 때, 양쪽 다를 만족시키는 묘수를 찾아내고 그것이 유일한 해법임을 양쪽 모두에 납득시키는 일도 쉬운 일이 아니다. 그것은 사카모토 료마의 재기와 언변 덕이기도 하리라. 그렇지만 '정말로 자기 상품이 훌륭하다고 생각하지 않는 세일즈맨은 최고의 실적을 올릴 수 없다'는 흔한 격언처럼, 그것은 이 젊은 사무라이가 진심으로 자기 조국을 사랑했으며, 그 조국의 더 나은 미래를 위해 사쓰마 조슈 동맹을 반드시 이루어야만 한다는 생각을 절절히 가슴에 새겼기 때문에 가능했을 것이다. 천명天命은 종종 그런 뜨거운 가슴에, 젊은 피에 감동하여 움직인다.

제10장

네 도시 이야기,
레이건-고르바초프 회담

"핵무기 동결의 문제라면, 우리는 자만심을 버릴 필요가 있습니다. 이 문제에서 우리가 우월하다고 판단하거나, 두 나라 모두 잘못이 있다고 주장하거나, 저 '악의 제국'이 그 성향 상 늘 도발을 욕망하며 실제 역사상으로도 도발을 거듭해 왔음을 도외시하는 일. 군비경쟁이 어리석은 오해에서 빚어졌다고 하는 일. 이는 우리 스스로 정의와 불의의 싸움, 선과 악의 투쟁에서 벗어나도록 꾀는 일입니다."

1983년 3월 8일 로널드 레이건 미국 제40대 대통령은 플로리다 소재 복음주의협회에서 행한 연설에서 위와 같이 말했다. 악의 제국! 미국은 건국 이래 여러 적들과 맞서왔다. 영국, 에스파냐, 멕시코, 카이저의 독일, 나치스 독일, 북한, 베트남… 그렇지만 소련만큼 이념적으로 양립할 수 없고, 패배의 두려움을 느낄 정도로 강대한 적과 맞선 적은 없었다. 비록 실제 전쟁은 세계의 이곳저곳에서 간접적으로만 치렀고, 주로 냉전을 치러왔으나, 언제고 두 나라가 전면전에 들어간다면 그것은 두 나라의 파멸을, 심지어 세계의 종말을 가져오리라는 공포감이 모든 사람의 뇌리에 박혀 있었다. 소련에는 미국의 보유

량을 능가할 만큼 많고 또 강력한 핵무기들이 있었기 때문이다.

그래도 레이건이 자신의 연설에서 쓴 '악의 제국'이라는 표현만큼 소련을 노골적이자 극단적으로 적대시한 표현은 없었다. 그것은 당시 두 나라의 관계가 최악이었음을 반영했다. 두 나라는 각각 케네디와 흐루쇼프가 권좌에 있을 때 어느 정도 서로를 인정하고 대화를 시도하여 동서냉전의 '해빙기'를 맞기도 했으나, 이후 브레즈네프의 집권기에는 대체로 대립과 불신이 심화되었다. 체코슬로바키아 민주화 운동, '프라하의 봄'을 무력 개입으로 봉쇄하고, 폴란드 자유노조 운동도 탄압했다. 아프가니스탄에 군대를 보내고(이는 미국이 가장 중시하는 해외 지역인 중동 석유지대에 손을 뻗치는 것이었다), 엘살바도르와 니카라과에서 공산주의 쿠데타를 후원했다(이는 미국의 앞마당을 적화시키려는 시도였다). 이에 맞서 서방세계에서도 미국의 레이건, 영국의 대처, 일본의 나카소네, 한국의 전두환 등이 등장해 '신보수주의'의 깃발 아래 강력한 반공 정책을 폈다. 어떻게 보면 치졸하기까지 한 동서의 대립은 미국이 손을 써서 1980년 모스크바 올림픽이 공산권 국가들만의 대회가 되도록 하고, 그 보복으로 1984년 LA 올림픽은 공산권이 전부 불참한 대회가 되는 모습으로 일반 대중에게까지 뚜렷해 보였다.

그렇지만 핵무기를 없애지는 않더라도 좀 줄여야 한다는 인식은 이런 대립 속에서도 꿈틀대고 있었다. 양국 지도자들도 상호 확정적인 파괴의 가능성이 못내 꺼려졌기 때문이다. 그리고 한동안 서방 측에는 알려지지 않았지만, 소련의 군비 부담이 너무 컸기 때문이다.

소련을 비롯한 사회주의권의 몰락, 그 가장 큰 이유가 서방과의 지나친 군비 경쟁에 있었음은 이제 상식이 되어가고 있다. 소련의 마지막 서기장이 된 고르바초프는 취임 후 받은 보고에서 '사회주의 정신'으로 무장되어 있어야 할 소련 국민의 알코올 소비량이 제정 러시아 때의 2.5배에 달한다는 사실을 알고 깜짝 놀랐다. 소비재와 농산물 공급이 하도 열악하다 보니, 국민들이 모자란 칼로리를 보충하고 힘든 현실에 대한 분을 삭이고자 술을 습관적으로 찾았기 때문이었다. 식료품 가게마다 매일 길고 긴 줄을 서야만 하고, 그나마 헛수고가 많아 암시장이 없으면 생활을 유지하기도 어려웠다. 배급제였던 주택은 10년이 넘도록 배급되지 않는 수가 많아 신혼부부가 기다리다 지쳐 이혼해버리는 지경이었다. 그렇게 될 수밖에 없었던 데는 돈 먹는 공룡이라고 할 군수산업이 버티고 있었다. 무기 제조 공장은 번쩍거리는 최첨단 시설로 도배된 반면, 농기계들은 케케묵은 물건이고 제대로 움직이지도 않는 상황이었다.

거기에다 1970년대에 접어들어 베트남전 실패에 따른 미국 내의 전쟁 혐오 분위기도 작용하여, 핵전력 군비경쟁의 완화가 양국 간에 모색된다. 이것이 바로 전략무기제한협정(SALT)이다. 이를 하나의 계기로 동서 간 '데탕트' 분위기가 한동안 조성되는 듯도 했다. 그러나 1972년부터 협의되고 1979년 체결된 제2차 협정(SALT II)은 양국관계가 다시 나빠지면서 끝내 미국 의회의 승인을 얻지 못했다. 1982년에는 레이건의 발의로 한 단계 강화된 전략무기감축협정(START, SALT III라고도 한다)이 협의되기 시작했으며 레이건은 이 문제를 주요 의제로 삼는 미·소 정상회담을 소련 측에 제의하기도 했다. 하지만 크렘린은 대답하지 않았는데, 브레즈네프가 병중이었고 끝내 그해 11월에 사망했기 때문이다. 이후 START가 지지부진해지고, 아프간 문제나 엘살바도르 문제 등이 개선될 기미가 없자 레이건은 1983년에 '악의 제국' 발언을 하게 된다.

고르바초프의 등장이 가져온 기회

그러나 소비에트 연방은 흔들리고 있었다. 브레즈네프 사망으로 18년 만에 바뀐 최고지도자, 안드로포프는 2년이 못 되어 또 사망한다. 그 후임자 체르넨코마저 1년 만에 사망한다. 소련이 말 그대로의 제국은 아니었으나, 군주가 자주 바뀌는 왕조는 안정적일 수 없다. 다른 시각에서 보면 이는 '죽을 날이 멀지 않은' 고령자들이 수뇌부에 포진해 있음을 의미했으며, 역시 소련의 불안 요인으로 비쳤다.

그러던 중 1985년 3월 브레즈네프 이후 세 번째의 최고지도자가 된 미하일 고르바초프는 여러 가지로 참신해 보였다. 트럭운전사의 아들로 '흙수저'였던 그는 정치국에 포진해 있던 '노멘클라투라'라 불리던 특권계층과는 거리가 멀었으며, 취임 당시 54세로 스탈린 사후 소련 공산당 서기장으로는 역대 최연소였다. 그리고 골수 공산주의자였으나, 개혁 의지와 열정 또한 대단했다. 개혁하지 않으면 사회주의의 조국은 이대로 무너질 수밖에 없다는 것이 그의 신념이었고, 그 신념은 최고지도자가 되어 체제의 심각한 실상을 여실히 듣고 봄으로써 더욱 굳어졌다.

'페레스트로이카(개혁)'만큼이나 '글라스노스트(개방)'에 대한 열의도 컸다. 크렘린은 역대 소련 지도자들에 의해 온갖 음습한 비밀을 숨긴 마궁魔宮의 이미지를 얻었으나, 고르바초프는 자신의 크렘린 생활을 공개 가능한 최대한까지 일반에 공개했다. 호위병도 없이 갈채하는 군중 사이를 다니며 환히 웃고 악수하는 그의 모습은 서방 민주국가의 지도자와 다른 점이 없었다. 오죽하면 "공산주의자는 모두 똑같다"는 강한 편견을 가졌던 영국의 마거릿 대처도 그를 만나보고는 "이 사람하고는 이야기가 통한다. 함께 일할 수 있는 사람이다"라고 평가할 정도였다.

하지만 군사안보가 문제라면 분위기가 별로 화기애애하지 않았다. 레이건과 대처는 1985년에 고르바초프가 잇달아 내놓은 핵무기 감축안을 퇴짜 놓았다.

그리고 같은 해에 두 번째 임기를 시작한 레이건은 두 해 전에 내놓았던 '전략방위구상(SDI)' 실현에 박차를 가했다. '스타워즈 계획'이라는 별명이 붙었던 이 구상이 실현되면 소련의 대륙간 탄도미사일은 인공위성에 의해 모조리 요격된다. 따라서 소련이 나라가 거덜 날 정도로 국력을 짜내서 구축한 지상 최대의 핵전력은 무용지물이 되고 만다. 이 문제는 반드시 해결해야 한다는 게 고르바초프를 포함한 크렘린의 일치된 의견이었다.

해결 대안은? 세 가지가 있었다. 첫 번째는 사실상 대안이라기보다는 '운에 맡기는' 식이었지만. 첩보부와 과학자 집단의 소수 의견을 믿고, '미국은 스타워즈 실현에 성공하지 못할 것'이라 여기며, 손가락이나 빨고 있자는 것! 이 대안을 고르바초프는 거의 돌아보지 않았다. 두 번째는 소련 스스로도 스타워즈 역량을 확보하는 것이었다. 그러나 이는 첫 번째가 차라리 나아 보일 만큼 비현실적이었다. 감당이 불가능한 예산과 아직 손에 넣지 못한 첨단기술이 필요했던 것이다. 그래도 고르바초프는 여기에 약간의 희망을 걸고 비밀리에 계획을 계속 추진했다. 그러나 결국 1980년대 말에 포기할 수밖에 없었다.

세 번째 대안, 그것은 '대화로 해결'하는 것이었다. 단절된 지 오래인 미국과의 정상회담을 열고, 어떻게든 미국 대통령을 설득해 SDI를 포기하도록 하는 것! 이 역시 실현 가능성이 높아 보이지는 않았으나, 고르바초프는 자신의 좋은 이미지와 능란한 화술에 최대한 기대를 걸어보기로 했다.

레이건 역시 '흐루쇼프와 당당히 맞섰던 케네디'의 이미지를 이어받을 생각에 브레즈네프 때부터 정상회담을 선호했다. 소련의 신임 외무장관 셰바르드나제와 미국 국무장관 슐츠가 양국의 수도를 오가며 정상회담의 밑 준비를 했다. 그러나 제네바에서 열리게 된 미소 정상 회담에 대해 세계 언론은 지대한 관심을 쏟으면서도 "큰 기대는 안 하는 게 좋다"는 평가를 대체로 내렸다.

고르바초프가 전에 없이 강경한 자세를 보이는 것으로 관측되었기 때문이다. 그는 '소련의 경제력으로는 군비경쟁을 밀어붙이기 어려우리라는 추정, SDI로 미국은 현저한 우위를 점하리라는 추정, 제네바 합의에서 소련이 미국보다 다급하게 나오리라는 추정'은 서방측의 얼토당토않은 희망일 뿐이라며 소련의 힘과 기술은 서방에서 평가하는 것보다 훨씬 앞서 있다고 호언했다. 그러나 그것은 순전히 협상에서 없어 보이지 않으려는 허풍이었고, 그것이 허풍이라는 사실을 미국도 어느 정도 감 잡고 있었다. 도둑이 제 발 저리는 것 아니겠는가? 그러나 고르바초프도 결국 공산주의자일 뿐이며, 저런 자세로 미루어 회담의 성과는 오랜만에 미소 정상이 만났다는 것 이상이 되지 못하리라는 판단이 대세였다. 이 역시 착오가 아닐 수 없었다.

두 사람이 상대에 대해 편견을 가진 채 만났음은 틀림없다. 고르바초프는 SDI를 포함한 레이건의 군사 프로젝트가 소련과 마찬가지로 미국도 군산복합체에 발목이 잡혀 있기 때문이라고 믿었다(하지만 사실 군수산업은 미국 GDP의 3퍼센트 정도에 그쳤다). 레이건은 소련이 세계의 적화를 절대로 포기하지 않을 것이고, 자국의 군사력이 미국을 압도할 수 있을 때까지 준비했다가 실행에 들어갈 생각이며 그런 선에서 SDI를 저지하려는 것이라고 믿고 있었다. 그러나 저러나, 두 사람은 만났다.

제네바에서의 첫 만남

1985년 11월 19일, 정상회담이 열린 날에 대해 레이건은 "맑은 날씨, 기온은 아주 쌀쌀했다. 나는 숙소에서 그림처럼 아름다운 제네바 호수를 내려다보며, 고르바초프라는 인물에 대해 골똘히 생각했다"라고 회고했다. 그가 회담장에 먼저 도착해 있다가 약간 늦게 도착한 고르바초프를 맞이하러 나오자, 코트

[10-1] 1985년 11월 19일 미-소 정상회담을 위해 1차 회담장인 제네바 플뢰르도 별장 앞에서 미하일 고르바초프 소련 공산당 서기장을 맞이하는 로널드 레이건 미 대통령. 코트를 입지 않은 레이건 대통령의 모습이 특이하다. 출처 로널드 레이건 대통령 도서관(Ronald Reagan Presidential Library), 파일 아이디(id) C32042-10.

를 걸치지 않은 차림의 레이건을 본 고르바초프는 "이런 날씨에 왜 코트를 입지 않으셨냐"고 첫 만남에서의 첫 질문을 했다. 레이건은 "안은 따뜻하거든요"라고 대답하고는, 고르바초프의 팔꿈치를 가볍게 잡고 안으로 안내했다.

고르바초프의 첫인상에 대해 레이건은 "호감이 가는 인물이었다. 위엄 있으면서 온화했다. 내가 만나본 소련 고위급들에게서 한결같았던 증오심을 품은 냉랭함, 그것이 보이지 않았다. 내가 내민 손을 그는 따뜻하게 잡았다"라고 회고했다. 그러나 고르바초프는 "레이건이 대책 없는 보수파라고 알고 있었다. 막상 만나보니 그 이상이었다. 마치 공룡과 같은 사람이었다"라고 회고했다.

본래 계획상으로는 정상회담장에서 먼저 15분 정도만 가볍게 이야기를 나누고, 각자의 참모들을 배석시킨 확대 회담에서 본격적인 논의를 하는 것이었다. 그러나 두 사람은 한 번 마주 앉더니 이야기를 멈추지 않아, 한 시간 동안 둘만의 대화를 했다.

"지금 우리는 서로 마주 보고 앉아 있습니다. 우리는 세계 제3차 대전을 일으키는 장본인들이 될 수도 있습니다. 그렇지만 세계 평화를 이룩하고, 전쟁을 근절시키는 일 또한 할 수 있습니다. … 우리는 무기가 있어서 서로를 못 믿는 게 아닙니다. 못 믿기 때문에 무기를 갖고 있는 것이죠. … 미국인과 소련인이 서로에 대해 더 많이 알게 된다면, 많은 공통점을 발견하게 될 것입니다. 그리고 우정을 싹틔울 것입니다."

먼저 말문을 연 레이건은 그 특유의 '할리우드식 연설', 현학적 인상을 피하려 일부러 가볍게 손본 미사여구와 대단하게 들리지만 조금만 생각해보면 알맹이가 없음이 드러나는 언사로 도배한 회담 개막사를 했다. 고르바초프는 제법 감동했는데, 글로 읽었다면 어리둥절했겠지만 배우 출신 레이건의 진지하고 열성적인 태도에다 통역의 한계 때문에 그랬다. 답사에서, 고르바초프는 진중한 주장을 펴면서도 군데군데 유머를 섞었다.

"… 가장 시급한 문제는 군비경쟁을 그만두는 것입니다. … 오늘날의 세계는 대결이 아닌 협력을 필요로 합니다. … 우리나라에는 이런 수수께끼도 있답니다. 길이가 10미터쯤 되고 주로 감자를 먹는 것은 뭘까? 식료품점 앞에 늘어선 줄이라고 합니다. 그러나 우리는 이 문제를 극복해나가고 있습니다. … 우리의 과학기술력은 이만큼 훌륭합니다. 최근 보고에는 이런 것도 있더군요. 3년 안에 캘리포니아에서 리히터 7.0 이상의 지진이 일어날 것으로 예측된다고! 대통령 각하는 캘리포니아 주지사를 지내셨죠? 고향 분들께 조심하라고 말씀 전해주시면 좋겠습니다."

레이건은 가벼운 미소를 띤 채 중간 중간 고개를 끄덕이며 고르바초프의 연설을 들었으나, 캘리포니아 지진을 언급한 부분에서는 눈살을 찌푸렸다. 이 공산주의자는 핵만이 아니라 자연까지 좌지우지할 수 있다고 믿는 건가?(그런데 실제로 제네바 회담이 지나고 3년이 더 지났을 때 샌프란시스코에서 7.1의 지진이 일어나 버렸다) 그래서 의례적인 인사 뒤에, 다소 낯선 발언을 꺼냈다.

"서기장님, 제 고향까지 걱정해주셔서 감사합니다. 다만 제 고향은 캘리포니아가 아니라 일리노이입니다. … 말씀드린 대로 우리는 서로에 대한 불신을 건너가야 하는데, 미국인들이 소련인들에게 대해 품는 최대의 불신이 무엇인지 아십니까? 바로 혁명 의지입니다. 공산주의 혁명을 전 세계로 퍼뜨리고 전 세계를 마르크스주의로 뒤덮어버리자는 의지랄까, 집념이랄까, 망상이랄까 하는 것이지요. 이 점을 조금이라도 포기해주신다면 우리는 소련에 대해 훨씬 살갑게 생각하게 될 것입니다."

고르바초프는 정색했다.

"대통령 각하, 오해입니다. 우리가 '모스크바는 뭐든지 할 수 있다'고 믿고 있을까요? 저는 아침에 눈만 뜨면 '자, 어느 나라에 혁명을 일으킬까?'라고 생각할까요? 어이없는 오해입니다. 우리는 우리의 삶을 먼저 생각하고, 대부분 그 생각만 합니다."

회담이 예상보다 길어지자 밖에서 대기 중이던 양측 수행원들은 안절부절 못했는데, 미국 쪽에서 한 사람이 '들어가서 시간이 오래 지체되었음을 알려야겠다'고 움직이려 하자 슐츠 국무장관이 화를 버럭 내며 저지했다. 두 정상과 통역관만 있는 장소에 어느 한쪽 진영 사람이 들어간다면, 상대 쪽에 큰 오해를 살 뿐 아니라 잘못하면 걷잡을 수 없는 사태까지 일어날 수 있다. 마침내 두 정상이 환한 웃음을 보여주며 나오자, 오찬이 준비되었다. 확대 회담은 오후에 속개하기로 했다.

양쪽에서 50명씩 나와서 모두 백 명이 초대형 라운드테이블에 앉으면서 시작된 오후 회담에서는 고르바초프가 먼저 말을 꺼냈다.

"대통령 각하와 귀국의 오해에 대해 말씀드리겠습니다. … 귀국이 우리나라를 두려워할 까닭은 전혀 없습니다. 오히려 귀국이 그 근거 없는 '두려움'을 핑계로 추진하고 있는 무시무시한 군비증강이 문제입니다. 제가 보기에 귀국의 군산복합체, '죽음의 상인'들이 유언비어와 근거 없는 선동으로 귀국 정부와 대중을 부추겨 비극적인 전쟁으로 몰고 가려 하는 것! 그것이 오늘날 두 나라와 세계가 처한 위기의 본질입니다."

레이건과 슐츠의 눈썹이 동시에 찌푸려졌다. 거의 30분이 지나도록 '미국이 군비증강을 그만두면 모든 것이 잘 풀린다'는 이야기를 늘어놓은 고르바초프가 마이크를 끄자, 레이건이 이어받았다.

"서기장님, 유감이지만 서기장님과 귀국이야말로 오해가 심한 듯합니다. 우리의 의구심에는 근거가 있습니다. 얄타 회담 이래 귀국이 우리와의 약속을 제대로 지킨 적이 있습니까? 당장 아프간만 봐도 그렇습니다. 또 얼마 전의 참혹한 사건, 한국 민간여객기를 격추해놓고 그 비행기가 첩보행위를 하고 있었느니 어쩌니 하는 얼토당토않은 변명을 내놓은 일만 봐도 그렇습니다! … 귀국이야말로 우리를 두려워할 필요가 전혀 없습니다. 우리 미국이 언제 평화와 자유를 지키는 나라를 침공하던가요? 아까 오전에도 말씀드렸지만, 양국이 마음을 열고 신뢰를 구축하는 일이야말로 위기 극복의 길입니다."

이번에는 고르바초프의 눈썹이 찌푸려졌다. 그는 마이크를 잡고, 그동안 직설적으로 짚지 않고 에두르기만 했던 주제, 회담의 가장 중대한 주제를 꺼냈다.

"미국이 침공을 한 적이 없다 하셨지만, 저는 왜 베트남, 쿠바의 픽스 만, 칠레의 아옌데, 그레나다가 떠오를까요? 뭐, 여기서 그런 이야기를 자세히 하고 싶지는 않습니다. 그러나 이것만은 말씀드려야겠습니다. 귀국이 추진하고 있다는 전략방위구상이라는 것, 그것이 지금 양국관계를 가장 크게 위협하고 있으며, 나아가 세계평화까지 위협하고 있습니다. 대통령 각하께서 정말로 평화를 사랑하신다면, 위기 극복에 뜻이 있으시다면, 이 구상을 중단해 주시기를 간곡히 부탁드립니다."

이 이야기가 나올 줄 알고 있었던 레이건은 주저없이 반박했다.

"그 말씀 또한 오해입니다. SDI는 전적으로 방어수단입니다. 귀국이나 다른 나라가 우리나라를 탄도미사일로 공격할 가능성이 없다면, 우리도 SDI를 개발할 필요가 없겠지요. 그러나 그런 가능성이 결코 적지 않은 지금, SDI는 필요합니다. 그리고 우리가 그것을 보유한다고 해서 세계평화가 위협받는다는 말씀은 이해하기 어려운 주장이십니다."

이번에는 고르바초프의, 예상된 반박에 대한 재반박.

"전적인 방어수단이라. 그 말씀은 이치에 안 맞는군요! 생각해보십시오. 만약 우리나라가 귀국으로부터 핵공격을 받을 위험에 처했다면, 우리는 우리의 핵으로 방어할 수밖에 없습니다. 과거 레닌 동지의 시절에 귀국과 영국, 프랑스 등이 반동 극우 반역자들을 후원하여 육지 병력으로 우리나라를 무너트리려 했을 때는 우리 붉은 군대가 목숨을 걸고 막아냈지요. 히틀러의 군대 역시 막아냈습니다. 그러나 지금은 우리 변방을 지키는 병사들의 머리 위로 날아와서 모스크바나 레닌그라드를 순식간에 잿더미로 만들 수 있는 수단이 귀국에 있고, 우리는 같은 전력으로 귀국을 상대해야만 합니다. 공멸을 바라지 않는 이상 귀국이 손을 쓰지 못하게 억제함으로써, 핵전쟁을 막고 있는 것이죠. 그런데 SDI가 실현된다면 우리의 억제력은 사라집니다. 그때부터 귀국은 마음 놓고 우리 소련 인민들에게 죽음과 파괴의 세례를 퍼부을 수 있게 되는 겁니다. 이래도 단지 방어수단일 뿐이라고 말씀하시겠습니까?"

"답답한 말씀이시군요. 우리는 살인마들이 아닙니다! 우리가 왜 죄 없는 수천만 명의 소련 민간인들을 죽음으로 몰아넣겠습니까? 우리의 핵이야말로 억제수단입니다. 그러나 충분치 못하다 싶어서 SDI를 추진하고 있을 뿐입니다.

귀국이 세계혁명을 단념하고 우리를 공격할 의사가 없음을 분명히 하는 날이면 핵이고 SDI고 다 쓸데없어집니다. 그러니까 먼저 신뢰를 회복하고, 그 과정에서 상호 핵군축을 합시다. 그게 정도입니다!"

"아닙니다! 기울어진 운동장에서 어떻게 친선 게임을 벌일 수 있겠습니까? 상호 핵군축에는 저도 찬성입니다. 그러나 SDI부터 먼저 단념하십시오. 그러지 않고서는 아무 일도 안 됩니다."

"그러면 귀국도 먼저 아프가니스탄에서 손을 떼 보이십시오!"

"그렇게 할 겁니다. 그러나 정치적인 해결 과정이 필요하지요. 일국의 정상이라면 잘 아실 것 아닙니까?"

"그렇게 말씀하시면서 우리에게 믿음을 주실 수 있다고 생각하십니까? 서기장님?"

"왜 귀국이 우리를 믿는 것보다, 우리가 귀국을 더 믿어야 합니까? 대통령 각하?"

'난롯가 회담'에서 이루어진 공방과 약속

분위기가 점점 격앙되고, 두 정상의 의견이 정면충돌하는 모습을 보며 양측의 보좌진들이 하나둘씩 입을 열기 시작했다. 곧 대화는 전문적인 영역으로 넘어갔으며, 레이건과 고르바초프는 그들이 이해 못할 전문용어를 써가며 설전을 벌이는 것을 구경만 하고 있게 되었다. 얼마 뒤, 하품을 참고 있던 레이건은 자리에서 일어서더니 고르바초프에게 다가갔다. 그리고 "잠시 저와 단둘이 나가서서 신선한 공기도 마시고, 우리 두 사람끼리만 이야기를 계속하시면 어떨까요?"라고 물었다. 고르바초프는 주저없이 "그러시지요"라고 대답하며 일어섰다. 양측 보좌진들은 화들짝 놀랐지만, 두 정상이 통역 두 사람만 대동한 채 밖으로 나가도록 둘 수밖에 없었다.

두 사람은 산책로를 함께 걸으며, 방금 전까지 험했던 분위기를 누그러뜨리려는 듯 주로 가벼운 이야기를 나누었다. 레이건은 할리우드 배우 생활을 하던 시절에 대해 과장된 손짓을 섞어가며 늘어놓았다. 레이건이 '솔직히 말해 저는 대스타는 아니었죠. 하지만 가끔 좋은 배역도 맡았어요'라고 하자 고르바초프는 '「킹스 로우(King's Row)」는 보았습니다. 훌륭하더군요'라고 대답했다. 그리하여 자신이 레이건에 대해 연구를 많이 했음을 과시하고 싶었겠지만, 레이건이 1965년에 쓴 자서전 제목에 영화 속 자기 대사를 써먹었을 만큼 「킹스 로우」를 좋아했음을 생각하면 그리 힘든 연구는 아니었다. 1942년에 출연한 이 영화에서 레이건은 여자친구의 부친인 가학적인 외과의사에 의해 다리를 절단 당하는데, 수술대에서 깨어나서 "나머지 내 몸은 어디 있지(Where's the rest of me)?"라고 말한 대사가 대중적으로 크게 회자되었던 것이다. 훗날 제네바 회담을 가리켜 '골수 제국주의자와 골수 공산주의자의 대결'이라고 불렀던 고르바초프로서는 레이건이 1964년에 출연한 「킬러들」이 더 인상적이었다고 (만약 그것까지 알았다면) 말하고 싶었을 것이다. 그 영화에서 조폭 두목으로 나오는 레이건은 비열한 수작을 부리다가 총을 맞고 비참하게 죽는다. 레이건은 자신이 출연한 대부분의 영화에서 미국인들이 선호하는 '착한 사람' 역할을 맡았다. 「킬러들」(The Killers)은 그가 악역으로 출연한 보기 드문 작품이다.

하지만 상대방의 속내가 무엇이든, 레이건은 계속 벙글거리며 고르바초프에게 농담을 던졌다.

"아까 식료품 줄 농담하신 거, 정말 감동했습니다. 신선했어요! 소련 최고지도자께서 풍자 유머를 하실 줄이야! 저도 몇 개 알고 있습니다. 가령 이런 거죠.

미국과 소련의 병사들이 어쩌다 만나서 서로 자기 나라 자랑을 했답니다. 미국 병사가 '우리는 자유의 나라야! 표현의 자유가 보장되어 있지. 내가 백악관 앞에서 레이건은 개XX다!라고 외쳐도 잡혀가지 않는다고' 이렇게 말했다죠. 그러니까 소련 병사는 이렇게 맞받아치더라는군요. '그게 뭐라고? 우리도 마찬가지거든? 내가 붉은 광장에서 레이건은 개XX다!라고 외쳐도 잡혀가지 않는다고.'"

레이건은 자기 농담에 허리를 흔들며 웃었지만 고르바초프는 마지못해 겸연쩍은 미소만 지었다.

두 사람의 발길은 제네바 호수가의 작은 오두막으로 향했다. 여름 낚시용 간이식 건물이던 그곳에는 아무도 없었지만 벽난로에는 불이 활활 지펴져 있었다. 고르바초프는 레이건이 미리 준비를 해두고 자신을 이쪽으로 이끌었음을 알아차렸다. 벽난로 앞에 앉아, 두 사람은 다시 담판을 시작했다. 그 현장은 동행했던 통역사에 의해 오늘날까지 유명한 한 장의 사진으로 남아 있다. 벽난로 앞에 편한 자세로 앉은 고르바초프가 무슨 서류를 손에 들고 레이건에게 환히 웃으며 이야기하고 있고, 다리를 꼬고 앉은 레이건은 너털웃음을 지으며 경청하고 있다. 수십 년의 냉전이 벽난로 불길에 말끔히 녹아버린 듯한, 정과 친근함이 넘치는 장면이다. 그러나 실제로 오간 대화는 그다지 친근하지 않았다.

벽난로 앞에 자리 잡고 앉자마자, 레이건은 서류를 꺼내 고르바초프에게 내밀었다. 제네바 회담의 합의안으로서의 상호군축에 대한 초안이었다. 고르바

[10-2] 1985년 11월 19일 스위스 제네바에서 진행된 레이건 미 대통령과 고르바초프 소련공산당 서기장의 유명한 '난롯가 회담' 장면. 출처 로널드 레이건 대통령 도서관(Ronald Reagan Presidential Library), 파일 아이디(id) C31982-11.

초프가 안경을 꺼내 쓰고 읽어보니, "첫째, 공격용 전략핵무기를 각자 50퍼센트씩 감축한다. 둘째, 유럽에 배치된 중거리핵전력(INF)을 궁극적으로 제거하기로 잠정 합의한다. 셋째, SDI 문제를 원만히 해결하기로 합의한다. 넷째, 이상 합의안들에 대한 적절한 보장 수단에 합의한다." 이런 내용이 러시아어로 적혀 있었다.

"이건 합의할 만합니다."

고르바초프가 말했다. 그러나 네 개 조항 중 첫 번째인 전략핵 50퍼센트 감축안에 대한 것만이었다. 종합적으로 볼 때 소련의 전략핵 전력은 미국보다 약간 우위였다. 그렇다면 정확히 양쪽이 50퍼센트씩 감축하는 이상 전혀 불리할 게 없다.

두 번째인 유럽 INF 제거안은 그보다 어려운 문제였다. 특히 영국과 프랑스는 독자적인 INF를 보유하고 있는데, 미국이 그들의 핵폐기를 보장할 수 있을까? 어쨌거나 최대의 난관은 오전부터 계속 논쟁이 된 문제, SDI 문제였다.

"아까도 말씀드렸듯, SDI는 단지 방어수단일 뿐입니다. 귀국이 이 문제를 사생결단식으로 물고 늘어질 이유가 없습니다…. 그래도 정 미심쩍으시다면, 우리의 연구 성과를 공유해 드리겠습니다. 귀국도 우리와 같은 방어수단을 가지시면 되지 않겠습니까?"

"하! 아직 만들어지지도 않은 수단의, 아직 가능한지 절대적 확신도 없는 수단의 연구 성과를 공유해주시겠다고요? 각하, 그 말씀에는 두 가지 문제가 있습니다. 첫째, 귀국이 정말로 그런 초특급기밀을 넘겨줄 거라고 우리가 믿을 근거가 없습니다. 둘째, 혹시 뭔가 착각을 하시는 것 아닙니까? 소련에게는 그런 걸 만들어낼 능력이 없다고? 천만에요! 우리도 마음만 먹으면 똑같은 계획을 추진할 수 있습니다."

"슐츠 장관에게서 들었습니다. 지난번에 그렇게 주장하시더라고요."

레이건이 냉담한 표정으로 말했다.

"그렇습니다. 그러니까 귀국이 SDI를 계속 밀어붙인다면, 그것은 지구도 모자라 우주에서까지 군비경쟁을 하겠다는 이야기가 됩니다. 우리는 그렇게 하고 싶지 않습니다. 할 수 없어서가 아니라, 하기 싫다는 겁니다. 그래서 지금 계속 SDI를 포기하라는 말씀을 드린다는 걸 제발 이해해주십시오."

고르바초프가 정말 부탁한다는 표정으로 말했다. 그러자 레이건은 그를 똑바로 쳐다보며 말했다.

"슐츠 장관에 따르면 좀 다른 말씀도 하셨다고요? '미국이 SDI를 만들기만
해봐라. 우리는 지금보다 몇십 배 되는 핵을 만들겠다. 우리의 창을 다 막아
낼 수 있을 만큼 많은 방패를 만들 수 있나 보자.'"
"네, 그때는 제가 좀 흥분하기는 했었죠."
"SDI를 너끈히 만들어내실 수 있다면서, 동시에 더 많은 창으로 상대하시겠
다고 하시니, 잘 모르겠군요…. 아무튼 SDI는 방패가 맞습니다. 핵은 창이 맞
고요. 창이 먼저 사라져야 방패가 필요없게 됩니다. 서기장님이나 소련 국민
이 그렇게까지 사악하거나 어리석으리라고는 생각하지 않지만, 창이 있는 한
방패를 거둘 수가 없기 마련입니다. 그러니까 서기장님, 우리 힘을 합쳐 창을
부러뜨려 나가십시다. 우리는 할 수 있습니다!"

할리우드 스타일이었으나 혼의 진정성이 담긴 레이건의 말에 고르바초프는
'하마터면 넘어갈 뻔했다.' 그러나 잠시 말이 없다가, 이렇게 천천히 말했다.

"인간적으로, 각하의 뜻을 이해합니다."
"오오…. 그렇다면!"

레이건의 즐거운 오해를 허락하지 않으며, 고르바초프는 재빨리 말을 이었

다.

"그러나 정치적으로는, 각하에게 전혀 동의할 수 없습니다. 수천 수만의 창과 맞서는 불멸의 방패! 그런 것에 각하의 상상력이 사로잡혀 있음을 충분히 이해하고도 남습니다. 그러나 전략적 방어란 결국 전략적 침략 가능성에 지나지 않습니다. 분명히 말씀드립니다. 소비에트 연맹의 최고지도자로서, 저는 제가 할 수 있는 모든 수단을 써서 SDI가 제 힘을 내는 일을 봉쇄할 것입니다. 그 결과는 신만이 알겠지요."

끝났군. 레이건은 생각했다. 결국 두 사람의 무적의 창과 무적의 방패는 모순에 빠지고 말았어. 중국의 옛이야기처럼 되었군…. 그러면, 이제 털고 일어날까? 1961년, 케네디와 흐루쇼프도 그랬다. 빈에서 열린 정상회담은 '사회주의 혁명을 포기할 수 없다'는 흐루쇼프의 입장과 '모든 힘을 다해 혁명 시도를 봉쇄하겠다'는 케네디의 입장이 팽팽히 맞서 이렇다 할 성과를 거두지 못하고 끝났다. 그러나 미국 국민과 서방세계는 케네디에게 박수를 쳤다. 젊은 대통령이 노회한 흐루쇼프와 마주앉아 한 걸음도 물러서지 않으며 자유진영 대표의 패기를 과시했다는 이유였다. 나도 그런 긍정적 이미지를 계산하고 이 회담을 꿈꾸지 않았던가? 비록 1961년과는 입장이 반대로 된 것 같지만 말이다.

그러나 무엇인가 레이건의 마음을 붙잡았다. 뭔가 미진한 게 있었다. 눈을 감았다. 그것은 이미지였다. 바로 얼마 전, 소련 체제의 문제점에 대한 농담을 과감하게 입에 올리던 고르바초프, 자신의 농담에 겸연쩍은 웃음을 짓던 고르바초프의 모습이었다. 그리고 바로 지금 막, 고르바초프가 어떤 단어를 입에 올렸지? 그렇다. 신. 신이다. 공산주의자에게서, 크렘린의 최고 보스에게서는 죽었다 깨도 들을 수 없을 줄 알았던 신이라는 단어.

'아무 소득 없이' 오두막을 나서며, 골똘히 생각에 잠겨 있던 레이건은 고르바초프에게 한마디를 던졌다.

"이 회담이 끝난 다음… 다음 회담을 가져 보면 어떻습니까? 이번에는 미국에서요."

그를 빤히 쳐다보더니, 고르바초프는 대답했다.

"물론입니다."
"감사합니다."
"감사는요. 그 대신, 대통령께서도 소련에 답방을 와주시기 바랍니다."
"기꺼이 그렇게 하겠습니다."

이렇게 해서, 꽁꽁 얼어붙었던 분위기는 풀렸다. 아직도 양측 전문가들이 삿대질을 해가며 설전을 벌이고 있던 회담장으로 돌아가는 길에, 두 사람은 또 농담전(?)을 벌이며 웃고 웃겼다. 레이건이 "혹시 모르잖습니까. 우주인이 공격을 해올지. 그러면 진짜 스타워즈가 벌어질 텐데, 그때는 미국과 소련이 힘을 합쳐 맞설 수도 있겠지요?"라고 묻자, 고르바초프는 "당연하지요. 그때라면 전적으로 미국과 함께 싸울 겁니다"라고 대답하기도 했다.

소수의 미국 보좌진은 '오두막 양자회담'을 알고 있었다. 그들이 제안하고, 준비한 과정이었으니까. 그러나 그들이나 그 누구도 대통령의 '차기 회담 제안'은 계획하고 있지 않았으므로, 깜짝 놀라지 않을 수 없었다. 왕년의 연기자이자 노 정치가였던 레이건은 고르바초프의 공식적 자세보다 인간적 풍모에서 어떤 호기심이랄까, 희망이랄까 하는 것을 보았다. 그리고 이 회담이 비록 성과를 얻지 못하더라도 다음 회담, 또 다음 회담을 가질 필요성이 있겠다 판단했던 것이다.

저녁식사와 취침 뒤 다음 날 속개된 회담에서는 인권 문제가 불거져 나왔고, 회담 분위기는 다시 나빠졌다. 하지만 두 지도자는 또 예정된 시간을 어기고 70분 동안 두 사람만의 언쟁을 벌였는데, 그것은 의미 있는 진전이었다. '적'끼리도 웃으면서 대화할 수 있다. 그러나 되도록 서로의 얼굴을 보고 싶지 않으므로, 정해진 절차대로만 움직일 뿐이다. 그러나 '친구'라면? 욕을 하면서도 서로의 얼굴에서 눈을 떼지 않는 게 친구다.

다음 날 아침, 공동 회견문이 채택됨으로써 사흘 동안, 회담에 할애된 시간만으로 15시간 동안에 달했던 제네바 정상 회담은 끝났다. 세계 언론은 원칙적인 평화 정착과 군축 노력만이 합의된 회담이 아쉽지만 '치열했던 냉전의 끝에 양국 정상이 만났다는 것만으로 성과'였다고 평가했다. 과연 그것이 얼마만큼의 성과인지는 그때부터의 노력에 따라 측정될 터였다.

그 노력은 두 나라 모두에서 '보수파'와 '진보파'의 대립이 격화되는 와중에 이루어졌다. 워싱턴에서는 소련과의 협상을 추진하고 긍정해온 조지 슐츠 국무장관과 '공산주의자에게 양보란 있을 수 없다'는 캐스퍼 와인버거 국방장관 같은 사람이 연일 설전을 벌여 슐츠가 한 차례 사직서를 던질 정도까지 갔으며, 모스크바에서도 세르게이 아크로메예프 육군 참모총장을 앞세운 보수파가 '제네바에서 우리가 무엇을 얻었는가. 제국주의자들의 놀림감만 된 꼴이다'라는 주장으로 예두아르트 셰바르드나제 외상을 골치 아프게 만들었다.

그러나 '고르비'는 미국과 보수파 모두에게 대담한 모습을 보여주기로 결심했다. 1986년이 시작되자마자, 그는 놀라운 제안을 담은 편지를 레이건에게 보냈다. "귀국의 입장과 무관하게, 우리는 2000년도까지 모든 핵미사일을 없애려 합니다." 이게 대체 무슨 소리인가, 하고 레이건부터 안보 담당 고위급들이 모두 어리벙벙해 있는데, 1월 15일에 고르바초프가 공식 성명을 발표했다. 그 내용을 들어보니 미국의 입장과 '완전히 무관한' 것은 아니었다. 고르바초프는 3단계에 걸쳐 '세계의' 모든 핵을 철폐하자며 그 첫 단계로 핵실험을 전면 중단하고, 제네바 회담에서 거론된 미소 양국의 전략핵 50퍼센트 감축, 그리고 그때는 스스로 어렵다고 했던 유럽의 INF를 제거를 실현하자고 천명했다. 영국과 프랑스의 핵은? 그에 대해서는 아무 언급이 없었다. 놀랄 정도로 대폭적인 양보로 보였으나, 그 다음이 문제였다. "이 모든 노력을 위해 미국은 SDI 추진 계획을 포기해야 할 것입니다. 그것이 우리가 요구하는 유일한 조건입니다."

레이건은 이에 대한 대답을 심사숙고했다. 너무 오래 숙고하는 바람에, 그사이에 페레스트로이카와 글라스노스트를 본격적으로 거론하고 "동서 진영은 평화 공존 이상의 것을 필요로 한다. 상호 의존이다"라는 새로운 선언까지 하며 기염을 토하고 있던 고르바초프는 실망을 금치 못했다(그 사이에, 그는 체르노빌 원전 사고도 경험했는데 그 사건은 고르바초프가 핵폐기에 대한 신념은 더욱 군히고 자국 핵기술에 대한 신뢰는 더욱 잃는 계기가 되었다). 소련을 방문한 프랑수아 미테랑 프랑스 대통령에게 "그렇게 안 봤더니, 레이건 그 사람은 완전히 군산복합체의 포로가 되었다"고 불평하기도 했다. 그러나 마침내 1986년 7월 말, 레이건의 편지가 도착했다. "6개월의 시한을 두고, 양측 모두 보유한 모든 탄도미사일을 폐기하는 계획을 논의합시다. 그에 대한 합의에 이르지 못하면, 시한이 지난 다음 각자 자유롭게 미사일 방어망을 구축하도록 합시다."

레이건으로서는 나름의 입장과 논리를 가지고 고안한 제안이었다. 그러나 고르바초프와 그의 참모들에게는 되지도 않을 핑계로 그 웬수 같은 SDI를 끝내 관철하려는 꼼수처럼만 보였다. 흥분한 고르바초프는 서류를 집어던지며 소리쳤다. "안 되겠군. 다시 한 번 담판을 짓는 수밖에는 없겠어."

레이캬비크에서의 재회

그해 10월 11일, 아이슬란드의 수도 레이캬비크에서 두 정상은 재회했다. 회담 장소가 제네바에서 약속했던 대로의 워싱턴이 아니라 두 나라의 중간 지점에 해당되는 곳이었던 까닭은 두 정상이 제네바 이후에 생각만큼 양국 간 거리가 가까워지지 못했다고 판단했음을 시사했다.

분위기는 제네바와는 또 달랐다. 몸이 달아 있던 고르바초프는 회담 직전 반체제 인사들을 석방하는 조치로 '미국에 주는 선물'까지 준비했으며, 이 회담에서 확실한 돌파구를 얻기를 별렀다. 반면 레이건은 이 회담을 절차를 갖춘 정상회담이 아니라 워싱턴 회담이 열리기 전단계의 '간이 회담'이라 여겼으며, 특별히 준비를 하지도 않은 채 다소 안이한 자세로 임했다.

"안녕하십니까. 레이건 대통령 각하. 저는 이 자리에 미국과 소련, 두 나라의 무기체계에 관한 모든 부문에 걸친 대안을 준비해서 들고 나왔습니다…"

두 사람만의(통역관을 제외하면) 단독 회담에서, 고르바초프는 이렇게 운을 뗐다. 그러자 피로했던지, 좀 멍해 보이던 레이건은 쪽지를 집어 들고 읽기 시작했다.

"안녕하십니까. 고르바초프 서기장님. 다시 뵙게 되어 진정으로 반갑습니다. 제가 좋아하는 소련 속담이 있습니다. '믿어라. 그렇지만 또한 확실히 하라'는 것이지요. 그 의미는…."

레이건은 말을 잇지 못했는데, 그만 쪽지를 바닥에 떨어뜨렸기 때문이었다. 분위기가 어색해지자 고르바초프는 '외무장관들도 들어와서 함께 이야기하도록 하죠'라고 제안했고, 이를 받아들여 슐츠와 셰바르드나제가 입장했다.

"우리는 전략 공격용 무기의 대폭 감축안을 받아들이기로 하겠습니다. 이로써 우리나라의 지상 기반 미사일은 다수가 사라지게 될 것입니다. 그리고 유럽에서 중거리핵을 제거하는 데도 동의합니다. 영국과 프랑스의 핵은 일단 논외로 하겠습니다. 그러나 미국은 파이오니어, 퍼싱 2 등의 INF를 반드시 제거해야 합니다. 그리고 두 나라 모두 핵실험의 전면적이고 최종적인 금지에 합의해야 합니다.
그리고 두 나라가 이미 1972년에 체결된 '탄도탄요격미사일(ABM) 제한협정'을 향후 10년 동안 충실히 지킬 것도 제안합니다! 만약 이 협정의 취지에 어긋나는 계획이 있다면, 그것은 연구 목적에만 국한되어야 할 것입니다…."

고르바초프가 서류를 꺼내들고 대략 이러한 내용을 읽어나가자, 레이건의 표정이 미묘하게 변했다. 전략핵의 대폭, 그러니까 50퍼센트 감축과 유럽 INF 제거는 제네바에서 우리가 내밀었던 조건이고, 따라서 전혀 유감이 없다. 세부적으로는 더 조정이 필요하겠지만. 그러나 ABM 제한협정이라…. 1972년에 닉슨과 브레즈네프가 체결한 ABM 제한협정은 탄도미사일을 방어하는 미사일의 배치를 제한하는 내용으로, 방어수단의 증강은 곧 공격수단의 증강을 의

미한다는 취지에서 합의된 것이다. 그러나 무슨 바보 같은 합의였나! 이를 충실히 지킨다는 말은 곧 SDI를 연구실에만 처박아놓으라는 말이다. 그렇게는 할 수 없지!

레이건이 들고 읽는 서류는 앞선 편지에서 밝힌 제안을 대체로 반복하는 내용이었다. 다만 ABM 제한협정을 폐기하고 다른 협정으로 대체하는데, 그 협정에 따라 전략핵은 완전히 제거될 것이다. SDI의 경우는 그 연구 성과를 즉시 공유하여, 소련 측의 의심을 푸는 데 최대한 노력할 것이다….

레이건이 아직 할 말이 좀 남았다고 여기는 참에서, 정오가 지나 점심식사와 휴식 시간을 갖기로 했다. 두 진영은 각자의 처소로 돌아가 쉬었으며, 레이건은 '고르바초프가 정말 많은 걸 가지고 왔군. SDI만 걸고 넘어지지 않으면 좋을 텐데'라고 보좌진들에게 말했다. 폴 니즈 군축담당 고문은 '저런 제안은 25년 만에 처음이군요. 아주 획기적입니다'라고 흥분해서 말했다. 회담은 오후 두 시에 속개되었다. 이번에는 레이건이 말을 먼저 꺼냈다.

"아까 제안해주신 내용은 감명 깊게 들었습니다. 다만 '대폭 감축'이라고 하면 구체적이지가 않겠죠? 또 다시 말씀드리지만, '믿어라. 그렇지만 또한 확실히 하라'고 했습니다. 그러므로 이를 '50퍼센트 감축'으로 구체화하고 싶은데 어떻습니까?"

"네, 그렇게 하시지요."

"감사합니다. 그렇지만 기계적인 50퍼센트 감축 역시 문제가 좀 있습니다. 두 나라의 핵전력이 부문별로 차이가 있기 때문이지요. 가령 그 뭣이냐…. SS-16, 아니 18의 경우는…."

레이건이 순간적으로 건망증이 왔는지 말을 잘 잇지 못하자 고르바초프가 소련 무기체계의 일람표를 적은 문서를 보좌관에게서 넘겨받고, 미국 측에 전달했다.

"아마 여러분이 가장 문제시하는 우리의 핵전력은 SS-18 미사일이겠죠. 이것을 50퍼센트, 반드시 감축하겠습니다. 그밖의 세부 사항은 실무진에게 넘기고 싶은데, 괜찮을까요?"

당연히 괜찮았다. 레이건은 다시 발언을 시작했다.

"ABM 제한협정의 문제점, 그리고 미사일 방어수단을 연구 목적에 국한시키면 곤란한 점을 말씀드리겠습니다. 이 세상에는 미국과 소련, 두 나라만 있지 않다는 사실을 직시해야 합니다. 언제 히틀러 같은 미치광이가 나올지 모르지요. 그런데 ABM 협정을 충실히 지킨답시고 국토 전역을 범위로 두는 미사일 방어망을 설치하지 못한다면, 너무 위험하지 않겠습니까? … 미사일 방어망이야말로 우리 세기에 평화를 보장하는 최고의 수단입니다. 이 문제가 더이상 쟁점이 되지 않았으면 합니다."

"그런 식으로 접근하신다면 국방예산은 지금의 백 배가 있어도 모자랄 겁니다! 어떻게 '미래에 히틀러가 또 나타날 수도 있다'는 허망한 생각까지 진지한 국가적 위협으로 받아들이고 국방계획을 세운단 말입니까? 그래도 정 마음에 걸리신다면, 연구 목적으로 SDI를 추진해도 반대하지는 않겠습니다. 그러다가 진짜 또 하나의 히틀러가 출현하면 그때 가서 실전 배치하면 되는 일이니까요."

"연구실에서만 다루던 것을 실전배치하려면 말씀하시는 것처럼 그렇게 쉽게 되지 않습니다. 게다가 과연 이 상황이 실전배치가 필요한 상황이냐에 대해 다시 논쟁이 벌어지지 않겠습니까."

"정말 실망스럽군요. 우리는 제네바에서 귀국이 제안한 내용을 거의 대부분 다 수용했습니다. 그런데 단 한 가지의 양보도 하지 않으시겠다는 겁니까? 게다가 그때 대통령께서는 뭐라고 하셨죠? 창이 사라지면 방패도 필요없어진다 하셨잖습니까? 그래서 저는 창을 모두 치우자고 제안드리고 있습니다. 그러나 대통령께서는 이렇든 저렇든 방패는 있어야겠다 하시는군요!"

"다시 말씀드리지만 이 세상에 미국과 소련 두 나라만 있는 것도 아니고, 창은 언제 어디서든 나타날 수 있으니까요…. 그리고 저도 제안하지 않았습니까. 일정 시한을 두고 창을 모두 없애는 방안에 대해 협의해 보자고요. 그 협의가 쉽지 않다면, 방패에 대해서도 미련이 남을밖에요."

스스로 보기에는 논리고 뭐고 없는 주장을 레이건이 계속 고집한다 싶자, 고르바초프는 마침내 분통을 터뜨렸다.

"정 그러시다면 우리도 대응할밖에요! 비대칭적 대응을요!"

그 말을 독자적인 SDI를 추진하겠다는 뜻으로 오해한 레이건은 아무렇지도 않다는 듯 대답했다.

"그러시지요. 귀국이 더 나은 시스템을 구축한다면, 우리와 공유해주시면 좋겠지요."

"대통령 각하, 죄송합니다만…. 첨단 방어시설을 공유한다 어쩐다 하는 생각은 도저히 진지하게 받아들일 수 없습니다. 이제껏 미국이 석유장비든, 기계설비든, 낙농기기든 뭐 하나라도 공유해준 적이 있습니까? 말씀대로 SDI를 공유하신다면 그건 무려 혁명이라 하겠죠. 그러나 혁명이 그렇게 쉬울까요? 제발 현실적인 이야기를 하십시다."

두 지도자의 분위기가 격앙되자, 그날 중으로 담판을 끝내려던 계획을 바꾸어서 두 사람은 숙소로 돌아가 쉬고, 실무진이 협의안을 마련해 다음 날 아침에 최종 논의를 거쳐 채택하기로 했다. 슐츠와 세르게이 아흐로메예프 원수로 대표되는 실무진들은 여러 사람이 모여 사무처리를 하기에는 열악한 환경에서 밤샘을 하며 작업을 끝냈다.

결과적으로 소련 쪽에서 더 양보를 했다. '전략핵 50퍼센트 감축'에서 소련은 말 그대로 모든 전략핵을 50퍼센트씩 줄인다는 의미로 하려 했으나, 그러면 소련의 양적 우위는 그대로 지켜지지 않느냐는 폴 니츠의 항의에 따라 '남겨지는 핵이 서로 동등할 것'이라는 조건을 추가, 소련이 더 많은 핵을 감축해야만 하게 되었다. 다만 핵실험 전면 금지와 유럽의 INF 감축에 대해서는 결론이 나오지 않았는데, 다음 날 아침 두 지도자가 참석한 회담에서 레이건이 "유럽만이 아니라 전 세계의 INF를 모두 없애버려야 한다…. 그것이 어렵다면, 소련은 아시아 쪽에서도 감축을 실시해야 한다. 아시아의 INF를 유럽으로 옮기기란 매우 쉽기 때문이다"라고 한 주장을 고르바초프가 받아들였다. 대신 레이건은 핵실험 전면금지에 동의했다. 이렇게 해서 '모두 잘 풀리려는' 듯 보였다. 마지막 하나, 가장 중요했던 하나, SDI 문제만 제외하고.

이에 대해 고르바초프는 '양보란 없다'는 입장을 단단히 못박았다. "SDI 중지, 우리는 이것만 요구합니다. 그리고 이 요구가 받아들여지지 않는다면, 나머지 합의 사항도 다 물거품입니다. SDI 문제를 뺀 어떤 합의안도 거부하겠습니다!" 당황한 레이건은 그를 살살 달래며, 어렵게 이만큼 합의가 되었는데 아까우니 나머지 군축안과 SDI 문제는 따로 취급하자고 했다. 그러나 고르바초프는 막무가내였다. "자, 회담은 끝났습니다. 다들 집에 갑시다!" 그는 이렇게 소리치며 자리에서 일어나기까지 했다.

꿈과 같은 합의안, 마지막에 무산되다

협상이 난항을 거듭하자 시간은 어느새 오후가 되어 있었다. 실무진들은 두 지도자를 설득, 점심식사 등을 위해 잠시 휴회하고 그 사이에 실무진 대표가 만나 다시 한 번 최종안을 도출해 보자고 했다. 그리하여 셰바르드나제, 아흐로메예프, 슐츠, 니즈 등이 마주 앉았다. 그들은 머리를 쥐어짜내 새로운 타협안을 마련해냈다. "앞으로 10년 동안 ABM 제한협정을 양국 모두 충실히 지킨다. 그 기간 동안 방어망 개발은 연구 수준에 국한한다. 10년 중 앞의 5년 동안 전략무기의 50퍼센트 감축을 실시하고, 남은 5년 동안 모든 탄도미사일을 제거한다. 이후 자유롭게 방어망을 개발할 수 있다."

두 나라의 실무진은 이 타협안을 가지고 각자의 지도자들과 숙의했다. 그리고 회의가 속개되자, 고르바초프는 그 타협안을 대체로 받아들일 수 있으나 다소 수정이 필요하다고 밝혔다. 첫째, 10년 동안은 방어망의 연구 개발 과정에서 실험도 금지함으로써 확실히 연구용으로만 국한시킨다. 레이건은 고개를 끄덕였다. 둘째, 전반 5년에는 '전략무기'를 감축하고 후반 5년에는 '탄도미사일'을 감축한다는 것은 이상하다. 후반 5년에도 모든 '전략무기', 다시 말해서 탄도미사일만이 아니라 전략폭격기와 크루즈미사일까지 없애버려야 한다!

여기에는 미국과 소련의 미묘한 이해관계가 걸려 있었다. 미국은 탄도미사일만 보면 소련보다 뒤졌다. 그러나 전략폭격기와 크루즈미사일을 써서 상대를 핵공격할 수 있는 전력은 압도적이었다. 탄도미사일만이 사라지면 미국은 종합 핵전력에서 소련을 누를 수 있다. 그러나 모든 핵전력이 사라진다면, 이번에는 재래식 전력에서 소련이 갖는 우위가 미국을 압박하게 된다.

결국 또 합의는 불발되고, 다시 휴회, 다시 실무진 협의 이후의 속개가 이루어졌다. 레이캬비크에 와서 네 번째로 회담장에 들어서는 두 지도자의 얼굴에는 피로가 역력했다. 실무진들도 지쳐 있었다. 다시 답이 없는 토론이 벌어지자, 레이건은 신경질이 나서 이렇게 소리쳤다.

"그래요, 없애. 다 없애요! 미사일이고 핵이고! 미사일은 단거리고 중거리고 일체 씨를 말려버리고, 핵은 전술핵까지 싸그리 제거합시다! 우리는 할 수 있어요!"

"우리도 할 수 있습니다!"

고르바초프가 맞고함을 쳤다. 그들을 둘러싼 양국 보좌진들은 자기 볼을 꼬집어보고 싶었다. 우리가 잘못 들은 건가? 이 두 사람은 제2차 세계대전 이래 인류의 악몽이 되어온 멸망의 무기들을 단숨에 없애겠다고 한다. 정말 그럴 수 있을까? 그래도 될까?

그렇게 해서 회담이 끝났다면, 레이캬비크는 세계 역사상 가장 빛나는 타협이 이루어진 성지聖地로 역사에 남았을 것이다. 그러나 그러지 못했다. 마지막의 마지막에, 사소한 문제가 발목을 잡았다.

"그러면 여기 이것, SDI의 연구 실험을 '실험실'로 국한한다는 조항만 추가하면 되겠습니다."

"저는 미국 국민에게 약속했습니다. SDI를 포기하지 않겠다고."

분위기는 다시 가라앉았다. 보좌진들은 서로를 마주보았다.

"저는 양보할 만큼 했습니다. 10년 동안 ABM 협정을 지키고, 그 사이에는 연구개발만 하겠다고요. 그런데도 못 미더우신 겁니까? 이렇게 사소한 문제로…"

"사소한 게 아니지요. 모든 것입니다! 연구를 하는 것과, 실험을 통해 그 실전 배치 가능성을 확인하고 사실상 절반쯤 배치하는 것과는 하늘과 땅 차이입니다. 저는 이 SDI라는 단어만 봐도 치가 떨립니다만, 저야말로 양보할 만큼 했습니다. 연구개발 과정에서의 실험까지 용인했습니다. 그러나 맨해튼 계획처럼 SDI를 외부에서 공공연히 실험 배치할 가능성을 남겨둔 채 모스크바로는 못 돌아갑니다."

레이건은 다시 '실험 결과의 공유'를 언급했으나 고르바초프는 답답한 소리 말라는 듯 머리를 흔들었다.

"서기장님… 우리 두 사람은 이제껏 우리 자리에 있어온 어떤 선임자들보다 좋은 관계를 맺어왔습니다."

"그렇습니다."

"그런데도 저를 믿지 못하십니까?"

"믿을 수도 있지요. 믿고 싶습니다. 그러니까 이 실험실 조항에 합의해주십시오. 그러면 믿을 수 있습니다."

"저는 못합니다."

"그게 대통령 각하의 최종 입장인가요?"

"그렇습니다."

"그러면, 안녕히 가십시오."

1986년 10월 12일 오후 7시. 거의 꼬박 이틀이 소요된 레이캬비크 회담은 이렇게 끝났다. 도널드 리건 백악관 비서실장의 논평처럼, "99야드까지 갔으나 마지막 1야드를 가지 못하고서." 그랬다. 그렇게 해서 하늘 높이 날아오를 뻔 했던 꿈의 비행기는 마지막 순간 땅에 곤두박질쳤고, 세계 인류는 실망의 한숨을 쉬었다. 아무 성과도 남지 않았다…. 그럴까?

회담이 결렬되어 숙소로 돌아가 떠날 채비를 하던 레이건은 거의 울 것 같았다고 한다. "정말 최선을 다했는데. 다했는데." 마지막으로, 출발에 앞서 고르바초프와 잠시 나란히 걸으며, 침통한 표정으로 땅만 쳐다보던 고르바초프는 이렇게 중얼거렸다. "제가 달리 어떻게 하면 좋았을까요?" 레이건은 대답했다. "예스라고 하셨어야 했어요." 1년여 전만 해도 서로를 믿지 못하고, 정상회담으로 자국의 이익을 관철시킬 생각뿐이었던 적대진영 수뇌들의 대화인가? 마치 다툼 끝에 헤어지기로 했지만, 그래도 못내 미련이 남은 연인들의 대화 같지 않은가?

'레이캬비크의 연인'에 대한 각자 집안 식구들의 반발도 대단했다. 영국, 프랑스 등 서방국가들의 정상들은 레이건이 그들과 한 마디의 협의도 없이 모든 핵과 미사일을 제거하기 일보 직전까지 갔음을 알고 까무러칠 뻔했다. 모스크바에서도 보수파들이 노기등등해서 서기장이 미쳤나보다고 했다.

석 달 뒤 치러진 선거에서 레이건의 공화당은 의석을 크게 잃었고, '이란 콘트라 스캔들'까지 터져 레이건의 미국 내 인기는 바닥을 쳤다. 고르바초프 역시 '핵무기 전면 폐기론'과 '아프가니스탄 철수 검토'가 보수파는 물론 대부분의 관료들에게도 지지를 얻지 못하자 의기소침해졌으며, 미국이 핵실험을 멈추지 않는 가운데 별 수 없이 몇 개월 만에 소련도 핵실험을 재개한다는 결정을 내려야 했다.

로니와 미키

이런 가운데 새로운 돌파구가 모스크바에서 나왔다. 1987년 2월 28일, 고르바초프가 오랜 고집을 꺾고 "SDI 문제와 별도로 핵군축을 논의할 용의가 있다"고 발표한 것이다. 고르바초프로서는 무거운 안보의 짐을 덜고 민생 개혁을 추진할 재원을 마련하려면 군축은 피할 수 없는 선택이라는 게 몇 번을 생각해도 나오는 결론이었다. 그렇다면, 레이건이 대통령 자리에 있을 때 협상을 진전시켜야 한다고 본 것이다. 또 국내에서 자꾸만 위협받는 정치적 입지를 정상회담이라는 이벤트로 만회해보려는 생각도 있었다. 그 점에서는 레이건도 환영할 일이었다.

다시 슐츠와 셰바르드나제가 양국의 수도를 번갈아 오간 다음(5월에 한 서독 청년이 경비행기로 방공망을 뚫고 붉은 광장에 내림으로써 보수파들에게 '고르바초프가 조국의 수호 책임을 팽개치고 있다'는 공세를 펼칠 빌미를 준 일, 6월에 레이건이 베를린에서 연설하며 '고르바초프 서기장! 당장 베를린 장벽을 허물어버리시오!' 하고 외침으로써 고르바초프의 비위가 상하는 일 등도 있었지만), 1987년 12월 8일에 워싱턴에서 레이건-고르바초프 3차 회담이 열리게 되었다. 역시 핵군축이 의제였으나, 전략핵보다 INF 제거에 중점이 맞춰졌다. 전략핵은 주로 전략무기감축협상(START)에서 다뤄지고 있기 때문이기도 했다.

7일에 워싱턴에 도착한 고르바초프는 다음 날 아침 10시에 백악관에서 레이건의 환영을 받았다. 의례적인 환영사와 답사가 오간 다음, 시작된 회담에서 먼저 말문을 연 레이건은 고르바초프로서는 껄끄러운 주제, 인권 문제부터 꺼냈다.

"우리 미국은 이민의 나라라고 합니다. 이민자들에 의해 건국되고, 부강해졌습니다. 지금도 우리는 여행의 자유와 거주의 자유를 완벽하게 보장하고 있습니다…. 귀국은 최근 출국을 희망하는 유대인들에게 제한을 크게 완화해주었다고 들었습니다. 아주 고무적인 일로, 환영할 일임에 틀림없지요. 하지만 아쉬운 것이, 아직도 이민자에 대한 쿼터가 존재합니다. 왜 그런 쿼터가 필요합니까? 떠나기를 원하는 사람은 그대로 떠나게 하면 좋지 않습니까? 모름지기 인권이라 함은 국가권력으로 제한할 수 없는 것으로…."

76세의 대통령이 56세의 서기장을 두고 마치 훈계하듯 이야기하는 데 짜증난 고르바초프는 매섭게 답변했다.

"대통령 각하, 직설적인 말씀을 드리겠습니다. 각하는 검사가 아니고, 저는 피의자가 아닙니다. 제가 학생이고 각하가 선생인 것도 아닙니다. 우리는 세계에서 가장 영향력이 큰 두 나라를 대표해 여기 앉아 있습니다. 대등한 자세로 말씀하시는 것을 잊지 말아주셨으면 합니다. 그러지 않으면 대화가 안 됩니다."

레이건은 크게 당황한 표정이었다. 그리고 오해라고, 회담을 벌써 세 차례나 가지면서 친숙해지다 보니, 그만 신중하지 못하고 생각나는 대로 이야기가 나왔다고 변명했다. 그래도 고르바초프는 골난 듯한 태도를 풀지 않고, 소련 인권이 거론될 경우를 대비해 마련해둔 무기로 반박했다.

"귀국은 노상 우리나라의 인권을 가지고 뭐라고 합니다. 하지만 정작 귀국은 어떤가요? 이민이 자유롭다고 하셨으나 귀국에도 이민 쿼터제가 있다고 알고 있습니다. 특히 멕시코와 귀국의 국경 사이에는 삼엄한 경계망이 펼쳐져 있고, 목숨을 걸고 입국하려는 사람들을 무장 군인이 막고 있다더군요. 이런 일과 우리의 일이 크게 다르다고 할 수 있을까요?"

레이건은 손사래를 치면서, 이렇게 말했다.

"그건 이야기가 조금 다르지요! 귀국의 쿼터는 나가려는 것을 막는 것이고, 우리의 쿼터는 들어오려는 것을 막는 것입니다. 우리가 이민자를 기본적으로 환영한다는 취지는 변함이 없습니다만, 무제한적이 되어버린다면 들어오려는 사람이나 이미 들어와 있는 사람들 모두 곤란해지지 않겠습니까? 여기에는 큰 차이가 있지요."

그러나 그는 고르바초프의 뚱한 표정을 보고, 얼른 이 주제를 마무리하려고 했다.

"우리 두 나라의 보다 긴밀한 협력을 위해 말씀드린 것이니, 그리 괘념치 마시기를 부탁드립니다. … 그리고요. 서기장께서는 어떻게 생각하실지 모르지만, 저는 우리가 아주 친밀해졌다고 생각합니다. 생각과 목표는 차이가 있으나, 서로 믿을 만한 사람이다, 터놓고 대화할 수 있는 사람이다라고 여기지 않을까도 합니다…. 아는 사람은 다 알지만, 저는 정상회담을 하면서도 친밀한 상대에게는 꼭 하는 버릇이 있습니다. 서로의 이름을 부르는 거지요. 공식 호칭 말고."

고르바초프가 잠시 어떻게 받아들여야 할지 몰라 눈을 멀뚱히 뜨자, 레이건은 이어서 설명했다.

"가령 일본의 나카소네 야스히로 총리 같은 경우, 저는 그를 '야스'라고 부릅니다. 일본에는 그렇게 상대의 이름을 줄여서 부르는 전통이 없는 것 같은데도 말이죠. 그러면 야스는 저를 '로니'라고 부른답니다. 중요한 국사를 처리하는 일에 호칭이야 큰 상관이 있겠습니까만, 회담 분위기가 한결 부드러워지고 입장 차이에 따른 오해나 대립도 줄어드는 걸 확실히 느낄 수 있답니다. … 어떻습니까?"

잠시 말이 없던 고르바초프는 만면에 미소를 지었다.

"재미있겠군요. 그러면 이제부터 저를 '미키'라고 부르셔도 됩니다."
"하하. 정말 잘됐군요. 저는 지금부터 '로니'입니다. 사실 말씀드리면 제네바에서 처음 뵐 때부터 그렇게 부르고, 불리고 싶었습니다. 하지만 초면에 너무 실례인 듯했고, 그때만 해도 그럴 만한 분위기가 아니었지요."

"네, 어느새 시간이 제법 흘렀군요."

"세상도 많이 바뀌었습니다."

처음부터 험악해질 뻔한 워싱턴 회담은 이렇게 화기애애하게 흘러가기 시작했다. 로니와 미키는 점심식사 후 오후에 역사적인 INF 협정에 서명했다. 제네바나 레이캬비크와는 달리, 협정에 대한 실질적인 담판은 두 정상이 아니라 실무진들이 수 차례의 협상 과정에서 이미 마친 상태였다. 서명 시간은 1시 45분. 하필 그 시간이었던 까닭은 영부인 낸시 레이건이 철석같이 믿던 점성가가 뽑아준 시간대였기 때문이었다.

오전과 달리, 백악관 이스트룸에는 취재진이 가득했다. 정신없이 터지는 카메라 플래시 속에서 두 사람은 환한 웃음을 띠며 나란히 걸어 들어왔다. 그리고 서명 준비가 된 테이블(링컨 대통령이 사용했던 테이블로 알려져 있었다)에 앉고, 먼저 레이건이 일어나 기념사를 했다.

"… 이 역사적인 협정으로 끝나지 않기를 바랍니다. 다른 문제, 더 심각한 문제가 있습니다. 이 협정은 그런 문제들을 함께 해결해나갈 협력관계의 시작이 되었으면 합니다."

이렇게 레이건은 전략핵과 유럽의 재래식 전력, 지역분쟁까지 '협력해서 해소하기를 바란다고 강조했다. 전략핵 말고는 고르바초프 입장에서 듣기가 좀 거북한 것들이었는데, 유럽의 재래식 전력은 소련이 우위였고 지역분쟁이란 분명 아프가니스탄을 가리키고 있었기 때문이다. 레이건이 이어서 '믿어라. 그렇지만 또한 확실히 하라'는 러시아 속담을 또 한 번 인용하자, 고르바초프는 싱긋 웃으며 "뵐 때마다 그 말을 쓰시는군요"라고 가벼운 편잔을 주었다. 레이건은 당황하지 않고 그에게 살짝 고개를 숙여 보이며 "그 말을 참 좋아하거든요"라고 응대했다. 좌중은 폭소를 터뜨렸다. 이어서 고르바초프가 기념사를 한 다음, 두 사람은 유럽과 아시아에 배치된 소련 중단거리 핵무기 1846기, 유럽과 본토에 배치된 미국 핵무기 846기를 3년 안에 폐기한다는 협정에 서명했다.

그리고 고르바초프는 미국의 유명인사 및 취재진들과 흥겨운 시간을 보냈다. 고르바초프의 인기는 하늘을 찔렀다. 미국에 온 지 사흘째이자 마지막 날이 되던 12월 9일, 고르바초프는 예정에 없는 행동으로 차에서 내려 환호하는 워싱턴 시민들 속으로 들어갔다. 그는 생애 최고의 시간을 보내고 있는 듯했으며, 그 뒤를 레이건이 웃으며 뒤따랐다.

로니와 미키는 그러는 사이 사이에도 회담을 가졌으며, 역시 SDI 문제, 인권 문제, 아프가니스탄 문제 등이 나왔다. 그러나 미키는 이번에는 전처럼 격앙된 반응을 보이지 않았으며, 단지 'SDI를 하겠다면 막지는 않겠다. 그러나 우리가 가만히 있으리라 기대하지는 마라'는 식으로 발언했다.

마지막 회담, 모스크바의 봄

그리고 1988년.

모스크바의 고르바초프는 2월 8일에 성명을 내고, 5월에 아프가니스탄 주둔군 철수를 시작해서 10개월 만에 완료하겠다'고 선언했다. 워싱턴의 레이건은 백악관을 떠날 차비를 하고 있었다. 그리고 슐츠는 다시 모스크바를 찾았다. 네 번째이자 마지막 고르바초프-레이건 정상회담 준비를 위해. 이는 워싱턴 정상회담에 대한 답방의 형식이었지만, 이 마지막 광주리에 무엇을 담을 수 있느냐가 양국의 관심사였다. 고르바초프는 START에 관련해서 중요한 진

[10-3] 1988년 5월 29일 미-소 정상회담차 소련을 방문하여 모스크바 아르바트 광장에서 시민들의 격한 환영을 받고 미소로 화답하는 레이건 미 대통령 부부. 출처 로널드 레이건 대통령 도서관(Ronald Reagan Presidential Library), 파일 아이디(id) C47276-4A.

전을 보고 싶어했다. 그러나 제네바 회담에서 '가장 쉬운 과제'로 여겨졌던 전략핵 감축은 양국의 실무자들이 협상을 주도하는 START에서는 좀처럼 결론이 나지 않는 과제로 바뀌어 있었다. 레이건은 퇴임을 맞이하여 인권 문제를 놓고 '검사나 선생님 같은 역할'을 맡았으면 하고 바랐다. 그러나 고르바초프는 전에 SDI에 대해 보이던 반응만큼이나 짜증스러운 반응을 보였다.

레이건 부처는 활기차게 손을 흔들며 모스크바 브누코포 공항에 내렸다. 1988년 5월 29일이었다. 그동안의 세 차례의 정상회담이 하필 추위가 맹위를 떨치는 시기에 이뤄졌음에 비해, 이번만은 꽃 피는 봄이었다. 비록 그 나라가 기본적으로 추운 나라였지만.

[10-4] 1988년 6월 1일 미-소 양국 정상 크레믈린궁에서 모스크바 정상회담을 마치고 INF 협정 비준안에 서명하는 장면. 출처 로널드 레이건 대통령 도서관(Ronald Reagan Presidential Library), 파일 아이디(id) C47449-17.

　정상회담 자체는 큰 의미가 없었다. 이제 물러날 때만 기다리고 있는 레이건 행정부와 중대한 의미가 있는 협상을 하는 것은 피차 부담임을 소련 지도부는 잘 알고 있었다. 그러나 TV를 통해, 전 세계 사람들의 모스크바의 레이건을, '모스크바의 봄'을 볼 수 있었다.

　레이건 스스로, 그리고 가는 곳마다 소련인들의 열광적인 환영을 받는 미국 대통령을 TV에서 지켜보던 서방세계의 사람들도, 불과 몇 년 사이에 소련에 대한 자신의 생각이 크게 바뀌었음을 깨달았다. 이제 그 나라는 묵시록에 나오는 '마곡' 같은 파멸의 세력이 아니었다. 서방과는 좀 다르지만, 역시 사람들이 살고 있으며, 평화를 바라는, 나라였다. 제국주의의 총사령관, 제2의 히틀러라고 한때 생각했던 레이건을 바라보는 러시아인들의 시각 역시 달라져 있었다. 붉은 광장에서 연설하며, 레이건은 5년 전 자신이 했던 '악의 제국'발언을 공식 취소했다.

고르바초프는 레이건이 오랫동안 탄압받던 반체제 인사들과 대화할 기회를 마련하고, 워싱턴 회담에서 '지적받은' 출국금지 유대인들 다수에게 허가를 내어줌으로써 '대접'을 했다. 기자들이 두 지도자에게 몰려들어 다음과 같은 질문을 던졌다.

"두 분을 '친구 사이'라고 써도 괜찮겠습니까?"
"다(그렇습니다)."
"예스(그렇습니다)!"

나흘간의 정상회담 일정을 마치고 미국으로 돌아간 레이건은 1989년 1월에 백악관에서 물러났다. 그리고 한 달 뒤에, 소련군의 아프가니스탄 철수가 완료되었다. 고르바초프는 미소 합의에 따른 군축 노력을 계속하여, 레이건의 후임자 조지 H. 부시와 1991년 7월에 START에 서명했다. 이로써 제네바 협정에서 거론되었던 '전략핵 50퍼센트 감축'이 약 6년 만에 실현되었다. 베를린 장벽은 1989년 11월에 무너졌고, 고르바초프는 1990년 10월에 독일이 통일되는 일에 동의했다. 1991년 8월, 고르비의 개혁에 계속 반대해온 보수파들이 설익은 쿠데타를 벌이고, 그 여파로 소비에트 연방 자체가 해체되고 고르바초프도 권좌에서 내려오게 된다.

2004년, 로널드 레이건이 사망한다. 향년 84세. 두 사람은 정상회담이 마감된 뒤에도 서로를 방문했다. 마지막 만남은 고르바초프가 권좌에서 내려오기 직전, 모스크바에서 있었다.

희망을 잃지 말고, 만남을 계속하라

동서냉전이 가장 치열했던 때 시작되고, 그 냉전이 마치 거짓말처럼 녹아내리는데, 나아가 (의도치 않게?) 사회주의권 자체가 무너져 내리는 데 결정적으로 기여한 레이건-고르바초프 회담. 그것은 스스로의 이익을 극대화하려는 너무도 당연한 동기를 가지고 출발했다. 그러나 한 차례로 끝나지 않고 이어지면서 그들 스스로도 예상치 못한 쪽으로 움직여가기 시작했는데, 가장 극적인 순간은 레이캬비크에서 '모든 핵과 미사일을 폐기한다!'는 '합의'가 이루어졌을 때였다.

그러나 막중한 책임을 지고 있던 정치인들이던 이들은 드라마에서처럼 쉽게 기적을 이뤄내지는 못했다. SDI 문제를 놓고 양쪽의 입장이 도저히 타협점을 찾지 못했기 때문이다. 그러나 이들은 결국 끝까지 포기할 수 없던 이 SDI 문제에서 모두 실패했다.

고르바초프는 SDI를 물고 늘어지는 과정에서 호언장담과는 달리 소련에는 자체 SDI 개발 능력이 없으며, 어떻게든 군축 합의를 바라지 않을 수 없을 만큼 소련 경제사정이 심각하다는 사실을 드러내고 말았다. 그래서 레이캬비크 이후 끌려가는 식으로 협상에 임해야 했다.

그러나 끌고 가는 쪽도 마냥 기세등등할 수는 없었다. 레이건이 끝내 놓지 않았던, 그의 꿈의 집약체와 같았던 SDI. 그러나 그는 자기 임기 중에 그 실현을 볼 수 없었다. 생각보다 기술적 난관이 많았기 때문이기도 하다. 하지만 그보다 고르바초프와의 담판을 거듭하면서 소련과의 관계 개선 내지 우호 유지가 SDI 이상으로 중요하다는 생각에 사로잡히게 되고, 따라서 상대방의 격렬

[10-5] 1990년 해체 전 러시아 소비에트 연방 사회주의 공화국의 구성.

[10-6] 1992년 독립국가연합의 구성

한 반발과 냉전의 재발을 감수하면서까지 SDI를 밀어붙일 엄두가 나지 못했던 것이다.

더 큰 관점에서는 레이건만이 승리했다고 할 것이다. 평생의 신념이던 '악의 제국 타도'를 결국 이뤄냈으니까. 그러나 그것은 스스로 소련이 악의 제국이 아님을 인정함으로써만 가능했다. 고르바초프는 모든 것을 양보하고라도 지켜내고 싶었던 사회주의의 조국을 잃었다. 그러나 그것이 한편으로 죽고 싶을 만큼 고통스러웠을지는? 아니, 고통스러웠으리라. 그러나 한편으로는 납득이 되는 점도 있었으리라.

"지금의 상황에서, 사회주의 혁명보다도 중요한 것이 있음을 인정하지 않을 수 없습니다. 그것은 우리 모두가 살아가고 있는, 이 지구의 평화입니다."

그가 1980년대 말, 공산당 당대회에서 남긴 말이다.

서로 너무나도 다르고, 너무나도 편견을 가져온 사람끼리 한 차례의 담판에서 길이 의미가 있는 결과를 이끌어내기란 불가능에 가깝다. 그러나 그들은 생각해볼 수 있다. 담판은 끝났다. 그러나 이 담판으로 과연 끝을 내야 할까? 그래서 다시 만나고, 또 만나고, 이야기를 거듭하다 보면 새로운 관계와 이야기의 맥락이 그들을 예상치 못한 결과로 끌고 나간다. 그것은 어찌 보면 몰락과 패배의 길이 될 수도 있다. 그러나 분명 그것은 어느 한 당사자에게만 의미 있는 수준을 넘어, 역사에 자국을 남길 만큼의 큰 의미가 있는 길이 된다.

6·15 남북정상회담,
또다른 미래는 가능했을까?

"반갑~습네다~. 반갑습네다~!"

2000년, 새로운 세기를 맞이한 지 반년이 좀 더 지났을 즈음, 한반도 남녘의 사람들은 아직 낯설게 느껴지는 '21세기'라는 말과 함께 또한 유달리 낯선 이미지와 사운드에 폭발적으로 접해야 했다. 그러나 그 경험은 결코 지겹거나 혼란스럽지 않았다. 적어도 그 순간만은.

'북한의 최고지도자와 대한민국 대통령이 평양에서 만나 정상회담을 한다.'

이 이야기가 당시 얼마나 낯설고 놀라운 이야기였는지, 오랜 반공의 세월을 살지 않은 사람이라면 이해하지 못한다. 1960년대부터 1980년대까지, 대한민국에 일종의 '국교'가 있었다면 그것은 '반공 민족주의'였다. 그 종교의 첫째 계명은? '북한 공산당을 증오하라!'

코흘리개가 보는 만화, 동화, 잡지에서부터 신문 사설, 칼럼, 뉴스 앵커의 멘트, TV 드라마, 영화에 이르기까지 반공과 반북이 숨 쉬지 않는 곳이 없었다. 국민학생들의 그림그리기 시간에 피부가 시뻘겋고 뿔과 송곳니가 튀어나온 악마로 북한 공산당이 묘사되는 일은 아마 후세에 '20세기 후반 아동미술 양식'으로 불리리라 싶을 만큼 당연했다. 중, 고등학교로 올라가도 교과서에서 반공과 반북을 빼면 대체 뭐가 남을까 싶을 정도였다. 분단의 아픔을 탓할 상대를 찾기 위해, 한국전쟁의 트라우마를 저주하기 위해, 정권의 유지와 국민의식의 획일화를 위해, 체제는 '나는 공산당이 싫어요!' 하며 매일처럼 온몸으로 울었다.

물론 그러한 반공 민족주의 국교가 2000년 6월까지 흔들림 없이 굳건히 유지되지는 않았다. 1972년의 「7·4 남북공동성명」은 이 땅에 더욱 폭압적인 반공 독재정권이 들어서는 계기로 이용됐다고 하지만, 아무든 오늘날까지 남북관계를 접근할 때 가장 먼저 들게 되는 헌장으로 역사에 남았다. 이후 북한 쌀 지원이나 고향방문단 파견 같은 1980년대식 이벤트들을 거쳐, 냉전의 장벽이 무너져 내리는 모습에 한반도라고 해서 가만히 있을 수는 없다는 인식이 퍼졌다. 그래서 시작된 노태우 정부의 '북방정책'은 1990년 대 소련, 1992년 대 중국 국교 수립과 함께 '북한이 우리 우방국과 국교를 수립하는 일에도 반대하지 않겠다'는 입장을 표명하는 것으로 이어지고, 이에 따라 북한과의 긴장관계도 점차 완화되어 1991년에 남북한이 UN에 동시가입하게 된다.

그 뒤를 이은 김영삼 정부는 취임 당시 '남북한은 적대관계가 아니라 동반자관계'라고 천명하는 등 남북관계가 더 발전할 가능성을 예고했다. 그러나 1993년 '북핵 위기'가 불거져 나오면서 남북대화는 중단되었고, 그 돌파구로 준비된 김영삼의 '남북정상회담' 제안에 김일성이 1993년 6월에 호응함으로써 극적인 반전이 있을 뻔했으나, 7월에 김일성이 사망함으로써 무산되고 말았다. 이때 김일성 조문을 가야 한다는 일부 진보진영의 주장에 그동안 다소 주눅 들어 있던 반공 민족주의가 일제히 떨쳐 일어나 과민반응을 보여, 남북관계는 오리무중으로 빠지게 된다.

김일성 사후 북한은 정권 안정, 체제 안정에 더욱 집착하여 핵과 장거리 미사일 개발에 열을 올리고, 남측과 대화하려 하다가도 무력도발을 감행하는 종잡을 수 없는 행태를 보였다. 이는 1997년에 김대중 정부가 새로 출범한 뒤에도 계속되어, 1998년에 현대아산을 중심으로 소 떼 방북, 금강산 관광 등의 성과가 이뤄지는 사이에도 탄도미사일(광명성 1호) 발사, 잠수정 침투, 무장공비 침투 사건 등이 잇달아 일어났다. 1999년에는 연평해전이 일어나 남측 7명 부상, 북측 130명 사상이라는 결과가 빚어졌다.

그러나 취임사에서 '무력도발 불용, 흡수통일 배제, 남북한 화해협력 적극 추진'이라는 '대북 3원칙'을 내세웠던 김대중 대통령은 끈기 있게 남북대화와 관계개선을 추진했다. 새천년을 맞은 2000년 3월에는 유럽 순방 중 베를린에서 대북 3원칙을 다시 한 번 강조하고, '우리는 지금 통일보다는 냉전종식과 평화공존을 원한다'고 천명하였다.

한편 평양에서도 변화의 조짐이 보이고 있었다. 당시는 몬테네그로의 코소보에서 '인종청소'를 자행한 세르비아를 나토가 무력으로 제압한 코소보 내전(1998~1999)이 막 끝난 직후였다. 그 과정에서 미국이 보여준 적극적이고 공격적인 자세에 대해 놀라면서, '다음 차례는 아마 북한일 것이다'라는 이야기가 각국 외교관들 사이에서 퍼지고 있었다. 북한은 1990년대 중후반에 국제 고립과 기근이 겹쳐 '고난의 행군'이라 불리는 심각한 상태를 겨우 견뎌내고 아직도 체제가 비틀거리던 처지여서, 이런 소문이 두렵지 않을 수가 없었다. 미국과의 관계를 보면 1차 북핵 위기는 간신히 정리되었으나 그 뒤처리가 지지부진했고, 다시 북한이 장거리 미사일 개발에 나서면서 분위기가 싸늘해져 있는 상황이었다.

그러므로 북한은 '한국과 대화하고 관계를 개선하는 모습을 보이면, 미국도 우리를 함부로 공략할 수 없을 것'이라는 생각을 진지하게 갖게 된다. 이때 남측에서 정상회담 제의를 해온 것이다. 2000년 3월 17일 박지원 당시 문화부장관이 극비리에 평양을 방문, 송호경 아태평화위원회 부위원장과 회담하며 이 제의를 전했다. 북한이 이에 긍정적 답변을 하자 이야기는 급진전되어 그해 4월 8일에 남북실무합의서가 작성되고, 4월 22일부터 5월 18일까지 판문점에서 '남북정상회담 실무절차 합의'가 총 5회 이루어져 15조 31항에 달하는 합의안이 공동 작성되었다. 그에 따라 정상회담은 '김정일 국방위원장이 김대중 대통령을 초청하는 형식으로 평양에서 갖는다', '방북 인원은 김 대통령 외에 수행원 130명, 취재진 50명으로 한다', '체류 일정은 북측이 정하여 방문 10일 전에 남측에 통보한다', '합의서에 표현되는 양측의 국호는 조선민주주의인민공화국과 대한민국으로 한다' 등이 합의되어, 출발만 기다리게 되었다.

평양에 쏟아지는 햇빛

그리하여 마침내 2000년 6월 13일,

서울공항에는 김대중 대통령과 이희호 여사, 그리고 수행원과 취재진으로 이루어진 방북대표단이 군중의 환송을 받으며 나왔다. 상기된 표정의 김 대통령은 출발 성명에서 '민족을 사랑하는 뜨거운 가슴과 현실을 직시하는 차분한 머리를 가지고' 회담에 임하겠다고 밝혔다.

공항을 이륙한 대통령 전용기와 취재진 등을 태운 여객기는 1시간도 못 되어 휴전선을 넘고, 평양 순안공항에 착륙했다. 창 밖을 내다본 남측 사람들은 처음에는 놀라고, 다음에는 감격했다. 한복을 곱게 차려 입은 수천, 수만의 북한 사람들이 꽃다발을 흔들며 열광적으로 환영하는 모습이 눈에 들어왔기 때문이다. 물론 어느 정도는 예상했던 장면이었다. 그러나 그곳이 다름 아닌 북

[11-1] 2000년 6월 13일 평양 순안공항에서 손을 맞잡고 인사를 나누는 김대중 대통령과 김정일 국방위원장. 사진 연합뉴스

한이기 때문에, 누구나 어릴 때부터 붉은 피부에 검은 털과 사나운 뿔이 솟아난 인간이 사는 곳으로 마르고 닳도록 배워온 땅이기 때문에 감격을 금할 수가 없었다.

김 대통령 내외가 트랩을 밟으며 북한 땅에 내리자, 사진으로만 보아온 사람이 나타났다. 엷은 색안경을 쓰고 파마머리에 점퍼 차림을 한 김정일. 그는 얼굴 가득 환한 미소를 띠고 김대중에게 뚜벅뚜벅 걸어왔다. 그리고 마치 오랜만에 만난 친구를 대하듯 손을 쥐고 힘껏 악수했다. 환영 나온 평양시민들의 환호는 절정에 이르렀다. 비행기 안에서도 환호와 박수가 터졌다. 김정일이 공항에서 직접 영접하리라고는 아무도 예상치 못했으며, 공식 일정에도 없는 이벤트였다. 방북단 일행만이 아니라 남한, 그리고 세계의 수많은 사람들이 눈을 휘둥그렇게 뜨고 TV에 비친 김정일을 바라보았다. 김일성 사후 되도록 공식석상에 나서지 않고 웃음기도 거의 비치지 않아서 '와병설' '가짜설'까지 흘러나올 만큼 뭔가 음습하고 비밀이 많은 인물로 찍혀 있던 김정일의 이미지가 한 번에 뒤바뀌는 순간이었다.

"먼 길에 고생 많으셨습니다."
"환영해주셔서 감사합니다."

예의 덕담을 주고받은 두 정상은 마련되어 있던 리무진 차량에 같이 타고 평양 시내의 숙소로 향했다. 김정일이 '어르신'을 대접하듯 깍듯한 자세로 직접 차 문을 열어주는 모습에, 사람들은 다시 한 번 놀랐다. 차가 출발하자, 두 사람은 서로 대화를 나누기 시작했다. 취재진이 동승하지 못했기에 이 25분 동안의 '자동차 회담'은 정확한 내용을 알 수 없다. 그러나 흘러나온 이야기들이나 전후 상황을 종합하면, 대략 다음과 같은 이야기가 오갔으리라 여겨진다.

"공항과 연도에 환영 나온 사람들이 대단하군요. 이처럼 열광적인 환대를 받을 줄은 미처 몰랐습니다."
"김 대통령님의 영웅적인 방북에 인민들이 용감하게 뛰쳐나온 게지요."
"영웅적이라고 할 것이야… 그냥 비행기 타고 온 것 아닙니까? 정말 눈 깜짝할 사이에 도착하더군요. 이렇게 쉽고 빠른 것을, 왜 이제까지 그렇게 서로 천만리나 떨어진 듯했는지…."
"정말입니다. 정말이에요! 보십시오. 지금 이 차에 통역이 타지도 않았는데,

아무 문제없이 우리가 대화하고 있지 않습니까? 다 우리가 한민족이니까 그렇지요. 우리 민족끼리 오해가 있어도 대화로 풀고, 오순도순 잘 지내면 되는 것을 왜 그리 원쑤 대하듯 해온 것일지!"

"정말 옳으신 말씀이십니다."

두 사람은 서로를 추어주면서 순식간에 능란한 대화를 나누고 있었다. 차창 밖으로 평양의 단조로우면서도 엄숙한 건물들이 휙휙 스쳐갔다.

"직접 와보니, 평양은 정말 웅장한 도시입니다. 거리가 아주 깨끗하고, 또 뭐랄까, 생각보다 활기도 넘치는군요."

"뭐, 도시 밖으로 나가면 초라합니다. 그래도 저 건물들이 가짜는 아니에요! 남조선 텔레비전 보니 그리 나오더군요. 나무랑 두꺼운 종이랑 엮어 세워 놓은 영화 배경 같은 거라고…. 하핫. 우리가 좀 요즘 들어 못 살기는 합니다만서도! 그 정도로까지 해놓고 살지는 않습니다."

"하하, 위원장님께서 남한 TV를 자주 보신다는 이야기는 얼핏 들었습니다."

"자주 보는 정도가 아니라 아예 팬이야요. 팬! 색깔도 아기자기 알록달록하고 극 전개도 흥미진진하고 아주 최고입네다. 그래도 가끔 우리 북조선을 묘사하는 것 보면 심통이 날 때도 있어요. 아주 옛날에, 한국방송에서 「지금 평양에선」이라던가 하는 드라마를 했는데, 그때는 바로 못보고 녹화 뜬 걸 나중에 보았습니다만, 저를 밤낮 앉아서 남조선 인민 죽일 궁리만 하고 있는 미치광이 돼지로 그렸더구먼요."

"아이고. 이거 참 죄송스럽습니다."

"김 대통령께서 만들라고 하셨던 것도 아닌데 죄송은 뭐가 죄송입니까? 그것도 또 오래전 얘기고. 요즘은 그 정도까지 모욕적으로 그리지는 않더만요. 한편 그럴 법도 하겠다는 생각도 없지 않습니다. 제가 너무 외부에 제 자신을 공개하지 않고 사니까, 이러쿵저러쿵 상상의 나래를 펴지 않겠어요? 이게 대체 어떤 괴물일까, 하고 말이죠. 그렇게 생각하면 뭐, 골이 날 것도 없지요."

대화가 끊어지지 않는 가운데 자동차는 여전히 환영의 꽃과 미소와 색동옷이 흐드러진 도로를 미끄러지듯 달려, 회담 장소인 백화원이 멀리 아스라이 보일 지점까지 이르렀다.

"… 그러니까 이렇게 우리가 이야기가 잘 통하는 거, 이게 무엇보다도 중요하다! 이 말씀입니다. 밖에서 뭐라 하든 간에 우리끼리 똘똘 뭉쳐서 같이 가야 한다! 이런 것이지요."
"아, 네."

옆자리에 앉은 채 계속해서 '우리는 한민족'이라는 점을 강조하는 김정일. 한편 김대중은 점점 말수가 줄어들었다. 처음 공항에 내려 차를 탈 때까지의 흥분과 감격이 가라앉으며, 정신을 차려야 한다, 이 상황을 냉정히 이해해야 한다는 생각이 다시 자리 잡은 것이다. 김정일이 연신 '민족'을 내세우는 점도 조금 경계가 되었다. 연구대로라면 북한은 1970년대쯤부터 민족 개념을 변질시켜, 민족이라면 한민족이라기보다 '김일성민족'을 의미한다고 하지 않았는가? 이제 그는 김정일의 여전히 야단스러운 너스레에 적당히 고개를 끄덕여주면서, 그의 말의 진의를 파악하려 신경을 집중하고 있었다.
김정일도 미묘한 온도차를 느꼈는지 잠시 말이 없다가 이렇게 질문했다.

"그런데 대통령님, 이번에 오실 때, 그들이 뭐라 하던가요?"

"그들…이라 하시면?"

뜻밖의 질문에, 김대중은 몸을 살짝 틀며 대꾸했다.

"하하, 잘 아시면서! … 저 미 제국주의자들과, 그들의 끄나풀들 말이지요. 그들이 이 역사적인 민족 대단결의 자리에 대해 뭐라고 하지 않던가요? … 가만히 있지는 않았을 텐데?"

"아. 부시 미국 대통령은 회담에 대해 기대가 아주 크며 잘 이루어지면 좋겠다고 전언해 왔습니다. … 회담에서 미사일 문제의 돌파구가 마련되면 다행이겠다는 말씀도 덧붙였지요."

"그렇지, 그래! 그럴 줄 알았어요! 그 인간들, 기어이 우리 민족의 감격적인 단합의 자리에도 자신들의 속셈을 끼워넣으려 하는군! 그래서는 안 됩니다! 이 자리는 어디까지나 우리 민족끼리, 민족의 화해와 협력을 위해 노력하는 자리여야 옳지요. 그렇지 않습니까?"

"위원장님, 죄송하지만 그 문제는 조금 다르게 접근해야 좋을 것입니다."

"어떤 접근을 말씀하시는 것인지?"

"아시겠지만, 지금 세계는 소련이 무너진 뒤에 미국이 이른바 단극체제라 하면서 힘을 떨치고 있습니다. 그렇지만 미국의 패권을 제국주의라며 불신하는 나라도 많고, 자국 내에서도 해외 문제에 지나치게 간섭하는 것을 싫어하는 경향이 있지요. 그래서 상당한 명분이 있어야만 움직이려는 게 지금 미국의 입장입니다. 그런데 핵이나 미사일 문제는 그런 명분이 되기 십상이죠. 최근 국제사회에서 가장 관심을 모았던 문제가 바로 북의 미사일 아니겠습니까?

미국은 이 문제를 얼마 전 코소보에서처럼 힘으로 해결하려 들려 해도, 한 가지 걸림돌이 있어서 그렇게 못하고 있습니다."

"그 걸림돌이 무에요?"

"바로 우리지요. 남한, 대한민국 말씀입니다. 우리는 미국의 우방이면서, 북녘과 피를 나눈 동포이기도 합니다. 그래서 중동이나 동유럽에서처럼 마구 밀어붙일 수 없는 거지요. 그런데 이때 우리가 북-미 사이를 중재해서 미사일 문제가 원만하게 해결될 수 있도록 돕는다 해보십시오. 물론 우리 남쪽도 좋겠지만 북쪽 또한 좋습니다! 스스로의 입장을 드러나게 꺾지 않으면서 남쪽을 통해서 실리를 챙길 수 있게 되니까요. 그래서 이번 회담에서 미사일 문제가 잘 해결될 수 있다면, 그것이야말로 북이 좋고, 남이 좋고, 미국이, 세계가 좋은 겁니다. … 저는 이렇게 생각하는데, 위원장님 생각은 어떠실지요?"

"으흠."

그때부터는 반대로 김정일의 말수가 적어졌다. 김대중은 너무 압박하는 인상을 주지 않으려 애쓰면서 회담의 주제에 미사일 문제가 들어가야 할 까닭을 설명하려고 했다. 그러다 보니 어느새 자동차가 멈췄다. 목적지에 다다른 것이다.

감격 속의 의문부호

백화원은 대동강과 인공호수 사이에 서 있는 복합건물들로, 평양을 찾는 최고 귀빈들을 위해 마련된 곳이었다. 김대중 대통령은 오전 11시 반 정도쯤 이곳에 도착해 차에서 내렸다. 김정일 위원장도 차에서 내려, 여유로운 자세로 김 대통령의 팔을 잡고 현관으로 인도하면서 '기념사진 먼저 찍자'고 권했다.

김 대통령의 다리가 좀 불편한 점을 잘 알고 있다는 듯 살짝 부축하기도 했으며, 이희호 여사도 나란히 서서 영빈관 현관에서 첫 정식 기념 촬영을 했다.

김 위원장은 사진을 찍는 동안 도열해 있던 남측 수행원들에게도 함께 사진을 찍자고 손짓을 했다. 접견실에 들어가서도 농담과 여유로운 분위기는 이어져서, 김 대통령이 차에서 내리기 전까지 얼마간 긴장하고 있던 수행원들의 분위기도 풀어졌다. 안주섭 경호실장에게는 악수를 청하며 '최선을 다해 모실 테니 걱정 마시라요' 하여 주위의 웃음을 자아내기도 했다.

영빈관 내부로 들어선 김 대통령과 김 위원장은 기자들 앞에서 간단한 성명을 발표했다. 그리고 파도치는 바다를 그린 그림을 배경으로 다시 기념촬영을 한 다음, 간단한 정상회담을 가졌다.

30분이 채 안 되는 시간이었으므로, 오고 간 말이 많지는 않았다. 차 안에서 두 사람을 약간 어색하게 했던 주제를 피하며, 김정일은 다시 '민족'과 '화합'을 강조했다.

"남쪽에서 텔레비전을 보시는 분들은 우리 대통령이 저곳에 가서 혹시 험한 꼴이나 당하지 않을까? 걱정하는 분도 계시리라 생각합니다. 그러나 여러분, 공산주의자에게도 도덕은 있습니다. 그리고 우리는 같은 조선 민족입니다."

김대중보다는 배석자와 기자들을 향해서 한 그의 말에서, '도덕'이란 아마도 손님-연장자를 푸대접하지 않는다는 의미일 것으로 뒤에 해석됐다. 그리고 '조선 민족'이라는 표현은, 나쁘게 보면 '한민족'이라는 남한의 표현을 기피한 것으로, 좋게 보면 '김일성 민족'이라는 당시 북에서 더 자주 쓰던 표현을 삼간 것으로 볼 수 있었다. 김정일은 이어서 김대중에게 얼굴을 돌리고, 이렇게 말했다.

"아까 차 안에서 말씀하신 대로, 지금 세계가 주목하고 있습니다. 김 대통령께서 왜 방북을 하셨는가? 저는 왜 승낙했는가? 하는 커다란 의문부호가 있습니다. … 2박 3일 동안, 그에 대해 대답을 해줘야만 합니다."

김대중은 김정일이 자신의 '이 회담은 민족만의 문제가 아닌, 세계의 문제'라는 입장을 이해해준 것으로 여겨, 미소로 화답했다. 덕담 수준의 말이 몇 차례 오간 다음, 김 위원장이 먼저 자리를 떴으며 김 대통령은 영빈관에 대해 잠시 설명을 들은 다음 이희호 여사와 함께 숙소로 들어가 쉬었다. 얼마 뒤 숙소에서 평양온반, 옥돌불고기 등으로 간단한 오찬을 든 다음, 숙소로 찾아온 김영남 최고인민위원회 상임위원장과 잠시 환담하고 그의 안내에 따라 백화원을 나서서 만수대 예술극장에서 악극을 관람, 그리고 다시 인민문화궁전에서 열리는 환영만찬에 참석했다. 만찬 주최자는 김영남이었다. 그가 먼저 마이크를 잡고 다음과 같은 요지의 만찬사를 했다.

"이번 회담은 자주적 선택과 애국의 결단으로 마련한 뜻 깊은 상봉입니다. … 우리 공동의 관심사인 통일을 위하여 의미 있는 시간을 보내게 되길 바랍니다."

이어받은 김 대통령은 만찬사에서,

"김영남 최고인민회의 상임위원장과 북녘 귀빈 여러분! 우리 일행에 주신 따뜻한 환영의 말씀과 성대한 만찬에 가슴 뭉클한 동포사랑을 느낍니다. 여기까지 오기까지 참으로 긴 세월이 필요했습니다…. 지금이라도 김정일 국방위원장 및 북쪽 지도자들과 만나 겨레의 앞날을 논의할 수 있게 된 것은 참으로 다행한 일입니다."

이렇게 조용하면서도 열띤 어조로 말을 시작했다. 좌중의 갈채가 쏟아졌다. 그는 다시,

"이번 방문으로 7천만 민족이 전쟁의 공포에서 해방되기를 바랍니다. 반세기 동안의 불신과 대결의 관계가, 화해와 협력의 관계로 바뀌기를 기대합니다. 이산가족의 상봉이 이뤄지기를 진심으로 기대하며, 당국자 간의 대화가 지속적으로 이뤄지기도 희망합니다!"

라고 힘차게 말했다. 또 한 번의 갈채 다음,

"이제 우리 힘을 합쳐, 끊어진 철길을 다시 이읍시다. 뱃길도 열고, 하늘길도 열어갑시다!"

라는 말도 덧붙였다. 역시 갈채, 갈채, 갈채. 만찬이 진행되는 도중 김 대통령 내외와 남측 수행원들, 북측 관계자들 사이에서는 계속해서 "반갑습네다" "감사합네다" "환영합네다" "건배합시다"가 이어졌으며, 그것은 여느 대형 만찬의 모습과 다를 것 없이 보였다. 심상히 보면 별 진심은 없이, 의례적인 인사와

화기가 교환될 뿐이라고 볼 수도 있었으나 그들이 수십 년 동안 가까이 살면서도 서로를 끊임없이 의심하고 적대해온 '동포'들이라고 생각하면 놀랍고 감동적인 광경이었다. 한 가지 아쉬움이 있다면 환영 만찬의 주최자가 김정일 위원장이 아니라 김영남이었다는 점.

6월 14일, 만찬 후 평양의 첫밤을 보낸 김대중 대통령은 오전 9시 30분에 숙소를 나와, 만수대 의사당으로 향했다. 그곳에서는 김영남, 양형섭 최고인민회의 상임위 부위원장, 최태복 인민위원회의 의장, 김영배 조선사회민주당위원장, 려원구 최고인민회의 부의장, 송호경 아태평화위원회 부위원장, 안경호 조평통 서기국장, 이상로 최고인민회의 상임위 부장 등이 기다리고 있었다. 명목상 북한의 최고의결기구인 인민위원회의 간부들과 남한 및 동북아 분야의 담당기관장들이었다. 이에 대해 남한 측에서는 불만스러울 수 있었다. 어제 공식 만찬도 그렇고, 이제까지 두 차례에 걸친, 간이 회담이 아닌 공식 회담의 북측 대표가 김정일이 아니라 김영남이라면 남한 대통령을 '대등한 지도자'로 보지 않는다는 뜻이 아닌가? 어제 김정일이 몸소 공항에 나와 영접하고, 영빈관까지 안내한 것은 북한을 찾은 귀빈이자 손위 인사에 대한 예우 차원일 뿐이었나? 하지만 북한의 공식 최고권력기구는 어디까지나 인민위원회이며, 김정일은 실질적 최고지도자라는 점을 생각하면 과한 생각일 수도 있었다. 이 '의문부호'를 해소하려는 듯, 양측이 사전에 합의한 방문 일정에 14일 오후는 비어 있었는데(김영남과의 2차 면담이 예정되어 있었다고도 한다) 이때 김정일과의 정상회담이 다시 있을 것이라는 귀띔이 들어왔다.

만수대 의사당에서의 '확대회담'에서는 그동안 민간 차원에서 이뤄지던 남북 경제교류를 정부 차원의 교류협력으로 확충하는 문제가 논의되었다. 양측은 오늘날 다양한 '분단의 폐해'가 각자의 사회에 내재해 있다는 점과, 따라서 적극적인 남북교류협력으로 분단을 해소해 나갈 필요가 있음에 의견을 같이 했다.

또한 금강산 관광 사업과 자동차와 전자 부문에서의 협력 사업 추진, 1991년 채택되었다가 사문화되어온 「남북기본합의서」에 명시된 경제공동위원회, 사회문화공동위원회 등을 구성하는 문제와 남북연락사무소 설치 문제 등도 논의되었다. 대부분 대립과 갈등의 먹장구름에 뒤덮여온 남북관계사에서 살별처럼 번뜩 나타났다 사라진 두 번의 희망, 1972년의 「7·4 남북공동성명」과 1991년의 「남북기본합의서」의 정신과 합의사항을 이어나가기로 결정했다는 점은 중대한 합의가 아닐 수 없었다. 그러나 그중에서 경제·문화교류 쪽에만 중점이 주어지고, 군사적 긴장 완화에 대해서는 별다른 논의가 없었음은 아쉬웠다. 이 '확대회담'이 사실상 이 일정에서의 유일한 남북 간 공식 회담이었다고 본다면 더더욱.

백화원의 제2 정상회담

김 대통령은 회담을 마치고 만수대 의사당 인근의 유명 식당, 옥류관에서 냉면으로 점심을 먹은 다음 백화원 숙소로 돌아와 한 시간 정도 휴식했다. 그리고 오후 3시에 백화원으로 김정일이 찾아와서 '정상회담'이 이루어졌다. 만수대 의사당 같은 공식 기관에서가 아닌 숙소에서 이루어진, 말하자면 '귀한 손님이자 손위 어른이신 분께 예의상 찾은 방문'이라는 성격이 지워지지 않은 회담이기는 했다. 그래도 두 시간 반이나 계속되며, 교류협력 문제만이 아니라 안보 문제를 비롯한 남북간의 여러 중대 사안이 남김없이 다루어졌다.

김 대통령 옆에는 임동원 국가정보원장, 황원탁 외교안보수석, 이기호 경제수석이 배석하여 이것이 '안보, 경제, 사회 등등 모든 사안을 다루기 위한 정상회담'이라는 성격을 강조하려 했다. 반면 김 위원장 옆에는 김용순 아태평화위원회 위원장만이 배석했다.

김대중은 김정일을 복도까지 나가서 맞이했다. 하루 만에 다시 만난 두 사람 사이에 또 '덕담'이 오갔다.

"여기까지 찾아와주시니, 참으로 고맙습니다."
"약속한 대로 찾아온 것이지요."

두 지도자가 회담장 자리에 앉자, 김대중은

"어제 좋은 공연, 인상 깊었습니다."

라고 말했다. 김정일은 고개를 끄덕이고는

"잠자리는 편안하셨습니까?"

라고 질문했다. 그리고 대답을 기다리지 않고

"옥류관 냉면을 드셨다던데… 국수란 게 말이지요. 급하게 먹으면 맛이 없습니다. 앞으로는 말이지요. 여유를 갖고 천천히 드시기 바랍니다."

이렇게 한 마디 했다. 고맙다는 김대중의 인사. 여기까지는 방북 취재진에 의해 정확하게 기록된 대로의 옮긴 대화 내용이다.

회담을 시작하기 전 두 사람이 나눈 대화는 별 뜻 없는 덕담처럼 들린다. 그러나 조금 더 생각해보면, 나름 뼈가 있는 대화였다.

김대중은 정상회담이 그에 맞는 격식에 따라 이루어지지 못하는 유감을 '여기까지 찾아와주시니 정말 고맙다', 이 말로 에둘러 표현했다. 또한 '어제 좋은 공연'이라는 말에서 방북 첫날의 예상 밖의 환영이 단지 겉치레에 지나지 않았는가 하는 의구심도 담았다. 이에 대해 김정일은 '잠자리가 편안했느냐'는 말에서 '당신네가 그토록 의심하고 적대시해온 이 땅에서 이만큼 편안히 환대받고 있는 데 만족할 수 없느냐'는 뜻을, '앞으로는 여유를 갖고 천천히'라는 말에서 '남북관계를 너무 서둘러 개선하려고 하는 태도는 좋지 않다'는 의미를 심었던 것이다. 그게 아니라면 왜 두 사람의 말이 표면상 그렇게 엇갈렸겠는가. 만나자마자 어제의 공연을 거론하고, 그 말에는 대답을 피한 채 냉면 이야기를 꺼내는 식으로?

"김 대통령께서 남쪽에서 출발하시기 전 장면 있지 않습니까? 어제 방영이 되는 것을 다 봤습니다. 특히 실향자나 탈북자들을 많이 소개하는 것도 잘 봤고요. 눈물을 흘리면서 고향에 가고 싶다며 실제로 우는 장면도 봤습니다."

김정일이 말을 이어가자, 그 내용에 북한에서 기피하는 용어인 '탈북자'가 들어 있음에 적이 놀라면서도, '또 민족 위주, 감성 위주로 나갈 셈인가' 싶어 김대중은 다른 쪽으로 화제를 돌려보려 했다.

"외국기자들도 남북 정상들의 만남을 보고 기립박수를 쳤다고 합니다."

그러자 김정일은 빙그레 웃더니, 묘한 표정으로 이렇게 너스레를 떨었다.

"외국에서는 내가 은둔생활을 한다고 합디다. 정체를 모를 인간이라고! 하하. 제가 무슨 큰 인물이라고 외국에서 그렇게 많은 관심을 갖는지 모르겠습니다. 그런데 은둔이라고요? 내가 중국도 가고, 인도네시아도 가고 했는데 나보고 은둔생활을 한대요! 그저 다 공개를 안 했을 뿐인데. 김 대통령이 이번에 와서 은둔생활을 깼다고들 합니다. 하하."

김대중과 임동원, 황원탁 등도 따라 웃었다. 속으로는 '김정일이 인도네시아에도 갔다고? 김정일은 극심한 비행기 공포증이 있어서 기차여행으로 갈 수 없는 곳은 안 간다고 들었는데…?' 하며 각자의 머리 위에 보이지 않는 의문부호를 만들었다(김정일이 인도네시아를 방문한 것은 사실이나, 이는 1965년 4월 부친인 김일성을 수행하여 반둥회의 10주년 기념식에 참석한 경우이며, 그 밖에 알려진 방문국가는 중국과 러시아가 전부다).

이렇게 '숨고르기'를 한 다음, 취재진을 퇴장시키고 두 정상과 네 명의 배석자끼리 비공개 회담을 시작했다. 배석자들에 의해 흘러나온 이야기와 전후 분위기, 공동성명 등을 조합하면 이들은 대략 이런 이야기를 나누었을 듯하다.

"그러면 먼저 안보 문제부터 다루어볼까요? 황원탁 수석, 기조 발언 겸 해서, 한 말씀 해주시죠."
"네, 알겠습니다. … 우리는 오전의 '간담회'에서 「7·4 남북공동성명」과 「남북기본합의서」의 정신을 이어받자고 귀측이 제안한 데 대해 깊은 감명을 받았습니다. 시간이 많이 지나고 사람도 바뀌었으나, 남과 북의 신뢰의 끈은 완전히 끊어지지 않았음을 확인할 수 있어 감격스러웠습니다! 아무튼 그 기조를 안보 문제에도 이어가, '상호 체제 인정 및 존중, 내부 문제 불간섭, 비방 및 중상 중지, 파괴 및 전복행위 금지, 국제무대에서 대결과 경쟁 중지, 민족 성원 상호간의 화해와 신뢰 구축, 상호 무력 불사용, 무력 침략 포기, 대립되는 의견이나 분쟁의 평화적 해결, 불가침 경계선과 구역의 명시, 남북 군사공동위원회 구성 및 운영, 남북 군사당국자간 직통전화 설치' 등 당시 합의된 과제들을 실천하고 더욱 발전시켜나갔으면 좋겠다고, 우리는 생각합니다."

황원탁 외교안보수석의 발언이 있자 북측은 잠시 말이 없었다. 그러다가 김정일이 천천히 입을 열었다.

"좋지요. 참 좋은 얘기지요. 같은 민족끼리 비방을 하고 무력을 쓰고, 그런 것 우습지 않겠습니까. 우리도 얼마든지 기본합의서 내용을 실천하려 노력할 수 있지요. 남쪽에서 먼저 실천하는 모습을 보여준다면야."
"죄송하지만 어떤 실천을 말씀하시는지?"

김대중의 질문에 김정일은 가볍게 답변했다.

"간단하지요! 국가보안법 철폐, 주한미군 철수, 연합군사침략훈련 중지. 이 세 가지 중 한 가지라도 우선 실천해 보인다면 우리도 상응하는 노력을 할 용의가 있습니다."

이번에는 남측에서 말이 없어졌다.

"그리고 저기 거, 어 그렇지. 황원탁 수석 선생! 방금 말씀하실 때 은근히 한 가지 합의사항은 빼놓고 말씀하시던데? '정전협정의 평화협정으로의 전환' 이건 왜 쏙 빼놓으셨지요?"

"위원장님. 실례를 무릅쓰고 제가 말씀드리겠습니다. 우리 정부는 이미 북한과 우호적인 협상이나 협정을 맺는 국가에 대해 반대하지도 간섭하지도 않겠다고 천명한 바 있습니다. 따라서 북한과 미국 사이에 평화협정 논의가 이루어진다고 해서 우리는 뭐라고 할 생각이 없습니다!"

임동원 국정원장이 끼어들자, 김정일은 고개를 가볍게 흔들며 대답했다.

"아, 그래요. 남측은 정전협정 당사자가 아니니 그냥 굿이나 보고 떡이나 드시겠다? 좋아요. 아주 좋습니다. 그런데 당사자도 아닌데 남북기본합의서에 조항을 넣은 이유는 또 뭔지 당췌…."

"그건, 제가 알기로는, 정확한 표현이 '정전협정에서 평화협정으로'가 아니라 '정전상태에서 평화상태로'였습니다. 즉 지금의 대립과 갈등의 벽을 허물고 사이좋은 이웃 관계를 지향하자는 것이죠. 미국과의 평화협정이 성사되면 그것에 큰 보탬이 되기야 하겠습니다만."

"흠, 뭐, 알았습니다. 아무튼 다른 건 몰라도 주한미군 철수, 이거 하나만큼은 실천하는 모습을 보여주시기 바랍니다. 오는 정이 있어야 가는 정이 있지요."

"하지만 위원장님, 우리의 입장과 고충을 좀 헤아려주시는 편이…."

김대중이 난처한 듯이 변명하자, 김정일은 갑자기 크게 웃었다.

"하, 하하! 그래요. 남측의 입장과 고충이라! 내 잘 알지요. 뭐, 생각해보면 주한미군의 존재를 이해할 만도 합니다."

한국전쟁 이래 북한 쪽에서, 그것도 최고지도자에게서 나온 발언으로는 최고로 파격적인 말에 남측 대표들은 자기 귀를 의심했다.

"… 정말이십니까? 그러니까 우리와 미국의 관계의 특수성을 이해해…"
"이해하다마다요! '예전의' 상황에서 말씀이지요. 십여 년 전까지는 이 동북아시아에 우리 공화국이랑 소련, 중국, 이렇게 사회주의 국가들이 우르르 모여 진을 치고 있지 않았습니까? 남조선은 그 앞에서 고양이 떼 앞의 쥐 꼴이었죠. 가까운 일본은 왕년에 원수 짓을 한 데다 군사 면에서 자유로운 처지도 아니고…. 그래서 미국 바짓가랑이를 붙잡고 늘어질 수밖에 없었겠죠. 아주 잘 이해합니다."

남측 대표들의 실망한 표정에도 아랑곳없이, 김정일의 발언은 이어졌다.

"그렇지만 지금은 그때와는 다르지요. 오히려 포위된 쪽은 우리 공화국이 되어버렸지 뭡니까? 그러니 우리는 우리대로 살아남기 위해 노력하지 않을 수 없는 것이고, 이런 상황에서도 여전히 미국에 달라붙어 있겠다는 남측이 이해가 가려다가도 안 갈 수밖에 없는 것이지요. 그렇지 않습니까?"
"위원장님, 하지만 북한에도 중국이 있지 않습니까?"
"중국이요? … 하하. 덩치만 컸지, 미국이 작정하고 덤비면 하루도 못 버틸 나라 아니던가요? 미국과 나머지 전 세계가 싸워도 미국이 이긴다는 우스갯

소리는 나도 들어보았습니다. 그러니 우리도 미국을 뭐 때려눕히고야 말겠다 그런 건 아닙니다. 다만 깡패짓을 하도록 가만히 보고만 있을 수는 없다, 이것 이죠. 우리 공화국이 피땀 흘려 이룩한 무력은 그런 의미가 있는 것입니다."

"위원장님! 하시는 말씀에 일리가 있습니다. 말씀하신 선결조건들에 대해서, 저도 개인적으로는 생각하는 점이 없지 않습니다. 하지만 어떤 것이든지 지금 이 자리에서 덜컥 합의할 수 없는 것들입니다. 서울로 돌아가서 여야 정치인들은 물론이고, 실무자들, 전문가들과 협의해야 합니다. 그리고 국민에 대한 설득이 필요합니다. 그러므로 그 선결 조건을 고집하신다면 이 자리에서 안보 문제에 대해 협의할 수 있는 것은 하나도 없을 것입니다.

그렇지만 기본합의서에 합의할 때도 지금보다 사정이 크게 다르지는 않았음을 상기하시고, 몇 가지라도 대승적으로 협의하면 어떻겠습니까? 위원장께서는 세계에 대해 의문부호를 풀어주어야 한다고 하셨죠. 그런데 이 모처럼의 정상회담에서 안보 문제는 하나도 협의되지 않았다고 하면 과연 의문이 풀릴 수 있겠습니까?"

김대중의 열변을 경청하고 있던 김정일은 가만히 고개를 끄덕였다.

"뭐, 시간이 걸릴 거라는 건 나도 압니다. 그러니까 천천히 여유 있게 가자는 것이고… 1991년이야 냉전이 끝나고 주한미군도 국가보안법도 금방 없어질 것 같았으니 호기롭게 합의할 수 있었지요. … 아무튼, 좋습니다. 공동합의문에다가, '자주적 통일 노력'을 강조해서 넣읍시다. 그러면 자연히 군사적 긴장 완화가 표명되지 않겠습니까? 통일을 하자면서 서로 치고받을 수는 없으니 말이지요."

"음, 그것은…. 구체성이 좀 더 있어야…"

"통일이 곧 평화이고, 평화가 곧 통일입니다. 남북 대표가 만나 통일을 위해 힘껏 노력하기로 약속했다. 이 이상 절실하고 명백한 평화선언이 어디 있습니까? 대통령께서는 옛날 김구 선생이 여기 평양에 와서 자주적 통일을 위해 노력하셨던 일을 재현하셨다고, 영웅 대접을 받으실 겁니다."

"음…."

"자, 자. 그러면 그 문제는 그 정도로 마무리하고, 경제 문제로 넘어가십시다."

"그러면, 외국에서 큰 관심을 가지고 있는 미사일 문제는…"

"아, 우리 민족끼리의 안보 문제도 이처럼 잘 해결이 되지 않고 골치만 아픈데, 외국까지 신경 쓸 여유가 되겠습니까? 경제 교류협력 이야기부터 하고 봅시다. 이건 별 입장 차이가 없어서 이야기하기도 즐거울 거예요."

김정일은 대체로 오전의 회담에서 이미 논의된 이야기를 반복했다. 김대중과 이기호 수석이 '경제협력을 공고히 하려면 이중과세방지, 투자보장협정 등이 절실하다'고 이야기하자, '그런 것은 난 잘 모른다. 실무자 선에서 협의하자'며 넘겨버렸다. 그리고 1998년에 정주영 현대 명예회장이 소 1001마리를 끌고 방북했던 시절 이야기를 길게 늘어놓기도 하고, 금강산 관광사업의 성과를 한껏 강조하면서 '백두산과 개성도 관광사업 대상으로 검토할 필요가 있다', '금강산 일대를 관광특구로 지정하여 남측 분들이 사업을 좀 더 편안히 할 수 있게 만들어드릴 용의가 있다' 등의 제안을 던지기도 했다.

답답함을 참지 못한 김대중 대통령이 다시 이야기를 안보 문제 쪽으로 끌고 가려 하자, 김정일 위원장은 '아, 맞다'는 태도로 이렇게 말했다.

"그러고 보니 통일 논의에서 그걸 빼먹었군요. 남측이 북측을 공격하거나 흡수통일하려 하지 않는다, 이걸 꼭 선언문에 넣었으면 좋겠습니다."

"아, 그건…."

"왜요? 제가 듣기로는 대통령께서 재작년 취임하실 때 '절대 흡수통일은 없을 것'이라고 만천하에 밝히셨다고 하던데요? 그걸 재확인하려는 게 무슨 문제라도?"

"아뇨. 그게 문제라는 건 아닙니다. 하지만 어렵게 만든 정상회담 자리인 만큼, 더 구체적이고 실질적인 긴장 완화 실천안에 대한 합의가 꼭 들어가야 합니다. 흡수통일을 하지 않는다, 정도의 원칙적 선언만으로는…."

"그럼 주한미군 철수, 한미 군사작전 폐지, 이런 걸 넣을까요?"

"……."

"거듭 말씀드리지만, 쉬엄쉬엄 갑시다. 북남 간에 쌓인 과제가 얼만데 이 한 번의 만남으로 모든 것을 해결해버릴 수 있겠습니까? 당장 합의 가능한 것만 하십시다."

김정일이 계속 미꾸라지처럼 빠져나가기만 하자 김대중은 슬슬 부아가 났다. 남측은 본래 이 정상회담의 의제를 "남북 화해 및 통일, 긴장 완화 및 평화 정착, 이산가족 상봉, 경제 사회 문화 등 다방면에 대한 교류 협력." 이렇게 네 가지로 정해 두었을 만큼 안보 문제에 큰 역점을 두고 있었다. 그러나 이대로라면 완전히 북측의 페이스에 말려 알맹이 없는 정상회담이 되어버리지 않겠는가? 그는 목소리를 높였다.

"알겠습니다. 그러면 잠시 뒤 다시 논의하기로 하고, 이산가족 상봉 문제를 논의해봅시다."

김정일은 떨떠름한 표정을 지었다. 이산가족 상봉은 1985년에 북한의 '고향방문단'이 남쪽으로 와서 사흘 동안 머무르며 상봉 행사를 가진 이래 십여 년째 이루어지지 않고 있었다. 이를 준비하려면 남한에서는 신청 접수를 받고 연령 등에 따라 선별하면 그만이지만, 북한 입장에서는 정부가 대상자를 모색하여 출신지, 성격, 충성도, 건강, 말버릇 따위를 일일이 점검하고 교육시키고하느라 힘든 준비 과정을 거칠 수밖에 없었다.

"그 문제는 좀 지엽적인 것 같고, 또 그러면서도 좀 복잡하니까, 크게 원칙 정도로만 선언에 제시하고 넘어가면 되지 않겠습니까."

"안 됩니다. 조금 전에 위원장께서도 눈물을 흘리는 실향민들을 보시고 동정심을 느끼셨다고 하시지 않았습니까? 아마 그분들은 지금 밤잠을 못 이루시고 평양에서 좋은 소식이 들려오기를 학수고대하고 계실 것입니다. 그 희망과 염원에, 남북 정권을 대표하는 우리는 부응할 의무가 있습니다."

이산가족 상봉이라는 이벤트마저 없다면 '회담 왜 했느냐'라는 비판이 국내외에서 쏟아질 것이었기에, 김대중은 거의 필사적으로 매달렸다.

"어제부터 계속 강조해오신 대로, 한 민족의 정과 아픔을 고려해주십시오! 왜 못합니까? 독일 사람들은 벌써 냉전이 한창이던 1960년대부터 해온 일입니다! 이산가족의 아픔조차 달래주지 못하면서 어떻게 교류를 하고 협력을 하겠습니까?"

"대통령님, 너무 흥분하지 마시고. 그러니까 이번 회담의 공동선언에서는 그 가능성만을 언급하고요. 후속 실무회담을 해설랑 그때 자세히 논의하는 편이…"

"위원장께서는 내내 민족을 말씀하셨습니다. 통일도 강조하셨습니다! 통일이 뭡니까? 하나 되자는 것 아닙니까? 하나 되자는 것은 한 민족 한 겨레이기 때문이고요. 그렇다면 우리의 통일 의지를 만방에 널리 알리기 위해서라도 이산가족 상봉을 기필코 이끌어내야 합니다. 그리고 그것을 지금 여기, 정상회담 선언문에 뚜렷이 명문화해야 합니다."

얼굴을 벌겋게 붉히면서 몰아붙이는 김대중과 굳은 표정의 김정일을 번갈아 보며 김용순 위원장은 어쩔 줄 몰라 했다. 임동원, 이기호 등도 불안한 모습이었다. 그러다가 결국 김정일이 입을 열었다.

"완전 합의했음을 보고합니다!"

"그러시지요. 그렇게 하십시다. 이번 회담 공동선언문에 이산가족 문제를 명시하도록 합시다. 다만 조건이 있습니다."

"뭡니까?"

"남측에서도 이른바 '비전향 장기수'라고 불리는 우리 공화국의 영웅들을 억류해두고 있습니다. 그들을 빠른 시간 안에 우리 공화국으로 돌려보내겠다는 약속을 해 주시오."

"그것이라면 큰 문제가 아닙니다. 반영하도록 하겠습니다. 합의해주셔서 감사합니다."

이렇게 하여 정상회담은 대략 마무리되었다. 끝날 무렵, 김대중은 '반드시 답방을 해주셔야 한다'고 주장했는데, 김정일은 웃으면서 '그게 예의겠지요'라고만 하고 넘어갔다. 이어서 잠시 휴식 시간을 가진 다음, 오후 7시부터 목란관에서 만찬을 가졌다. 물론 이때는 방북 취재단이 동석했다. 전날과는 달리, 이번에는 김정일이 직접 만찬에 참석했다.

"많이들 드시고, 평양의 마지막 밤을 마음껏 즐기고 가시기 바랍니다."

김 대통령만이 아니라 남측 수행단원 하나하나에 인사를 하고 다니는 김정일은 여전히 여유로운 모습이었다. 이 만찬은 전날 만찬에 대한 답례만찬 형식이었기에 서울에서 가져온 소주와 문배주가 나왔는데, 몇 잔 마신 김정일은 '맛이 좋다'면서 사뭇 얼근해진 얼굴로 이렇게 말하기도 했다.

"거 참, 이제 보니 대통령님 고집이 여간 아니시더군! 전라도 분이라서 그러신가. 그렇게 고집이 세실 줄 몰랐어요."

이산가족 문제로 승강이를 벌인 일을 두고 그렇게 농을 한 그는 계속해서 자리 배치를 놓고서도 농을 걸었다.

"대통령께서 왜 우리 부부까지 이산가족을 만드느냐, 이렇게 생각하시며 저를 보시는 것 같아요. 연회장에서 이산가족이라니! 그래서 대통령께서 이산가족, 이산가족 하시는 모양이지요."

좌석 배치상 김 대통령과 이희호 여사의 자리가 떨어져 있자, 이희호 여사를 안내해 김 대통령 곁에 앉도록 하며 하는 말이었다.

김대중도 지지 않고 만찬사에서,

"김정일 위원장님! 북쪽의 지도자 여러분! 우리 모두, 서울에서 다시 만납시다!"

라 하여, 덕담 속에 답방이 합의되어야 한다는 입장을 집어넣어 말했다. 그 사이에 계속해서 세부 사항에 대해 협의중이던 실무진에서, 만찬을 즐기던 김 대통령에게 연락이 왔다. 그 말을 들은 김대중은 김정일에게 다가가, 이렇게 속삭였다.

"실무진에서 그러는데, 아까 말씀하신 흡수통일 관련 부분 말씀입니다. 그걸 이렇게 표현해서 선언문에 넣으면 어떨까 하는군요. '통일을 위한 남측의 연합제안과 북측의 낮은 단계의 연방제안이 서로 공통성이 있다고 인정하고, 앞으로 이 방향에서 통일을 지향시켜나가기로 한다.'"

"그게… 그렇게 되는 거든가요?"

김정일이 고개를 갸웃하자, 김대중은 자신이 한때 지향했던 '단계 통일론'을 간단히 설명하고, 연방이란 것이 얼마나 자치권을 주느냐에 따라 영연방처럼 느슨할 수도 있고 미국처럼 죄일 수도 있는데, 느슨한 연방 단계를 국가연합 단계로 보면 들어맞는다고 했다. 김정일은 한참 생각을 하더니, 실무진에서 그렇게 검토했다면 괜찮겠지요라고 대답했다. 때를 놓치지 않고 그러면 답방 역시 선언문에 넣자, 하는 김대중의 말에 김정일은 또 고개를 끄덕였다. 그러자 희색이 만면해진 김대중은 김정일의 손을 잡고 연단으로 나가더니,

"완전 합의했음을 보고합니다!"

라고 외쳤다. 좌중은 우레와 같은 박수와 환호로 화답했다. 정상회담 공동 선언문의 마지막 문구 수정이 이루어지는 동안 연회는 계속 진행되었고, 마침 내 일행은 백화원 영빈관으로 자리를 옮겨 역사적인 공동선언문 서명식을 가 졌다. 서명을 앞두고도 작은 실랑이가 있었는데, 김영남이 서명하겠다고 앞으 로 나서자 남측에서 저지하며 '김정일 위원장께서 서명하셔야 한다'고 강력 주 장한 것이다. 이를 두고 잠시 옥신각신하다가, 결국 김정일이 말없이 나서서 김영남에게서 펜을 받아들고 '조선민주주의인민공화국 국방위원장 김정일'이 라고 서명했다. 김대중도 '대한민국 대통령 김대중'이라고 서명했다. 6월 14일 오후 11시 20분이었다.

"조국의 평화적 통일을 염원하는 온 겨레의 숭고한 뜻에 따라" 6월 15일, 회 담 마지막 날 아침 발표된 공동성명은 이런 문구로 시작했다.

1. 남과 북은 나라의 통일문제를 그 주인인 우리 민족끼리 서로 힘을 합 쳐 자주적으로 해결해나가기로 하였다.

2. 남과 북은 나라의 통일을 위한 남측의 연합제안과 북측의 낮은 단계 의 연방제안이 서로 공통성이 있다고 인정하고 앞으로 이 방향에서 통일을 지향시켜나가기로 하였다.

3. 남과 북은 올해 8.15에 즈음하여 흩어진 가족, 친척 방문단을 교환하

며 비전향 장기수 문제를 해결하는 등 인도적 문제를 조속히 풀어나가기로 하였다.

4. 남과 북은 경제협력을 통하여 민족경제를 균형적으로 발전시키고 사회, 문화, 체육, 보건, 환경 등 제반 분야의 협력과 교류를 활성화하여 서로의 신뢰를 다져나가기로 하였다.

5. 남과 북은 이상과 같은 합의사항을 조속히 실천에 옮기기 위하여 빠른 시일 안에 당국 사이의 대화를 개최하기로 하였다.

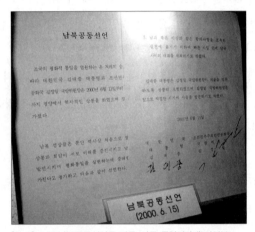

[11-2] 6·15 남북공동선언문 전문. 파주 통일전망대 비치본

마지막으로 "김대중 대통령은 김정일 국방위원장이 서울을 방문하도록 정중히 초청하였으며, 김정일 국방위원장은 앞으로 적절한 시기에 서울을 방문하기로 하였다"는 문장이 취재기자단 앞에서 낭독되었다.

결국 미국을 비롯한 세계 여러 나라가 가장 관심을 두었던 미사일 문제는 합의문에 포함되지 못했으며, 남북상호군축이나 무력도발 금지, 남북조절위원회나 연락사무소의 설치, 운영 등 한반도 평화에 대한 구체적인 합의도 나오지 못했다. 그래서 당시 야당에서는 '정상회담에도 불구하고 남북 간 실질적인 평화 구축의 길은 멀기만 하다'고 비판했으며, 외신에서도 '두 정상이 만나서 합의했다는 자체가 큰 의미'라고 하면서도 미사일 문제에 대한 언급이 전혀 없는 점은 아쉽다고 꼬집었다.

이후 몇 년 동안, 남북은 '핑크빛 무드'에 들어간 것처럼 보였다. 2000년 7월부터 장관급 회담이 개최되고, 이산가족 상봉이 실현되어 2000년 8월 15일부터 2015년 10월 26일까지 20회의 상봉이 이루어졌다. 또한 2000년 9월에 비전향 장기수 63명을 북으로 보내고, 2005년에는 암투병중 사망한 장기수 정순택씨의 시신을 북측에 인도했다.

경제문화 교류로 2002년에 개성공단이 착공되고, 2003년에는 경의선이 연결되었으며, 2007년에는 개성관광이 시작되었다. 2000년 시드니 올림픽 개막식에서는 남북 양 팀이 한반도기를 들고 '코리아(Korea)'라는 이름으로 동시 입장하였다.

그러나 '빠르면 올해(2000년) 8월'이라고 기대되던 김정일의 답방은 끝내 이루어지지 않았다. 2007년에 제2차 정상회담이 실현되었으나, 이번에도 노무현 대통령이 평양을 방문하는 형태로 이루어졌다. 이를 북측 입장에서 보면 '정상회담이 아니라 남측 대표의 입조(入朝)'라고 해석

[11-3] 2007년 10월 2일, 평양 4·25문화회관에서 노무현 대통령을 영접하는 김정일위원장. 출처 대통령 기록관

하기 좋은 그림이었다. 정상회담에서 안보 문제를 대충 얼버무리고 넘어간 탓에, 이후 남북 사이에는 가장 분위기가 좋을 때조차도 정전협정의 평화협정으로의 전환 문제나 상호 군축 문제 등이 논의되지 못했다. 해묵은 갈등이 재연되기도 했다. 2002년의 제2 연평해전 발생, 2003년의 제2 북핵위기 발생 등이 그것이다. 제2 북핵위기 당시, 북한은 그동안 언급을 자제해 온 "주한미군 철수와 한미상호방위조약 폐기" 주장을 다시 꺼내놓았다.

기적이 일상이 되는 날을 그리며

기본적으로 남한이 '미국-북한 사이의 조정자' 역할을 맡을 수 있는 절호의 기회로 여겨졌던 2000년 남북정상회담은 미사일 문제를 언급조차 하지 못함으로써 미국에게 실망을 안겼으며, 이후 미국은 남한을 통해 북한을 설득한다는 구상을 포기하고 직접 북한과 상대하게 된다. 이는 북한에게도 '남한의 이용가치는 경제뿐'이라는 인식을 심음으로써, 북핵문제를 비롯한 외교안보 문제에서 북한의 기본 노선은 '통미봉남(미국과 통하며 남한을 따돌린다)'으로 굳어져 버리고 만다.

정상회담 직후 '수십 년 동안의 증오와 불신이 눈 녹듯 사라진' 듯싶던 남한 국민들 사이의 대북 인식도 한결같지 않았다. 정상회담 직후부터 우파에 의해 '정상회담이라더니 김정일에게 고개 숙이러 간 게 아니냐' '북측 통일안과 우리 통일안이 서로 통한다니 이 무슨 망발이냐' 등 비판론이 일어났으며, 이를 놓고 당시 여권은 '수구 기득권의 반민족적 책동'이라며 토론과 설득의 자세를 망각함으로써 '남남갈등'이라는 이름의 정쟁과 국론분열이 빚어졌다. 남북관계를 회의적으로 보는 시각은 북한이 도발을 재개하는 한편 '정상회담 전에 북한에 비밀리에 거액이 송금되었다'는 의혹이 폭로됨으로써 한껏 강화되고, '일방적 퍼주기를 한 결과 핵과 미사일이 되어 돌아온다'는 비판론이 새롭게 불거져 나왔다. 이를 하나의 원인으로 하여, 2007년 대선에서는 '경제 살리기'를 내건 우파 후보가 '남북 평화공존과 통일'을 내건 여당 후보를 꺾고 집권했다. 이후 10년 가까이 흐른 지금, 2000년 정상회담의 감격과 흥분, 평화와 통일에 대한 열망은 일장춘몽이라는 말이 딱 어울릴 만큼 발기발기 찢어진 채 망각의 하수구에 버려져 있다.

무엇이 문제였는가? 레이건-고르바초프 회담과 비교해 보자. 당시 두 지도자 모두 오랜 적대관계를 떠안고 있었으며, 서로를 '골수 공산주의자', '카우보이 모자를 쓴 히틀러'식으로 나쁜 편견을 갖고 보고 있었다. 정상회담 자체가 각자 떠안은 문제에 돌파구를 찾으려는 의도에서 이루어졌다. 그러나 갈수록 두 지도자는 서로를 이해하고, 신뢰하게 되었으며, 결국 자신이 의도했던 바를 관철시키지는 못했어도 어떻게든 대화의 끈을 놓치지 않고 감으로써 큰 성과를 거둘 수 있었다. 왜 그런 차이가 빚어졌을까?

첫째, 레이건과 고르바초프는 제3지대에서 만났다. 처음에는 평화협상의 메카와도 같은 제네바에서, 그 다음은 양국 사이의 대략 중간에 위치한 레이캬비크에서. 그리고 최소한의 의전과 휴식을 제외하면 내내 실제적 문제를 놓고 담판하며 보냈다. 반면 김대중과 김정일은 어느 한쪽의 본거지에서 만났으며, 겉보기에 치중한 행사로 시간을 많이 소모했다. 이런 상황에서 서로 흉금을 터놓고, 가지고 있는 전부를 테이블에 펼쳐놓으며, 때로는 으르렁대기도 하면서 끝장 토론을 벌이기란 무리였다. 결국 '김대중과 동등한 입장에서의 정상회담'이라는 틀에서 벗어나려는 김정일의 의지에 제동이 걸리지 않았으며, 민감한 주제를 피해가려는 그의 의지 역시 꺾을 수가 없었다.

그러나 '어쨌든 만났다는 데 의의가 있다'는 평가 역시 절대로 사탕발림이 아니다. 남북의 지도자가 서로 어깨를 나란히 하고 사진을 찍으며, 악수와 농담을 주고받는 모습, 그것은 실로 불가능한 것의 실현이었다. 그런 '기적'을 보면 너나할 것 없이 가슴이 벅차오른다. 그리고 속으로는 아무리 냉정한 계산이 분주할지언정, 주위의 수천의 사람들과 보이지 않는 수억의 사람들의 벅차오름에 접하게 되면, 당사자들도 가슴이 뜨거워지지 않을 수가 없다. 그 뜨거움을, 그 열정을 식도록 내버려두지 말았어야 했다. 답방이 되었든 제3지대에서의 2차 회담이 되었든, 다시 만나서 다시 이야기를 나누었어야 했다. '기적'이 '일상'이 되는 것, 그것이 바로 혁명일진대, 한 번의 기적으로 그치고 말았던 것이다. 그것이 레이건-고르바초프 회담에 비해 남북정상회담이 큰 성과를 거두지 못한 두 번째 이유다.

2000년 6월 15일, 오찬을 나눈 두 정상은 다시 순안공항으로 향했다. 출발 성명에서, 김 대통령은 "앞으로 김정일 국방위원장님과 자주 만날 것이다. 모든 문제를 상의해서 풀어나갈 것이다"라고 밝혔다. 그리고 도착할 때와 마찬가지로 열렬한 환송을 보여준 북측 군중들과 손을 흔드는 김정일의 모습을 돌아보며 비행기에 올랐고, 귀국 성명에서는 이렇게 말했다.

"이제 모든 것이 시작되었습니다. 지금은 가능성을 보고 왔을 뿐이며, 앞으로 많은 시간이 걸릴 것입니다. 그러나 지금 우리는 인내심이 필요합니다. 성의가 필요합니다. 상대의 입장을 생각하는 것이 필요합니다. 이제 대한민국의 주체성에는 추호의 흔들림이 없이, 상대방의 입장을 생각하며 쉬운 것부터 하나하나 밟아, 통일의 길로 나아가야 합니다. 그것이 옳은 길이라 생각합니다."

그렇게 옳은 생각, 옳은 말은 허공으로 뿌려졌다. 동서고금을 꿰뚫어서 '담판'이라는 것에 임하는 사람이라면 누구나 새기고 또 새겨야 할 그 말은. 그리고 지금, 그 말의 당사자도 상대방도 떠나간 지금, 옳은 길을 두고도 실천에 나서기를 게을리 했다 하여 비난받을 사람들은 그들일까, 그들의 후계자들일까.